한글, 문해력,
민주주의

한글학술도서 2

한글, 문해력, 민주주의

인쇄일 | 2021년 12월 18일
발행일 | 2021년 12월 20일
지은이 | 김하수 · 최경봉 외
엮은이 | 여주세종문화재단 김진오
       031.881.9690 / www.yjcf.or.kr
펴낸곳 | 가갸날
       070.8806.4062 / gagyapub@naver.com

ISBN   979-11-87949-83-1 93710

한글학술도서 ❷

한글, 문해력, 민주주의

한글과 민주주의

문해, 민주주의, 교육

언어적 사회화 과정을 중심으로

김하수(전 연세대학교 국어국문학과 교수)

1. 문해와 언어적 사회화

　요즘 사용하는 '문해'라는 용어는 오래전에 '문맹 퇴치'라는 말로 표현되던 개념을 계승한 말이라고 할 수 있다. 그러나 그 개념의 폭은 대단히 역동적으로 확장되어 있어서 두 단어를 같은 의미의 동의어로 받아들이기가 쉽지 않다고까지 할 정도이다. 우리가 전통사회에서 서당에 다니며 '글을 깨우친다'라든지 '글을 배운다'고 하는 수준의 것을 '문맹 퇴치'라고 한다면, 문해는 글을 깨우치는 것만이 아니라 광범위한 사회적 소통에 참여할 수 있는 '능력'을 가리키곤 했다. 그러나 요즘의 비판적 사회교육론자들은 한 걸음 더 나아가 정태적으로 느껴지는 '능력'이 아니라 '활동'과 '행동'으로 규정하려

한다. 이미 '문맹 퇴치' 정도의 문제와는 그 크기와 무게를 달리하고 있는 것이다.

　좀 비슷하면서도 또 다른 개념으로는 '사회화'라는 과정을 생각해 볼 수도 있다. 사회화는 사람이 자신이 속한 사회 집단의 행동 양식, 규범, 문화, 인습 등을 배워 적응해 나가는 과정을 뜻한다. 사회화 과정을 단계별로 설명하면서, 가정에서 이루어지는 1차 사회화, 학교에서 이루어지는 2차 사회화, 그리고 성인이 되어서 노동 현장에서 이루어지는 3차 사회화로 나누어 보기도 한다. 사실상의 사회화는 평생에 걸쳐서 된다고는 하지만, 우리가 그 과정의 세부 현상에 관심을 가지는 것은 보통 1차와 2차 사회화 과정을 중심으로 한다. 하지만 사실 문해 개념을 가지고 제대로 된 사회화 과정을 논의하려면(더 나아가 탈사회화와 재사회화까지 들여다보려면) 3차 사회화 과정까지 논의하는 것이 마땅하다.

　일단 주어진 주제를 본격적으로 들여다보기 이전에 '논의 이전의 문제들'을 한두 가지 제안할 필요가 있다고 생각한다. 문해 문제에 대한 논의는 최근에 들어와 많은 진전을 보여 주고 있다. 그래서 어찌 보면 이 부분에서 이른바 '새로운 인문학'이 잉태되고 있지 않은가 하는 기대감과 두근거림을 느낄 수도 있다고 본다. 문해의 문제, 그리고 문해를 둘러싸고 일고 있는 다양한 논의들은 이제는 언어학이나 문학이나 교육학, 또 심리학이나 사회학과 같은 단일한 연구 영역의 단일한 명제의 성격을 뛰어넘고 있다. 대단히 복합적이고도 다층적이며, 그 논의의 배후는 분명히 매우 정치적이고 전략적이기까지 하다. 오늘 우리에게 주어진 주제 의식 역시 그 요구되는 폭과 깊이를 무겁게 암시하고 있다.

오늘의 논의에서는 무엇보다 먼저 전통적 언어학에서 가지고 있었던 오류, 혹은 오류에 가까운 전제 하나를 비판하고 지나가야 할 것 같다. 그것은 언어와 문자의 관계이다. 과거의 언어학적 오류는 언어와 문자와의 관계를 지나치게 경직되게 해석해 왔다. 그러다 보니 전통 언어학에서는 언어와 글자를 연관 지어 보는 것을 금기시하는 일이 상식처럼 통했다. 언어와 글자는 서로 별개의 것인 만큼, 글자를 보고 언어를 분석하거나 해석을 한다는 것은 오류라고 본 것이다. 그러다 보니 안타깝게도 언어와 문자가 가지는 유연한 연관성을 놓치는 일이 빈번하였다. 또 그러한 태도는 언어학자가 문해에 관해 언급하는 것을 꺼리게 되는 현상의 한 원인이라는 생각을 지울 수 없다.

언어와 글자가 서로 다른 실체임은 분명하다. 그러나 그 둘은 매우 밀접한 관계에 있기도 하다. 발생론적으로 언어와 문자는 별개의 뿌리를 가지고 있다. 언어는 사람이 낼 수 있는 자연음을 바탕으로 생겨났고, 문자는 사람의 주변에 있는 만물이 상징화 내지 상형화 과정을 밟으며 자라났다. 문자마다 그 용도는 발생 과정에 따라 차이가 크다. 이집트 문자는 왕권의 위세를 내세우는 용도였으며 중국의 한자는 점치는 용도로 시작했다. 그러던 각양각색의 문자들이 점점 인간의 삶으로 파고들면서 언어와 문자는 매우 가까운 관계로 다가서게 되었다.

문자는 이제 언어의 동반자만이 아니라 뭇 사람들의 반려자이기도 하다. 사람들은 심심하면 낙서도 하고, 글자를 가지고 장난치기도 한다. 글자의 모양을 화려하게 도안하여 마치 예술 작품처럼 꾸미고 다양한 글꼴을 사용하기도 한다. 앞을 보지 못하는 장애인들을 위하여 '점자'라는 또 다른 용도의 문자도 만들어 문해 생활을 더욱더 온전하게 하려는 노력도 하고 있다.

더욱 중요한 것은 문자가 나타나 언어생활에 가까워지면서 언어 자체에 변화를 일으켰다는 것이다. 문자는 언어를 규격화, 표준화시키며 그리 자연스럽지는 않으나 퍽 논리적인 구조를 형성해 나갔다. 말은 현장성이 있으나 글은 그렇지 못한 대신 시간과 장소를 초월할 수 있는 힘이 있었다. 그것을 바탕으로 한 '글로 적힌 말'은 어떠한 공간, 어떠한 시점에도 타당한 문장을 만드는 기술을 발전시켜 새로운 언어 형식을 갖추게 되었다. 그리고 사람들은 그 언어 구조에 알맞게 주위 환경을 이해해 나가기 시작했다. 모든 현상을 행동의 주체와 그 행동의 대상으로 나누어 보기 시작하고, '우리'를 '나와 '너', 그리고 '그 사람'으로 갈라 보기 시작했다. 이에 따라 이해관계의 농도도 서로 달라졌다. 언어의 구성도 더욱 날카롭고 냉랭하며 '구조적'이 되어 갔다. 우리는 이러한 말을 '글말(혹은 문어, 혹은 서면어 등)'이라 하고 문자와 무관하게 사용되는 언어를 '입말(구어 혹은 구두어)'이라고 하게 됐다. 많은 언어는 자연스럽게 입말과 글말이라는 두 가지의 용도를 가진 언어로 분화되어 왔다.

그리고 태어나면서 어머니한테서는 '입말'을, 자라서 학교에 다니며 '글말'을 배우게 된다. 곧 입말은 1차 사회화 과정에서, 글말은 2차 사회화 과정에서 습득하게 된 것이다.

논의 전개를 위하여 용어 문제를 좀 점검해 보고자 한다. 오늘 다룰 문제인 '문해' 개념은 아쉽게도 위에서 언급한 '말'의 문제에서 빗나가는 경우가 많다. 그러나 오늘의 발표에서 전반적인 주제어의 구실을 하는 '리터러시'는 '문해'라는 말로 번역해 사용하겠지만, 종종 맥락에 따라 '말쓰임'이라는 말과 '글쓰임'이라는 용어도 '잠정적으로' 사용하겠다. 이 말쓰임과 글쓰임의 과정은 언어적 사회화의 중요한 길목이라고 보기 때문이다.

2. 산업사회와 문해

지난날에는 사람들이 상당한 지식인이 아니라면, 달리 말해서 사회의 지배계층에 속해 있거나 그들과 깊은 연고를 가진 삶을 살지 않았다면 일상생활에서 문자를 사용하지 않았다. 모든 사람들에게 글자를 깨우쳐 주려고 했던 것은 근대사회에서 시민 계층이 형성되면서부터이다. 왜냐하면 근대사회는 전근대사회와는 아주 다른 사회적 소통 체제를 가지고 있었기 때문이다. 전근대사회는 계급과 신분으로 조직화된 사회였고, 대부분의 소통은 계급 내, 신분 내에서 이루어졌다. 계층 간의 소통은 주로 전통 풍습과 종교에 의해 매개되는 경우가 대부분이었다. 늘 마을과 집안의 어른들이나 종교 지도자들에 의해 소통이 성취되어 갔다. 그들이 대부분 사람들의 '말쓰임'을 주도해 나가던 세력이었다. 이러던 것이 근대사회에 이르러 시민사회가 형성되었고, 사회적 소통은 계급 내의 소통에서 계급 간의 개별 소통으로 전환되기 시작했다. 그 이전에 가족과 이웃의 의견이나 전해 내려오는 풍속에 의해 삶의 방향을 정했던 사람들이 이제는 자신의 '고유한 삶'을 대화와 만남을 기초로 하여 '주체적으로' 정하게 된 것이다. 이러한 근대적 소통에 참여하기 위해서는 문해력은 필수적이었다. 앞을 못 보는 사람들이 혼자 외출하려면 점자에 대한 문해력과 지팡이가 필수인 것과 마찬가지였다.

　초창기에 보통교육 체제가 제대로 갖춰지기 이전에는 많은 자발적 독지가나 활동가들이 중심이 된 '글공부'가 문해 활동의 중심을 이루었다. 이 시기의 낭만적인 문해 운동을 우리는 과거에 '문맹 퇴치'라고 불렀다. 지금도 우리 사회 한 모퉁이에서는 문해와 문맹 퇴치를 동의어로 알고 있는 사람들이 꽤 된다. 문맹 퇴치라고 하면 '글자 사용법'을 익히는 비좁은 개념으로 알게 될 가능성이 높다. 문해라고 하는 것은 글자에 대한 지식만이 아니라 자유롭게 자기 결정권을 가지고 사회화되어 가는 과정을 말한다. 다시 말해서 사회적 '글쓰임'에 참여하는 행동이다. 그렇기 때문에 '문맹 퇴치'라는 개념 자체도 시간이 지나가면서 점점 더 복잡해졌다. 오늘날의 문해는 맞춤법 정도만이 아니라, 간단한 셈본, 통계표, 신문과 잡지 등을 읽고 제대로 독해해 내는 것 등도 가리키고 있다. 범위가 무척 넓어진 것이다.

안타깝게도 이와 같은 개념의 확장 가운데에서도 문해의 의미를 글말에 한정해서 이해하려고 하는 경우가 대부분이다. 그러나 사실 들여다보면 문해력은 글말의 경우에만 그칠 수 없다. 강연을 듣고 제대로 이해했는지, 정치인들의 유세를 듣고 그 노선을 제대로 이해했는지, 방송에서 누군가를 인터뷰하는데 그 주제와 방향성을 제대로 추적하고는 있는지, 종교 집회에 참석하여 설교나 설법을 제대로 이해하고 있는지 아니면 자리만 차지하고 있는지, 아니 좀 가까운 예로 교실에 앉아 있는 학생들이 교사의 말을 제대로 이해하고는 있는지 등은 사실 모두가 불확실한 상태이다. 말쓰임, 입말의 문해도 매우 중요하다. 사람이 사회생활을 한다는 것은 곧 말과 글을 도구 삼아 사회 속에 들어가 무언가를 쟁취해 낸다는 것이다. 한 사회를 오래 유지하고 '지속가능하게' 만들기 위한 가장 중요한 작업인 것이다.

1차 사회화 과정에서는 입말 문해가 글말 문해보다 더 중요하다. 특히 1차 사회화의 주도 집단은 학교나 교사가 아니라 부모나 보육 교사들이다. 그런데 안타깝게도 이들은 아이들에게 글자를 빨리 가르치고 싶어하는 선행 교육 유발자 기능을 하고 있다. 이 시기의 아이들에게는 글말 문해가 그리 급하지 않다. 이 시기에는 '충분히' 이야기할 수 있는 기회, 얼마든지 지껄이고 조잘대며 사회적 말쓰임에 충분히 참여할 수 있는 기회를 보장해 주는 것이 더 우선이다. 더 나아가 유치원에 다니는 아이들의 말은 지나치게 어른들이 좋아하는 '착한 말'을 해야 한다는 강박 관념이 무척 강한 것 같다. 착한 말이 아니라 자신의 말을 솔직하게 그러면서도 상대방이 수용 가능하도록 말을 하는 연습이 필요한 것이다. 솔직한 말이라고 하는 것은 거짓이 아니라는 말이 아니라 사회 공동체의 몫 가운데 자신이 원하는 몫을 분명히 표현하는 것을 말한다. 비판적으로 다시 말한다면 요즘 어린이들이 하는 착한 말은 입말의 문해 상태가 아니라 입말의 문맹 상태임을 보여 주는 극명한 사례라고 해야 할 것이다.

어린이들한테 필요한 입말의 문해는 아마도 첫 번째, '말 걸기'라야 하지 않을까 한다. 특히 또래한테 말 걸기보다는 어른한테 말 걸기가 훨씬 유용할 것이다. 말 걸기 가운데 가장 적극적인 것은 '물어보기'이다. 타인에게 무언가를 물어본다는 것, 그래서 그로 하여금 무언가 답변을 하게 만드는 것은 언어적 활동 가운데 매우 적극적으로 문제를 해결해 나가는 사회적 행동이라 하겠다. 비교적 소극적인 입말 활동은 '대답하기'이다. 아주 단순한 것으로는 고개를 끄덕이기만 해도 되는 경우도 있다. 대개의 성인들은 아이들한테 그 정도의 입말 문해만 훈련시킨다. 부모 혹은 어른이 뭐라고 하면 그저 끄덕이게만 하는 연습, 매우 퇴행적인 문해 활동이라 하겠다.

1차 사회화에서 갈고닦은 입말 문해는 학교에 들어가서 2차 사회화에 접어들면서 글말 배우기에 들어선다. 우선 글자를 깨우치면서 읽기 연습에 들어가고 곧 '일기 쓰기'류의 글쓰기 연습을 통해 글말 문해에 들어간다. 그 과정에서 쓰기라는 것이 말하는 것을 그대로 옮겨 적는 것이 아니라는 점을 서서히 깨닫게 된다. 일기도 만날

아침에 일어나서 세수하고 이 닦는 것을 쓰는 것이 글말이 아니라는 점을 깨닫게 되면 점점 추상적인 다른 세계 속으로 지적인 기행을 시작하게 된다. 이렇게 글말 문해는 청소년기를 마감할 때까지 지속하면서 글말을 통해서는 사사롭고 감성적인 주변의 문제보다는 공적이고 다중과 연관된 문제를 논의하는 용도, 곧 나와 남 사이의 문제 혹은 남과 또 다른 남 사이의 문제를 표현하는 데 적합하다는 것을 깨닫게 된다. 그리고 자신이 사회화의 마지막 단계에 이르러 앞으로 무엇을 성취할 것인가에 대한 자의식을 무르익게 해주는 촉매제로서의 문해에 도달하게 된다. 그러나 이것만이 아니라 또 함께 깨닫는 것이 있다. 너희들은 아직 나서지 말라는 성인들의 끊임없는 신호와 압박이다. 결국 이들이 이룩한 글말 문해는 사회적 외면화의 길을 걷지 못하고 대개는 소소한 아동문학적 감흥, 입말을 베껴서 표기한 데 불과한 편지나 일기 쓰기 혹은 메모 쪽지 등을 통하여 내면화되며 비사회적으로 소비되고 만다. 안타까운 일이다.

보통 문해를 '글자 깨우치기' 정도로 이해하는 사람들은 글자 사용법, 곧 맞춤법을 알고 나면 문해가 완성된다고 본다. 교육 정책가들이 말하는 '문해율'을 사회 개발의 지수로 보려는 시각은 이젠 좀 극복해야 할 시기에 이르지 않았는가 한다. 유난히 한글에 대한 자부심이 강한 한국에서는 주로 한자를 사용하는 중국은 문자 자체의 약점 때문에 문해 수준에 큰 문제가 있을 것으로 아는 경우가 많은데, 이미 중국도 문해율이 매우 높은 단계에 도달해 있다. 문해는 글자가 얼마나 우수하냐에 달린 것이 아니라 교육 제도의 정비와 교육 환경 개선이 더 밀접히 연관된다.

　오늘날에는 전형적인 '문맹'은 거의 대부분의 지역에서 극복이 되어 있는 상태이다. 아직도 낮은 문해율을 보이는 곳은 글자교육의 문제 이전에 학교 시설이나 제도 교육 자체가 미비한 지역, 성차별이 심해서 여성 교육이 뒤진 곳, 빈곤으로 말미암아 취학률이 무척 낮은 곳처럼 사회경제적 취약 지구의 문제이다. 그렇기 때문에 사회 빌진을 위한 문해 문제를 다루려면 말쓰임과 글쓰임을 방해하는 질곡이 무엇인지를 선제적으로 파악하고 나아가야 할 것이다. 종종 선진국에서 뜻밖에 그리 높지 않은 문해율을 보일 때가 있는데 이는 그 사회의 교육 제도의 문제라기보다는 그 사회에 이주해 들어간 이주민들이 문해 통계에 끼치는 부정적 영향이라고 보는 견해도 있다.

　예를 들면 국민의 문해율 자체의 수치보다 빈부 차이가 반영된 문해율, 성별 차이가 반영된 문해율 등에 주목해야 한다. 아무리 평균 문해율이 높다 하더라도 빈부 차이, 성별, 지역적 차이, 인종 차이 등에 편차가 나타난다면 이는 당연히 건강하지 못한 사회임에 틀림이 없을 것이다.

　사실 한국 사회의 높은 문해율은 극성스러운 교육열과 글 깨침을 중요시하는 전통의 영향과 쓰기 좋은 글자를 가지고 있는 덕도 있지만 문해율을 끌어내리기 쉬운 외국 이주민과 그 자녀들이 없다는 것, 성차별과 신앙 차별을 통해 배움의 기회를 빼앗는 종교가 없다는 것 등의 영향도 크지 않을까 생각한다.

3. 산업사회의 문해

전근대사회는 토지 소유 관계가 해당 사회를 긴장시키는 경우가 많았지만 산업사회에서는 그 긴장이 주로 기업과 노동자 사이에서 발생한다. 그만큼 사회적 이익을 누가 더 점유하느냐 하는 문제를 두고 그 두 집단이 가장 첨예하게 대립적인 위치에 놓이게 되기 때문이다. 이러한 긴장 관계는 당연히 일상생활이나 각종 사회적 행위의 표출에서도 일정한 현상을 불러오게 마련이다. 특히 문해 문제와 연결시킬 수 있는 쟁점 가운데 하나는 1950년대 말에서 1960년대 초에 이르는 시기에 발표되어 주로 유럽 사회에서 많은 관심을 받은 영국의 교육학자 번스타인의 '부호 이론(code theory)'이다.

번스타인의 관찰에 의하면 말을 배우고 사용하는 태도가 영국의 중산층 집안의 자녀들과 노동자층의 자녀들 사이에 뚜렷한 차이가 있다는 것이었다. 중산층 자녀들은 문법을 정확하게 잘 지키며 어휘도 다양하게 사용하고, (영문법의 핵심이라 할 수 있는) 대명사의 용법도 정확했으며, 의미의 변별력도 분명했다. 이에 반하여 노동자층의 아이들은 말을 하면서 '생략'하는 부분이 많았으며, 특별히 자주 사용하는 단어들이 있었고, 따라서 어휘 사용이 다양하지 못한 편이었으며, 후속 문장에서는 대명사로 받아 내지 않고 그냥 명사를 반복해서 쓰는 경우가 많았다고 한다. 번스타인은 중산층 아이들의 말을 '세련된 부호(elaborated code)'라고 명명했고, 노동자층 아이들의 말을 '제한된 부호(restricted code)'라고 일컬었다.

번스타인이 지적한 문제는 이렇게 언어가 계층화되었다는 현상 발견에 그치지 않았다. 자연스럽게 그 후속 문제가 나타난 것이다. 근대사회의 교육은 원칙적으로 '계층 중립적'이다. 물론 부유층이나 귀족 출신 자녀들이 다니는 학교가 따로 있을 수는 있지만 일단 '공립학교'에서는 똑같은 교실에 아이들을 배치하고, 공통된 교육과정을 '함께' 거쳐 나가게 되었고, 배운 것을 전문적인 평가 방법에 의하여 측정하여 '공정하고 과학적인 방법으로' 이 학생을 상급 학교에 진학을 허락할 것인가를 결정하는 구조이다. 그런데 번스타인에 의하면 교사의 언어는 중산층 아이들과 마찬가지로 '세련된 언어'를 사용하고 있으며, 노동자층 아이들의 언어는 교사와 다른 것이라고 결론을 내렸으니, 과연 공교육은 공정한가 하는 물음이 뒤따르지 않을 수 없었다. 다시 말하면 노동자층 아이들은 교사가 무슨 말을 하는지 잘못 알아들었을 수가 있다는 것이다. 이게 어찌 '공'교육일 수 있겠는가?

오랜 기간의 논쟁과 현장 연구를 통해 이 문제는 현실 공교육의 취약성을 드러낸 사회구조적인 문제로 의견을 모아 갔다. 특히 문해 교육이 학교만의 힘으로는 해결이 어렵다는 것, 가정 환경에서의 격차가 여간해서는 만회하기 어려운 간극을 만들어 준다는 것 등이 확인되었을 뿐 그 공교육은 그냥 계속되고 있다. 물론 그 과정에서 여러 가지 '개혁'이 있었지만 그 근본적인 구조는 어쩔 수 없었다. 오히려 그 위에 닥친 신자유주의 정책이라든지 더 심해진 외국인 노동자 유입 등은 유럽의 상황을 정말 어렵게 만들어 왔다.

4. 후기산업사회와 정보통신 기술

20세기 말부터 세계는 또 다른 단계로 진입해 들어가고 있음은 점점 명확해지고 있다. 코로나19에 시달리는 지금의 모습 역시 산업사회의 절정기가 지나 버린 후기산업사회의 전형을 적나라하게 보여 주고 있다. 제조업 중심의 산업사회에서 금융 지배 사회로 들어선 지 꽤 지난 지금 코로나 바이러스는 느닷없이 산업의 중요성이 얼마나 중요한지 처절히 느끼게 해 주었다. 제조업은 후진 지역으로 물려주고, 이제는 공해가 없는 서비스업이 주종이라고 했었는데, 갑자기 비대면 문화가 강조되니 온갖 서비스 업종이 날벼락을 맞은 형편이다. 그러나 비슷한 논리로 발전의 계기를 맞았던 정보 산업은 비대면 문화의 덕을 당분간 톡톡히 볼 전망이다. 뿐만 아니라 정보 산업은 미래를 향한 일종의 대안 경제와 대안 문화의 산실 역할을 해야 하지 않을까 하는 기대와 불안을 동시에 가지게 한다.

이번의 코로나19로 알게 된 중요한 사실은 비대면 소통이 대학 사회에서도 평범한 일상이 되어 갈 가능성이 꽤 높다는 것이다. 수업 시간이 줄어들고 비대면 강의로 비용 변상을 요구하는 학생들의 요구가 높아진 것도 또 다른 후속 논란을 예고해 주는 듯하다. 화상을 통하여 강의를 들었으면 앞으로 그 영상은 학교 울타리를 매우 쉽게 넘어 전파될 가능성이 더 커진다. 우수한 강의 영상은 그것대로 가치를 인정받겠지만, 우수하지 못하거나 오래전 영상을 적당히 짜깁기하거나 반복하는 영상은 학습자들한테 여지없이 냉정한 평가를 받게 될 것이다. 이 과정에서 디지털 문해의 수준 역시 매우 고도화되어 나갈 것이다.

정보 기술이 등장하여 새로운 연결망을 이룩해 낸 이후 언어는 또 한 번의 자기 변신을 시작했다. 전통적인 입말과 글말의 구분이 모호해지고 종종 함께 뒤섞이기 시작했다. 곧 디지털 문화에서는 입말이 글말처럼 사용되고 글말이 입말처럼 사용되는 언어적 빅뱅이 일어나고 있다. 뿐만 아니라 틀린 표기와 맞는 표기도 적절히 섞이기만 하면 그것 역시 볼 만한 메시지가 되기도 한다. 과거의 언어적 분업이 새로운 분업으로 재조정된 듯한 느낌이다.

과거에는 감성적이고 사적인 내용은 입말로 표현하고 글말은 공적인 부분을 담당했다. 그러나 지금의 디지털 글말과 입말은 공과 사를 자유로이 넘나든다. 영화와 TV의 영상성을 뛰어넘는 디지털 및 모바일 영상은 화려한 자막 서비스로 문자가 입말을 더욱더 다양하고 풍성해 보이게 하는 작용도 하고 있다.

이와 함께 디지털 문해도 시급히 달성해야 할 중요한 과제로 받아들여야 할 것 같다. 디지털로 공급되고 교류되는 정보의 양이 무척 많기도 하지만 여기에는 성별이나 빈부의 차이보다도 세대 차이가 더 크게 작용하는 것 같다. 나이가 든 세대는 웬만큼 '배운 사람'이라 해도 컴퓨터나 스마트폰을 사용할 때 여러 번 고비를 넘겨야 한다. 디지털 세계의 각종 이용 도구(앱)에 대한 문해 수준을 생각해 보자. 한글이 과학적이어서 쉬운 글자라고 자랑했는데 디지털 기기에는 문자의 과학성보다는 개인적인 순발력과 직관이 훨씬 더 중요하다. 나이 든 세대는 순발력과 직관이 가장 무딘 집단이다. 좀 민망하기는 하지만 노인 세대는 '재교육', 아니 '재사회화'를 기꺼이 받아들여야 할 수밖에 없게 되었다.

아마 머지않아 인공지능이 보편화되면 지금 50대 후반에 다다른 이들은 또 한 번 '디지털 앓이'를 겪어야 할 듯하다. 인공지능을 어떻게 잘 이용하느냐 하는 것이 생활의 각종 편의뿐만 아니라 삶의 질, 생활수준의 차이를 보여 주는 디지털 계층의 정체성을 보여 줄 것이기 때문이다.

디지털 문해는 분명히 전자책과 오디오북의 발전도 북돋을 것이다. 문해 개념이 더 확장된다면 영상의 의미 해석, 예술품의 상징성 해석, 무용의 해석 등과 관련된 영역은 디지털 문해와 더 다양한 합성이 이루어져 하나의 종합적 문해 활동이 가능해지지 않을까 한다. 그 미래의 문해는 언어적 사회화를 넘어서는 기술 혁명과 시장 혁명을 동반한 변혁이 아닐까 하는 느낌을 받는다. 그러나 그 디지털 문해는 아직도 '형성 중'이라고 할 수밖에 없다. 떡잎만 보고 그 열매를 가늠하자니 자칫하면 공상과학 소설이 될 듯하다.

5. 문해와 해방

지금까지 논의한 대부분의 내용은 어린이 혹은 청소년들이 가정과 학교에서 밟아 가는 문해의 과정과 그 의미를 살피는 데에 집중되었다. 이러한 논의의 약점은 마치 문해는 어린이나 청소년들에 해당하는 문제인 것처럼 문제의 핵심을 흐린다는 것이다. 사회적 삶의 중심은 어디까지나 성인들이다. 그들이 사회적 결정을 내리고 행동의 목표를 정하고 사후에 평가를 내린다. 안됐지만 청년들은 동원만 될 뿐 그러한 사회적 주체의 구실을 하는 데서는 아무래도 뒷전에 물러 있기 쉽다. 그러나 그러한 사회의 주체 세력인 30대 이상의 성인들은 스스로의 배움을 포기하고 있다. 대개의 경우 스스로 더 배울 수 있는 능력과 동력이 없다고 고백하다시피 하고 있다.

나는 개인적으로 여러 번 성인 교육기관에서 그들을 위한 강연 비슷한 것을 해본 적이 있는데 성인들 교실에서는 아예 질문이 없다. 강사가 질문을 해도 빙긋이 웃기만 할 뿐 누군가가 나서지를 않는다. 그저 자기 차례가 됐기 때문에 교육을 받거나 승진을 위해 어쩔 수 없이 시간을 때운다는 태도들이었다. 성인들의 삶의 현장에는 이미 '배움'은 사그라든 청춘과 함께 체념해 버린 지 퍽 오랜 것 같았다.

우리는 배움의 기회라고 하면 어린 시절, 청소년 시절만을 떠올린다. 성인의 시간은 새로운 것을 배운다는 것은 불가능하거나 비효율적인 것으로 알고 있다. 그런 점으로만 본다면 '성인 교육'은 정말 무의미하고, 불우한 젊은 시절을 보내 이런저런 배움의 기회를 놓친 노신사가 마지막 정열을 불태워 보는 무의미한 소모전이라고만 보아야 할까?

사실 성인의 교육이 중요한 것은 그들이 사회 내부의 중요한 결정권자이기 때문이다. 현실을 가장 극적으로 변화시킬 수 있는 것은 사실 '성인'들이다. 청소년들한테 야망을 가지라고 자극적으로 북돋기는 하지만 그들이 야망을 지니게 될 무렵에는 그들의 꿈도 끝난 다음이다. 다시 사회를 들여다보면 사회의 현장에 있는 성인들에게 현실의 문제점을 직시하게 하고 그들에게 자신의 잘못된 발판 자체를 고치기를 권하는 것이 더 빠르다. 언제 젊은이들과 어린이들에게 훗날 크거든 이런저런 훌륭한 일을 하라고 '현실성 있게' 충고해서 그 열매를 보겠는가? 다시 강조하지만 교육의 가성비는 성인 교육에 더 풍부하다.

바로 이러한 성인 교육의 중요성을 꿰뚫어 본 사람이 바로 브라질의 파울루 프레이리다. 많은 사람들이 프레이리의 업적을 보면서 이건 브라질의 문제이지 한국을 포함한 보편적 세계의 문제는 아닌 것 같다는 생각을 할 것이다. 그의 업적은 빈곤에서 벗어나지 못하는 제3세계의 문제이지 우리에게는 이미 지나간 날의 문제이다. '우리는 한글 덕에 이런 것들은 옛날에 다 극복했다' 하며 굳이 관심을 보이지 않는다. 프레이리는 빈민 교육을 통해 인도적 교육자로서, 또 비판적 교육자로서 크게 알려지게 되었지만, 그의 공헌 가운데 주목할 만한 것은 빈곤과 무지, 그리고 체념에 빠졌던 '성인'들을 각성시켰다는 점이다. 그가 행한 문맹 퇴치 작업은 '글자'만 가르친 것이 아니다. 현실의 모순을 발견하고 '이렇게 살아서는 안되겠다'라고 깨닫고 현실 문제에 뛰어들게 만든 것이 그가 행한 의식화 교육이었다.

그가 행한 문해 교육은 우리 식으로 말해 '가갸거겨'가 아니었다. '지주는 일을 하지 않는다/ 농민은 날마다 일을 한다/ 지주는 풍족하게 산다/ 농민은 항상 가난하다/ 지주의 아들은 대학에 간다/ 농민의 아들은 학교에 가지 못한다' 하는 식으로 일종의 대구법 같은 것을 통하여 글자를 배우되, 동시에 세상을 배우게 했다. 그리고 왜 빈농으로 천대 받고 살게 되었는지를 깨닫는 과정이 동시에 문해 과정이었으며, 이것이 또 하나의 언어적 사회화였던 것이다.

　　사실 많은 성인 교육 과정은 성인들로 하여금 배움을 완전하게 체념하게 하는 과정으로 악용되고 있다. 마치 일부러 그러는 듯 수준을 낮추어 운영하고 있으며, 열심히 질문하고 숙제를 해 봐야 삶의 전망을 보여 주지 않는다. 그냥 여가 선용이나 하라는 듯한 성인 강좌로는 아무런 효과를 거둘 수 없다. 진정한 수준 높은 문해 교육을 실시해야 한다. 모범적인 신문 기사를 써 보게 해야 하고 기존 신문 기사에 대한 비판을 해 보게도 하고 좋은 글들을 공개리에 포상과 표창도 하며 개인의 삶의 질과 사회의 질을 함께 높여야 효과가 있을 것이다. 행정 시스템도 가르쳐서 서로 돌아가며 일일 공무원 생활을 해 보며 공무원의 애환도 느껴 보고 행정과 주민의 삶이 얼마나 밀착되어야 하는지도 깨달을 수 있을 것이다. 이렇게 성인 교육 프로그램은 한정 없이 다양하게 만들어 볼 수 있다.

　　프레이리는 문해 교육과 활동을 통하여 제3세계의 해방이라는 꿈을 꾸었다. 군사정부의 치하에서 고생하던 제3세계는 그 후에 대부분 민주화를 이루었으나 프레이리가 꿈꾸었던 사회적 해방을 충분히 맛보지는 못했다. 군사정부의 형식을 민간정부로 바꾼 데 만족을 하고 스스로 일어섰던 문해 운동을 더 발전시키지 못했기 때문이다. 프레이리 교육의 해방적 요소는 성인 교육에 있다. 그 발판을 활용하여 앞으로 '평생교육 프로그램'을 잘 발전시키는 사회가 그가 창안한 문해 활동의 열매를 먼저 수확하지 않을까 한다.

6. 국제적 연대, 인권

전근대사회는 이미 사라진 지 오래고, 그 흔적만 아직도 낡은 성차별 같은 인습망에 영향을 남겨 놓고 있다. 그리고 산업사회의 앞날도 어찌 될지 섣부른 진단을 내리기 어렵다. 후기산업사회, 정보통신 사회는 우리의 현실을 지배하고는 있으나 모든 문제에 대한 해법을 가지고는 있는지 적이 불안한 부분이 적잖이 눈에 띈다.

그러는 가운데 우리는 어느새 '세계화'되어 버렸다. 세계 각국의 상품을 '직구'하는 재미, 싸구려 저가 항공으로 외국 여행하는 재미 같은 것을 쏠쏠하게 즐기다가 이제 단 한 종류의 바이러스한테 전 세계가 거의 동시적으로 당하며 우왕좌왕하는 모습을 보면서 우리 모두 이미 한 웅덩이 안에 들어와 있구나 하는 생각이 들게 된다. 우리의 세계화는 저가 항공으로만 증명되는 것이 아니다. 곳곳에서 볼 수 있는 외국인 노동자들을 보고도 충분히 알 수 있다. 곳곳에 고려인 거리, 중앙아시아인 거리, 중국인 시장 등이 펼쳐지고 있다.

그리고 서로 자신의 코앞의 문제에 매달리고 사는 과정에서 우리는 우리 속의 외국인 이웃들이 어떤 문해 활동을 하고 있는지 모른 채 참으로 무심하게 지내 왔다.

우리는 오래전부터 재일교포들이 자신의 이름을 한국식으로 부르는 것을 인정하지 않는 일본 사회에 대해 분개하기도 했다. 이제는 일본 안에 있는 우리 교포보다 더 많은 수의 외국인들이 우리 사회에 들어와 있다. 가정도 꾸렸고, 아이들도 생겼다. 그들은 어떤 문해 활동을 해야 할까? 아직 이렇다 할 응답이 없다. 모두 우리 한국어를 열심히 가르치면 될 거야 하고 낙관만 하고 있다. 과연 그럴까? 재미교포들이 모두 영어를 잘 배워서 모범적인 미국인이 되었던가?

이제는 국제적 연대를 위한 문해 활동을 해야 할 때가 아닌가? 설사 외국에서 온 이웃들이 한국말을 아주 잘한다 해도 그들에게 자신의 모어를 배우고 갈고닦아 쓰며 그 문화를 누릴 수 있는 권리를 우리가 보장해 주어야 한다. 공공도서관이 참 잘 꾸려졌다. 그러나 오로지 한국어 도서만 있을 뿐, 베트남어나 태국어 책은 못 찾겠다. 설사 그들이 한국 국적을 얻었다 하더라도 자신의 모어 문화를 차단당해서는 아니되지 않겠는가?

문해는 깨우침의 문제이면서 인도적인 사안이기도 하고 해방의 문제이기도 했지만 이제는 국제적 연대의 문제이며 인권의 문제이기도 하다. 공공도서관에서 우리의 새 이웃이 자신의 언어로 된 책과 신문을 읽고, 공영방송에서 한국 대입 제도의 복잡성이나, 긴급 재난 지원금을 받을 수 있는 자세하고 예민한 부분들을 역시 고향

말로 일러 준다면, 주택 청약 방법 등 실생활에 필요한 금쪽 같은 정보를 공급한다면, 고도의 인도주의적 사회화가 가능할 것이다. 또 이것이 미래의 새로운 문해 운동이다. 어렵게 사는 외국인들이 더 부살이 좀 한다고 '촌스러운 제국' 흉내를 내지는 말자. 새 이웃들의 언어를 도닥이며 함께 문화를 꽃피우고 문해를 즐기는 대안의 세계를 꿈꾸지 않고는 새로운 시대의 주인이 될 수는 없다.

이 외에도 특수한 사례라고 할 수도 있겠지만 장애인들의 문해 과정에 대해서도 많은 살핌이 필요하다. 앞을 못 보거나 듣지 못하는 언어 장애인도 있지만 발달 장애인들의 문해는 어찌 되고 있는지 해당 전문 분야에서 거리가 먼 발표자로서는 더 상세하게 언급할 내용이 없다. 앞으로 문해 문제와 관련된 행사나 연구 기획에는 그런 사안들도 꼭 포함되었으면 한다.

7. 마무리

문해의 의미를 협애하게만 본다면 낫 놓고 기역자만 알면 된다. 그러나 사람의 역사에서 누가 사회적으로 자신의 목소리를 내었는가, 무슨 말로 이웃들을 설득하고 설복시켰는가를 들여다볼 필요가 있다. 분명히 확인할 수 있는 것은 광범위한 대중이 스스로의 문제에 적극적으로 참여하고 담론을 표현하려고 한다는 것이다. 그들은 아직 사회 통신망에다 어설픈 댓글이나 달면서 소소한 발언권을 행사하는 정도의 소극적 문해 활동에 머물고 있다. 그러나 머지않아 그들이 자신의 행동 목표를 정하고 구체적인 프로그램을 실천해 나가려 한다면, 그들에게 필요한 사회적 역동성의 동력은 바로 문해에서 나올 것이다. 더구나 앞으로의 사회는 소수 엘리트가 대부분의 결정권을 가진 사회가 아닐 것 같다. 이제는 대중이 모든 것을 결정하고 싶어할 것이다.

만일 문해의 준비 없이 대중이 나선다면 오히려 그것이 역사적 실수를 일으킬 수도 있다는 생각이 든다. 그러나 제대로 준비된 문해 활동을 접해 온 대중이 미래를 준비하고 있다면 우리는 좀 더 낙천적으로 살아도 좋지 않을까 한다. 우리의 미래는 이 문해와 평생 교육이 서로 얽혀서 새로운 사회적 패러다임, 소통과 문해의 세계를 그려 보아야 할 것 같다.

참고문헌

Ammon, U.(1977), *Prbleme der Soziolinguistik*, Niemeyer: Tübingen.

Bernstein, B.(1972), *Studien zur sprachlichen Sozialisation*, Schwann.

Bloomfield, L.(1933), *Language*, University Of Chicago Press, 김정우 옮김(2015), 《언어》, 나남.

Freire, P(1970), *Pedagogy of the Oppressed*, 남경태 옮김(2002), 《페다고지 30주년 기념판》, 그린비.

Freire, P(1985), *The politics of education: Culture, power, and liberation*, Greenwood Publishing Group, 김쾌상 옮김(1986), 《실천교육학》, 일월서각.

Freire, P. & von Schweder-Schreiner, K.(1980), *Dialog als Prinzip:*

Erwachsenenalphabetisierung in Guinea Bissau, Wuppertal: Jugenddienst-Verlag(브라질어에서 독일어로 번역: Karin von Schweder-schreiner).

Gee, J.(2015), *Social Linguistics and Literacies*, Taylor and Francis: Routledge, 김영란 외 옮김(2019), 《사회언어학과 서로 다른 리터러시》, 사회평론아카데미.

Goody, J. & Goody, J. R.(1977), *The domestication of the savage mind*, Cambridge University Press, 김성균 옮김(2009), 《야생 정신 길들이기》, 푸른역사.

Havelock, E. A. & Havelock, L.(1963), *Preface to Plato*(Vol. 1), Harvard University Press, 이명훈 옮김(2011), 《플라톤 서설》, 글항아리.

Janks, H.(2019), *Literacy and Power*, Routledge, 장은영 외 옮김(2010), 《리터러시와 권력》, 사회평론아카데미.

Ong, W. J.(1982), *Orality and Literacy*, Routledge. 임명진 옮김(2009), 《구술문자와 문자문화》, 문예출판사.

Phillipson, R.(1992), *Linguistic Imperialism*, Oxford University Press.

한글과 민주주의

최경봉(원광대학교 국어국문학과 교수)

1. 머리말

이 글에서는 한글 창제 시기부터 현재까지 한글의 위상이 변화하는 맥락을 살펴보면서, 시대에 따라 한글 사용의 의미와 목표가 어떻게 달라졌는지를 알아보고자 한다. 그리고 이를 토대로 오늘날 한글 사용의 의미와 목표를 어떻게 설정해야 하는지 논의할 것이다.

이 글에서는 먼저 전근대 시기 민본주의 실현의 수단으로 역할을 하던 한글과 근대 이후 민주주의 실현의 수단으로 역할을 하는 한글의 차이에 대해 설명할 것이다. 이는 어린 백성이 근대적 백성으로, 근대적 백성이 근대적 시민으로 성장하는 과정에서 한글 사용의 의미와 목표가 어떻게 달라졌는지를 알아보는 일이다.

이와 더불어 이 글에서는 민주주의를 견인할 수 있는 한글의 힘이 어디에서 비롯되는지, 그리고 한글의 힘을 키운다는 것의 의미가 무엇인지를 밝힐 것이다. 이는 결국 민주주의를 실현하는 데에서 한글의 역할이 무엇이고, 이를 위해 우리가 무엇을 해야 하는지를 논의하는 일이다.

2. 민본주의의 실현과 한글

(1) 임금이 정창손에게 하교하기를, "내가 만일 언문으로 삼강행실(三綱行實)을 번역하여 민간에 반포하면 어리석은 남녀가 모두 쉽게 깨달아서 충신·효자·열녀가 반드시 무리로 나올 것이다" 하였는데, 창손이 이 말로 계달한 때문에 이제 이러한 하교가 있은 것이었다.

-《조선왕조실록》, 세종 26년(1443) 2월 20일

세종은 백성이 국가의 근본임을 의식하며, 조선을 이상적인 성리학 국가로 만들기 위한 도구로 한글을 활용하고자 했다. 조선 왕조는 한글을 교화(敎化) 정책에 적극 활용하였다.

(2) 삼강행실을 언문으로 번역하여 서울과 지방의 사족의 가장, 부로(父老) 혹은 교수, 훈도 등으로 하여금 부녀자, 어린이들을 가르쳐 이해하게 하고, 만약 대의에 능통하고 몸가짐과 행실이 뛰어난 자가 있으면 서울은 한성부

가 지방은 관찰사가 왕에게 보고하여 상을 준다.

-《경국대전》권3, 〈예전(禮典)〉 '장권(奬勸)'

여기에서 주목할 점은 조선 왕조가 한글을 공식적인 문자로 인정하지 않으면서도 한글을 국가 이념인 유교 사상의 전파 도구로 활용했다는 사실이다. 이는 한글을 공식 문자에서 엄격히 배제했던 《경국대전》에서조차 한글을 통한 백성의 교화 방법을 구체적으로 제시한 데에서 확인할 수 있다. 이처럼 한글 보급 정책에 나타난 양면성은 성리학적 이념사회를 구축하는 동시에 '동문동궤(同文同軌)'로 상징되는 중화 문명의 질서에 편입되고자 했던 조선 왕조의 목표에서 비롯한 것으로 볼 수 있다. 조선 왕조는 전 백성을 아우르는 성리학적 이념사회를 구축하기 위해 배우기 쉬운 한글을 활용해야 했고, 중화 문명의 질서에 편입되기 위해 한자와 한문에 기반한 공적 소통 체계를 확립해야 했던 것이다.

그런데 한글의 쓰임이 확대되는 과정에서 한글은 실질적으로 공적 소통 체계에 포함되었다. 이러한 변화는 백성이 일방적으로 명령을 받는 대상이 아니라 설득해야 할 대상이 되었음을 말해 준다.

(3) 우선 지금 내려보내는 유지(有旨)를 한문과 언문으로 베껴 크게 한 장을 써서 큰 길거리에 내걸고, 아울러 한 통을 베껴 해당 고을의 사류와 백성들에게 선포하여 각자 조정을 믿어 두려워하지 말고 즐겁게 생업에 종사하도록 하라.

-《조선왕조실록》, 정조 15년(1791) 2월 6일

이처럼 한글이 백성들의 소통 수단이자 조정과 백성의 상호 소통 수단으로 자리를 잡으면서, 백성의 교화 또한 일방적 방식에서 설득적 방식으로 전환되었다. 임진왜란을 겪은 후 사회질서를 바로 잡기 위한 목적으로 《동국신속삼강행실도》(1617)를 간행한 것은 당시 교화 정책의 성격을 잘 말해 준다.

이러한 경향은 조선 후기 들어 더욱 분명해지는데, 한글로 된 천주교 교리서가 전국적으로 유포되는 상황에 대한 대응으로 한문 원본에 한글 번역본을 덧붙인 '척사윤음(斥邪綸音)'을 배포한 것이 대표적인 예이다. 천주교를 엄격히 금지하고 탄압하는 정책을 펴면서 동시에 천주교의 교리를 논박한 윤음을 전국적으로 배포한 것은 조선 왕조 통치 정책의 핵심이 교화에 있었음을 말해 준다. 특히 한글을 매개로 확산하는 천주교 교리를 한글 윤음으로 논박한 것은 당시 한글을 활용한 교화 정책의 지향점이 백성을 설득하는 데 있었음을 말해 주는 것이기도 하다. 이런 점을 보면 조선 왕조가 두 번의 큰 전란을 겪으며 취약해진 상태에서도 19세기 후반까지 중세 질서를 견고히 유지할 수 있었던 데에는 한글을 활용한 교화 정책이 중요한 역할을 했다고 해야 할 것이다.

지금까지 논의를 통해 보면 민본주의를 실현하려 했던 세종의 의지가 한글 창제의 계기가 되었지만, 교화 정책과 결합했던 민본주의의 성격상 한글의 역할은 제한적일 수밖에 없었음을 알 수 있다. 이는 한글로 나타내는 지식의 영역이 교화서와 기초 실용서의 범위를 벗어나지 않았던 데에서 확인할 수 있다.[01] 그런데 18세기 이후

---

01. 칠서언해는 중세 최상층의 지식을 한글화한 성과라 할 수 있지만, 국한문으로 구성된 이 언해본은 한문 경전 해석을 위한 보조 자료로 쓰였다는 점에서 일반 백성의 지식 영

소설과 같은 상업적 출판물이 간행되는 것은 한글의 사용 저변이 확대되는 계기가 되었다는 점에서 의미를 찾을 수 있다. 다만 그 당시 유통되던 소설의 내용이 교화라는 이념적 틀을 벗어나지 않았다는 사실[02]은 한글 출판물의 양적 확대가 왜 지식 정보의 생산과 유통 방식의 변화를 이끄는 데까지 나아갈 수 없었는지를 말해 준다. 다만 조선 후기에 한글 출판물이 양적으로 확대되며 한글 문화의 저변이 넓어진 것은 근대적 개혁을 뒷받침하는 기반이 되었다는 점에서 역사적 의미를 찾을 수 있을 것이다.

3. 근대적 백성의 등장과 한글

(4) 제14조. 법률·칙령은 모두 국문(國文)을 기본으로 하고 한문(漢文)으로 번역을 붙이거나 혹은 국한문(國漢文)을 혼용한다.

-《조선왕조실록》, 고종 31년(1894) 11월 21일

중세 질서가 해체되는 격동기에 조선 왕조는 '알려야 할 필요'를 넘어서서 '알려야 할 의무'를 자각했고 (4)의 칙령을 통해 백성의 문자인 언문(諺文)을 한문(漢文)을 대체하는 국문(國文)으로 격상시켰다.

역을 확장하는 것과는 거리가 있었다.

02.   당시 조선 사회에서 여성들에게 인기 있던 소설은 명나라를 배경으로 충효 사상을 강조한 《완월회맹연(玩月會盟宴)》, 오랑캐인 몽골족의 원나라를 물리치고 천하를 되찾으려는 영웅들의 이야기를 엮은 《태원지(太原誌)》, 청나라 조정을 무대로 한 삼부자의 충성을 다룬 소설 《징세비태록(懲世否泰錄)》, 소씨 가문의 삼대에 걸친 가문 소설인 《문장풍류삼대록(文章風流三代錄)》, 네 가문의 영화와 몰락을 그린 소설인 《홍루몽》 등의 번역 소설이었다.

이 칙령은 한문을 공적 글쓰기에서 퇴출시키는 성과를 거두었지만, 이러한 조치가 곧바로 한글의 위상을 높이지는 못했다. 아래의 두 글은 한글의 국문화에 대한 보수주의자들의 반발과 이러한 보수주의자들에 대한 민간의 반발을 보여 주고 있다. 이를 보면 근대 개혁이 이루어지면서 한글의 위상을 재정립하는 것과 관련한 대립이 격화되었음을 짐작할 수 있다.

(5) 학부대신 신기선 씨가 상소하였는데 머리 깎고 양복 입는 것은 야만이 되는 시초요, 국문을 쓰고 청국 글을 폐하는 것은 옳지 않고 외국 태양력을 쓰고 청국 황제가 주신 정삭을 폐하는 것은 도리가 아니요, 정부에 규칙이 있어 내각 대신이 국사를 의논하여 일을 작정하는 것은 임금의 권리를 빼앗는 것이요, 백성에게 권리를 주는 것이니 이것은 모두 이왕 정부에 있던 역적들이 한 일이라. 학부대신을 하였으되 행공하기가 어려운 것이 정부, 학교, 학도들이 머리를 깎고 양복을 입은 까닭이요, 국문을 쓰는 일은 사람을 변하여 짐승을 만드는 것이요, 종사를 망하고 청국 글을 폐하는 일이니, 이런 때에 벼슬하기가 어려우니 가라 주시기를 바란다고 말씀하였더라.

－《독립신문》 1896년 6월 4일

(6) 제군, 암만해도 토벌하는 수밖에 없소. 우리에겐 '국문'도 아니 분배해 주는 저 소위 교육자 암만하여도 토벌하는 수밖에 없소. 대저 학문이란 것은 천하의 공기이지 결코 일인 일국(一人一國)이 소유할 수 있는 바가 아니오. 우리나라가 광무 유신 이후로 양반이니 상복이니 하는 망국적 계급이 타

파되던 동일(同日)에 전일(前日)같이 소수 계급자의 학문 전유(專有)하던 악습이 일변하였소. … 그뿐 아니라 또 사서삼경을 재삼독(再三讀)하고도 편지 한 장 축문 하나 못 쓰던 그 글은 다 진시황 문고에 깊이 넣어두고, 한 자를 배우면 한 자를 쓰고 백 자를 배우면 백 자를 쓰는 실용적 활학문(活學問)이 출래(出來)하였소.

—나생, 〈교육자 토벌대〉, 《대한학회월보》 4, 1908년 4월 25일

결국 한글과 한문의 대립 속에 국한문 글쓰기가 자리를 잡았고, 국한문과 국문의 이중적 문어 체계 내에서 한글의 역할은 제한적일 수밖에 없었다. 대부분의 간행물이 국한문으로 쓰였으며, 국문만을 사용한 경우는 드물었다. 그리고 경우에 따라 아래 (7), (8)과 같이 국한문과 국문으로 동시 간행하기도 했는데, 이는 국한문으로 된 글과 국문으로 된 글의 독자층을 달리 설정했음을 말해 준다.

(7) 국문 성경과 국한문 성경

ㄱ. 예수가 잇ᄯᅳᆯ러 벳아니 마즌 편에 니르샤 손을 드러 뎌희를 위ᄒᆞ야 복을 비실시 맛ᄎᆞᆷ 비실 ᄯᅢ에 무리를 써나 하ᄂᆞᆯ노 올나가시니 무리가 경비ᄒᆞ고 심히 깃버ᄒᆞ야 예루살넴에 도라가 늘 성뎐에 잇서 하ᄂᆞ님을 찬송ᄒᆞ더라.

ㄴ. 예수가 引ᄒᆞ야 벳아니 越便에 至ᄒᆞ샤 手를 擧ᄒᆞ야 彼等을 爲ᄒᆞ야 福을 祝ᄒᆞ실시 맛ᄎᆞᆷ 祝ᄒᆞ실 時에 衆을 離ᄒᆞ야 天으로 昇ᄒᆞ시니 衆이 敬拜ᄒᆞ고 甚히 喜ᄒᆞ야 예

루살넴에 歸ᄒ야 恒常聖殿에 在ᄒ야 上帝를 讚頌ᄒ더라.

-《신약젼셔》, 1906

(8) 국한문 논설과 국문 논설

ㄱ. 或者는 長病에 苦痛을 忘흠ᄀᆞ치 伍條約日에 熱沸ᄒ던 血이 冷ᄒ며 七協約時에 狂發ᄒ던 氣가 灰ᄒ야 合邦의 聲明셔가 巷谷에 雪飛ᄒ야도 尋常히 看過ᄒ나 試思ᄒ라 合邦以後에는 檀君을 背ᄒ고 天照太神을 奉흘지며 君父를 棄ᄒ고 明治天皇을 拜흘지며 祖國旗를 抛ᄒ고 太陽의 彼旗를 擎ᄒ리니 同胞此時에 心中이 何如히 苦痛ᄒ깃나뇨.

-《대한매일신보》 1909년 2월 8일

ㄴ. 긴병에 앏흠을 니져ᄇ림과 ᄀᆞ치 동포가 오됴약ᄒ던 날에 ᄭᆞ던 피가 식엇고 칠협약의 톄결되던 날에 발광을 ᄒ던 긔운이 ᄌᆡ가 되여 합방ᄒ자는 션언셔가 쳐쳐에 눈ᄂᆞ리듯 ᄒ여도 심상히 보고 지ᄂᆡ는가 ᄉᆡᆼ각하여볼지어다 합방이 된 이후에는 단군을 비쳑ᄒ고 텬됴대신을 밧들거시오 군부를 ᄇ리고 명치텬황을 놉힐거시며 조국의 태극긔를 ᄇ리고 태양긔를 잡을지니 동포의 ᄆᆞ음이 이ᄯᆡ에 엇더ᄒ겟는가.

-《대한매일신보》 1909년 12월 8일

동일한 내용을 국문과 국한문으로 양식만 달리하여 썼다는 점에서, (7)과 (8)의 차이는 단순히 표기와 문체의 선택 문제로 볼 수도 있다. 그러나《대한매일신보》의 논설이 '국한문판'에 실리는 것을 전제로 작성되었으며 이 중 일부만 선택적으로 '국문판'에 실었다는 점을 감안할 필요가 있다. 국문만 아는 사람이 접근 가능한 지식 정보와 담론은 여전히 제한적이었던 것이다.

이러한 상황은 자연히 학교교육에 영향을 미쳤고, 국문교육은 기초 교육 단계에 머물 수밖에 없었다.《서유견문》을 저술하며 근대적 국한문의 모델을 제시하고, 국어문법서인《대한문전》(1909)을 저술한 바 있는 유길준은 국문 교육의 중요성을 강조했지만, 고학년은 국한문 중심으로 교육하는 것을 당연시했다. 그의 훈독식 국한문은 이런 맥락에서 등장한다고 할 수 있는데, 노동자를 위한 교육서인《노동야학독본》(1908)은 국문으로 교육하면서도 국한문 글쓰기 능력을 기를 수 있는 체제를 갖추고 있다.

(9) 第뎨伍오課과 人사람의 資자格격 …
    그러ᄒ즉 일온바 人사람의 資자格격은 엇더ᄒ뇨 갈오대 남에게
    後뒤지지 아니ᄒ는 知지識식으로
    家집에는 집을 昌챵셩케 ᄒ는 일이오
    國나라에는 나라를 安평안케 ᄒ는 일이오
    社샤會회에는 샤회를 利리롭게 ᄒ는 일이니라
                        −《노동야학독본》(1908)의 훈독식 국한문

위의 훈독식 국한문은 한자를 음대로 읽었을 경우 우리말 문장

을 구성하지 못하고, 한자에 부기된 국문을 읽을 때 자연스러운 우리말 문장이 된다. 이는 《노동야학독본》이 국문으로 먼저 작성된 후 한자를 포함한 것으로 추론하는 근거가 된다. 《노동야학독본》이 출간된 이듬해에 이를 일부 재편집하여 출간한 《노동야학》(1909)의 문장이 순국문에 가깝다는 사실은 이러한 추론을 뒷받침한다. 이는 유길준이 노동자 교육을 위한 글을 국문 양식으로 설정했음을 말해 준다. 그렇다면 유길준이 노동자 교육을 위한 독본을 굳이 훈독식 국한문으로 저술했던 의도가 궁금해질 수밖에 없다. 유길준은 노동자 교육의 단계를 국문으로 기본 지식을 익히면서 한자를 익히는 것을 1단계, 국한문을 읽을 수준까지 도달하여 고급 지식에 접근하는 것을 2단계로 설정한 것으로 추정할 수 있다.[03]

이처럼 국문과 국한문의 이중적 문어 체계 속에서 지식 정보와 정치 담론의 생산과 유통이 국한문을 중심으로 이루어졌고, 이러한 상황을 전제로 교육이 이루어진 것은 근대 초기의 시대적 한계를 보여 준다고 할 수 있다. 그 시대적 한계를 구체화하면, 첫째는 국문의 표기법이 일관성을 띠지 못하고 표준어가 정립되지 못한 한계이고, 둘째는 근대적 백성이 시민으로 성장할 수 있는 조건이 마련되지 못한 한계이다. 한글만 아는 근대적 백성이 지식 정보와 정치 사회적 담론을 이끌어 갈 수 없는 상황에서 우리말과 한글의 규범화가 완비되지 못했으니, 한글의 사용 영역을 확장할 수 있는 계기를 마련할 수 없었던 것이다.

첫째 한계에 대한 대응은 국어 규범화 연구로 나타났다. 당시

---

03. 이와 관련해서는 최경봉(2020)의 논의를 참조할 수 있다.

국어 규범화에 대한 개별적 연구가 활성화되었지만, 1907년 국문연구소의 설립은 국가가 국어 규범화에 직접 나선 사례로서 중요한 의미를 갖는다. 다만 국문연구소의 규범화 논의 결과가 어문 사용에 직접적인 영향을 미치지는 못했다. 이는 사회정치적으로 극심한 혼란기여서 국문연구소의 연구 성과를 적용할 여유가 없었기 때문이다. 다른 한편으로는 규범화 논의가 지식인들 간의 학술적 논쟁으로 흘러 시급한 규범화 요구에 부응하지 못한 것도 한몫한 것으로 볼 수 있다. 《대한매일신보》의 논설은 이러한 국문연구소의 행보를 비판하고 있다.

> (10) 근래 듣기로 학부에서 국문연구소를 설치하고 국문을 연구한다고 하니 어떤 특이한 사상이 있는지는 알지 못하거니와 나의 우둔한 생각으로는 그 연원과 내역을 연구하는 데 세월만 허비하는 것이 필요치 아니하니, 다만 그 풍속의 언어와 그 시대의 말소리를 널리 수집해 온전한 경성(서울)의 토속어로 명사와 동사와 형용사 등 부류를 구별하여 국어 자전 일부를 편성하여 전국 인민으로 하여금 통일된 국어와 국문을 쓰게 하되, 그 문자의 고저(高低)와 청탁(淸濁)은 앞서 강정(講定)한 사람이 이미 있으니 취하여 쓸 것이오, 새롭게 괴벽한 설을 만들어내어 사람의 이목만 현란하게 하는 것은 불가하다 하노라.
> 　　　　　　　　　　　　　　　　　　　 -《대한매일신보》1909년 3월 1일

위의 비판은 알 권리의 확대를 위해 표준어 제정, 철자법 제정,

사전 편찬 등 어문 규범의 기초를 닦는 일이 시급한데, 국문연구소의 논의가 이에 미치지 못한다는 점을 지적한 것이다. 이런 문제의식은 이후 일제강점기라는 상황에서도 철자법과 표준어를 제정하고 사전 편찬에 매진할 수 있는 토대가 되었다.

(11) 조선의 언어는 상술한 것처럼 어음·어법의 각 방면으로 표준이 없고 통일이 없으므로 하여, 동일한 사람으로도 조석이 상이하고 동일한 사실로도 경향이 불일할 뿐 아니라, 또는 어의의 미상한 바가 있어도 이를 질정할 만한 준거가 없기 때문에, 의사와 감정은 원만히 소통되고 충분히 이해될 길이 바이 없다. 이로 말미암아 문화의 향상과 보급은 막대한 손실을 면할 수 없게 되는 것이다. 금일 세계적으로 낙오된 조선 민족의 갱생할 첩로는 문화의 향상과 보급을 급무로 하지 않을 수 없는 것이요, 문화를 촉성하는 방편으로는 문화의 기초가 되는 언어의 정리와 통일을 급속히 꾀하지 않을 수 없는 것이다.

　　　　　　　　　　－〈조선어사전편찬회 취지서〉, 1929년 10월 31일

둘째 한계에 대한 대응으로서 눈에 띄는 것은 한글 신문의 제작이다. 이 중 선구적으로 제작된 《독립신문》(1896)이 특정 계층을 위한 신문이 아닌 일반적 신문을 지향하면서 신문에서 다룰 사항들을 확장한 점은 주목할 필요가 있다.

(12) 우리가 독닙신문을 오늘 처음으로 출판ᄒᆞᆫ디 조선속에 잇는 닉외국

인민의게 우리 쥬의를 미리 말ᄒ여 아시게 ᄒ노라 우리는 첫ᄌᆡ 편벽되지 아니ᄒ고로 무ᄉᆞᆷ당에도 상관이 업고 샹하귀쳔을 달니ᄃᆡ졉아니ᄒ고 모도 죠션 사름으로만 알고 죠션만 위하며 공평이 인민의게 말ᄒᆞᆯ 터인ᄃᆡ 우리가 셔울 빅셩만 위ᄒᆞᆯ 게 아니라 죠션 젼국 인민을 위ᄒ여 무ᄉᆞᆷ일이든지 ᄃᆡ언ᄒ여 주랴홈 졍부에셔 ᄒ시ᄂᆞᆫ일을 빅셩의게 젼ᄒᆞᆯ터이요 빅셩의 졍셰을 졍부에 젼ᄒᆞᆯ터이니 만일 빅셩이 졍부일을 자셰이알고 졍부에셔 빅셩에 일을 자셰이 아시면 피ᄎᆞ에 유익ᄒᆞᆫ 일만히 잇슬터이요 불평ᄒᆞᆫ ᄆᆞᄋᆞᆷ과 의심ᄒᆞᄂ 싱각이 업셔질 터이옴.

-《독립신문》 1896년 4월 7일

독닙신문이 본국과 외국ᄉᆞ졍을 자셰이 긔록ᄒᆞᆯ 터이요 졍부 속과 민간 소문을 다 보고ᄒᆞᆯ 터이라 졍치샹 일과 농ᄉᆞ 쟝ᄉᆞ 의슐샹 일을 얼만콤식 이 신문샹 미일 긔록홈.

-《독립신문》 1896년 4월 7일

(12)에서 피력한 신문 편집의 원칙은 신문이 공론의 장으로 자리를 잡을 수 있는 조건이 된다고 볼 수 있는데, 이러한 원칙이 지켜졌음은 신문에 투고하는 투고자의 유형을 통해서도 확인할 수 있다. 서순화(1996)에 따르면 《독립신문》의 경우 1897년 180건, 1898년 198건의 투고가 실렸고, 1898년 이후 논설란에 급격히 투고 기사가 증가하면서 투고자의 계층도 다양해졌다.

(13) 《독립신문》의 투고자 유형(서순화, 1996)

계층	건수	비율(%)
백성	260	48.1
개화 지식인	125	23.2
하급 관리	63	11.8
고급 관리	27	5.0
학도	13	2.4
외국인	12	2.2
국외 거주자	12	2.2
종교인	12	2.2
선비	12	2.2

여기에서 눈에 띄는 것이 '백성'의 투고가 가장 많았다는 점이다. 이때 '백성'을 특별한 사회적 지위가 없는 일반인으로 보면, 일반인들 역시 정치, 사회적 사안에 대해 자신의 의사를 표현하려는 욕구가 강했음을 추정할 수 있다. 당시 한글만으로 된 간행물이 극소수였을 뿐만 아니라 그 내용이 정치 사회 담론을 담고 있는 경우도 드문 상황이었다. 이런 점을 고려하면, 논설을 투고할 정도의 '백성'을 한글만 읽고 쓸 수 있는 사람으로 볼 수는 없을 것이다. 그러나 다양한 지식 수준의 일반인들이 자신의 의견을 공론화할 수 있었던 것은 한글 신문이 존재했기 때문이라는 건 분명한 사실이다.

이런 점에서 볼 때 《독립신문》의 시도는 한글 매체의 확대가 곧 근대적 백성이 근대적 시민으로 성장할 수 있는 토대를 형성하는 일임을 보여 줬다고 평가할 수 있을 것이다. 그러나 《독립신문》의 영향력은 그리 크지 못했고, 한글 매체의 확산도 기대만큼 이루어지지 못했다. 여기에는 여러 이유가 있겠지만, 당시 열악한 교육 기반 속에서 한글을 읽고 쓸 수 있는 사람을 획기적으로 늘릴 수 없었던 데에서 이유를 찾을 수 있다. 절대다수가 문맹인 상태에서는 한글 매체의 확장성도 제한적일 수밖에 없었던 것이다. 이런 점에서 보면 근대적 백성이 근대적 시민으로 성장할 수 있는 토대가 형성된 것은 해방 이후 문맹 퇴치 운동이 본격화하면서 한글 해득자의 수가 획기적으로 늘어난 이후라 할 수 있다.

4. 민주주의의 실현과 한글

(14) '한글전용에 관한 법률'(1948)
대한민국의 공용 문서는 한글로 쓴다. 다만, 얼마 동안 필요한 때에는 한자를 병용할 수 있다.

해방 후 정부 수립과 동시에 '한글전용에 관한 법률'이 제정된 것은 결국 모든 지식 정보와 정치 담론을 한글로 표기할 수 있는 길을 닦는다는 의미가 있다. '한글전용에 관한 법률'은 한글만 아는 사람들이 모든 공적 정보에 접근할 수 있는 권리를 주장할 수 있는 법률적 근거였기 때문이다.

해방이 되자마자 강력하게 전개되었던 문맹 퇴치 운동과 학교 교육의 확대 정책으로 한글을 아는 사람의 수를 획기적으로 늘릴 수 있게 되었다. 이런 점에서 한글교육은 국가의 구성원으로서 자신의 정치사회적 의사를 자유롭게 표출하는 사람이 증가하는 계기가 되었으며, 한글교육을 받은 이들이 폭발적으로 증가하는 상황은 한글로 나타내는 지식 정보를 획기적으로 늘릴 수 있는 계기가 되었다.

(15) 국문 보급 상황(1959년)[04]

이러한 상황에서 '한글전용에 관한 법률'(1948)을 구체화한 '한글전용 실천요강'이 발표되었다.

연도	총인구	국문 해득자 수	문맹자 수	문맹자 비율	비고
1945	10,253,138	2,272,236	7,980,922	78.0%	해방 당시
1948	13,087,405	7,676,325	5,411,080	41.0%	정부 수립
1953	12,269,739	9,124,480	3,145,259	26.0%	문맹퇴치 계획전
1954	12,299,739	10,560,719	1,709,020	14.0%	제1차
1955	12,219,739	10,745,698	1,524,041	12.0%	제2차
1956	13,911,678	12,492,713	1,419,205	10.0%	제3차
1957	13,713,873	12,568,590	1,145,293	8.3%	제4차
1958	13,713,873	13,150,891	562,982	4.1%	제5차

(16) '한글전용 실천요강'(1958)

ㄱ) 공문서는 반드시 한글로 쓴다. 그러나 한글만으로써 알아보기 어려운

---

04.   문교부,《문교월보》49, 1949, 11쪽.

말에는 괄호를 치고 한자를 써 넣는다.

ㄴ) 각 기관에서 발행하는 간행물은 반드시 한글로 한다.

ㄷ) 각 기관의 현판과 청내 각종 표지는 모두 한글로 고쳐 붙인다. 특히 필요한 경우에 한하여 한자나 다른 외국어로 쓴 현판 표지를 같이 붙일 수 있으되, 반드시 한글로 쓴 것보다 아래로 한다.

ㄹ) 사무용 각종 인쇄 및 등사물도 한글로 한다.

ㅁ) 각 기관에서 사용하는 관인, 기타 사무용 각종 인은 한글로 하고 이에 필요한 경비는 각 부에서 부담한다. 관인 조처의 상세한 것은 따로 정한다.

ㅂ) 각 관공서는 그 소할 감독 밑에 있는 사사 단체에 대해서도 위의 각 항목에 따르도록 권한다.

그러나 이러한 법률적 뒷받침이 한글로 나타내는 지식 정보를 획기적으로 증가시키는 결과로 이어지지는 못했다. 공문서의 한글화는 이루어졌지만 다양한 지식 정보를 한글화하는 데에는 여전히 한계가 있었기 때문이다. 이 한계는 결국 출판물이 획기적으로 늘어날 수 없었던 데 있다. 출판물의 증가와 정치 사회적 의사를 표출하려는 욕망이 상호작용할 때에만 한글은 민주주의의 실현을 위한 문자로서 그 역할을 분명히 할 수 있는데, 1950~1960년대에는 그러한 조건이 성숙되지 못했다고 할 수 있다. 이는 신문 발행 부수를 통해서도 확인할 수 있다.

국가	국민 소득(1955년, 달러)	농업 인구(%)	신문 발행 부수(인구 천 명당)
일본	240	39(1957)	397(1955)
필리핀	201	57(1957)	19(1955)
터키	276	77(1955)	32(1955)
한국	64	62(1959)	30(1959)

한글 해득자의 수는 90% 가까이 늘어났지만 그에 비례해 한글 출판물이 늘어날 수 없는 상황에서, 국어 정책은 지식 정보를 한글화하는 것과 관련한 방안을 모색하는 데로 나아가지 못했다. 국어 정책은 여전히 철자법 논쟁 단계를 벗어나지 못했고, 게다가 이 논쟁에 권위주의 정권이 개입하면서 파행을 맞게 되었다.

(18) 한글 간소화 3원칙(1954년 6월 26일 발표)

1. 받침은 끝소리에 발음되는 'ㄱㄴㄹㅁㅂㅅㅇㄺㄻㅄ' 10개만을 허용한다.

2. 명사나 어간이 다른 말과 어울려서 딴 독립된 말이 되거나 뜻이 변할 때에 그 어원을 밝히어 적지 아니한다.

3. 종래 인정되어 쓰이던 표준말 가운데 이미 쓰이지 않거나 또는 말이 바뀌어진 것은 그 변천된 대로 적는다.

'한글 간소화 방안'은 형태주의 표기법의 어려움을 개선하자는

05.　N.S. Ginsburg, *Atlas of Economic Development*, University of Chicago Press, 1968에서 새인용. 한국의 사례는 김송서(1964)에서 별도로 제시한 것이다.

취지의 방안이었지만, 이를 지시한 이승만의 결정적인 실책은 형태주의 표기법이 역사적인 선택이었다는 사실을 제대로 파악하지 못한 데 있었다. 그는 20세기 초의 상황 인식을 벗어나지 못한 상태에서, 해방 이후 정립된 한 국가의 표기법을 해체하고자 했던 것이다. '한글 간소화 방안'은 하나의 해프닝처럼 막을 내렸다. 하지만 그 이후 사전이 출간되고 규범 문법의 틀이 만들어진 1960년대까지도 규범화 논쟁이 계속된 것은 한글을 민주주의 실현의 도구로 사용한다는 문제의식을 확장시키는 데 걸림돌로 작용할 수밖에 없었다.

한글 전용과 한자 혼용 문제를 둘러싼 논쟁의 격화도 그런 측면에서 문제로 지적할 수 있다. 이러한 문제는 한글 사용을 확대하려는 정책이 국어 정화 운동과 연결된 데에서 비롯되었다고 할 수 있다. 국어 정화 운동의 성격상 극단적인 어문 민족주의가 담론을 이끌어 나가면서 한자 문제를 해결할 수 있는 실마리를 놓치게 된 것이다.

(19) 그때 군정 문교부 편수국 수뇌부에 한자 폐지론의 총대장격인 최현배 씨가 진을 치고서, 학교 교과서에서부터 한자를 없앨 계획을 세우고 마구 우겨서 실천에 옮기고 있어서, 그적에 벌서 당연히 활발한 논의가 있어야 할 것이었음에도 불구하고 아마 현란한 정국의 격동에 휩쓸려, 또 한편에는 최현배 씨가 걸머진 군정과 조선어학회라는 두 겹의 후광에 압도되었던가, 이런 문제의 전문가인 어학자 편에서도 더 이상 문제를 전개시키지 않고 말았고 문학자 또한 별로 거들떠보지 않았었다.

—김기림,《문장론신강》, 민중서관, 1950

위에서 김기림은 해방 이후 최현배 문교부 편수국장이 주도한 한자 폐지와 국어 정화 운동이 독단적으로 급격하게 진행되었음을 비판하고 있다. 실제 이러한 정책은 한자와 한자어는 우리말의 발전을 위해 없어져야 할 대상으로 보는 것인데, 한자어를 고유어로 대체하는 것이 현실적으로 성공하지 못한 상황에서, 이러한 정책이 실제 어문 생활에 영향을 미치기는 어려웠다. (14)에 제시한 '한글전용에 관한 법률'이 한글 사용을 확대하기 위한 온건하면서도 현실적인 지침이었음에도, 한글 전용론자들의 비판에 직면했다는 것은 당시 한글 전용론의 이념성을 잘 보여 준다. 신문과 학술 서적 등에서 한자 혼용이 당연시되던 시점에 한자 병용을 비판함으로써, 한자 문제에 대한 논쟁은 한글 전용론과 한자 혼용론이라는 극단적 주장이 대립하는 양상으로 전개될 수밖에 없었다. 극단적인 두 주장이 마주치면서 한자 논쟁은 1990년대까지 어문 현실과 동떨어진 상태로 진행되었던 것이다.

중립적인 관점에서 보면 한자를 굳이 축출해야 할 필연적인 이유도 없었고, 한자를 사용해야만 우리말을 제대로 쓸 수 있다는 견해도 비현실적이었다. 실제로 김기림 등을 비롯해 해방 이후 대부분의 지식인들은 점진적인 한자 폐지론 혹은 한자 제한론을 이야기했는데, 극단적인 양쪽이 논의를 주도하면서 이 논쟁이 평행선을 그리며 계속된 측면이 있다. 한쪽의 선택이 한쪽을 배제하는 것으로 간주되면서 토론이 불가능해진 것이다.

공적 언어와 사적 언어에 대한 구분이 분명치 않은 상태에서 논쟁이 시작된 것도 이처럼 극단적 주장이 거듭된 원인 중 하나일 것이다. 한글 전용을 공적 영역으로 한자 혼용을 사적 영역으로 제한했다면, 한자를 병용하는 주장이 설 자리도 생기면서 논의가 좀 더 생산적으로 흘렀을 가능성이 높다.

한편에선 이미 역사적 판단이 끝난 철자법을 개정하려는 움직임이 일고, 다른 한편에선 관습을 고려하지 않은 한글 전용 운동이 일어났다. 그런 가운데 한글 운동은 언어 대중을 위한 운동이 아니라 한글을 위한 운동이 되었다.

문맹 퇴치가 곧 민주주의의 실현으로 이어지는 것이 아니란 점에서, 한글 운동은 문맹 퇴치 운동의 성과를 이어받아 민주주의 실현을 위해 기여할 바를 구체화했어야 한다. 그럼에도 불구하고 해방 이후부터 1970년대의 산업화 시기에 이르기까지 한글 운동은 이전의 문제의식에서 벗어나지 못했던 것이다.

더구나 산업화 시대의 정치적 필요에 의해 국민 정신 또는 민족 주체성이 강조되던 시절에 한글 전용과 국어 순화 정책은 규제적이었을 뿐만 아니라 국가주의에 경도되었다. 이는 민주주의 실현이라는 목적의식이 분명하지 않은 이상, 한글 사용의 확대 정책이 민주주의 실현에 역행하여 진행될 수 있음을 보여 주었다는 점에서 시사적이다.

(20) 1960-1970년대 한글 정책의 양상

1968년	국민교육헌장 제정. 박정희 대통령의 한글 전용 지시
1970년	교과서의 한글 전용
1972년	유신헌법 통과. 국어 정체성 문제의 부각
1976년	박정희 대통령의 국어순화운동 지시. 문교부 내에 '국어순화운동협의회' 신설

　국민 교육이 정착하면서 거의 대부분의 국민이 한글을 읽을 수 있는 시대가 되었을 때, 정작 시민으로서의 자질을 갖추는 데 이용될 수 있는 한글 콘텐츠가 자유롭게 공유되지 못했던 것은 산업화 시대 국어 정책의 한계를 잘 보여 준다. 김영화(2015: 138-140)에서는 96%라는 1960년대 초등학교 취학률은 "문맹을 퇴치해 줌으로써 경제 발전에 필요한 합리성과 진보의 개념을 국가 전체에 확산시키며, 대면적인 의사소통을 가능하게 하였다"고 분석한 바 있다. 하지만 문맹 퇴치 운동과 초등교육의 확대를 통한 한글 보급의 확대가 곧바로 민주주의의 실현으로 이어질 수는 없었다.

　산업화 시대에 한글교육은 산업화에 필요한 인력 양산이 주요 목적이었으며, 권위적인 정권은 국가주의를 강화하는 측면에서 한글의 의미를 찾았다. 이런 상황에서 한글이 나타내는 지식 영역을 확대하는 관점에서 한글 사용의 확장을 고민하는 정책이 이루어지기는 어려웠다. 한글 전용과 국어 순화 정책이 이념화되면서 이러한 정책이 주로 일상생활의 글쓰기와 말하기를 제약하는 방향으로 전개되었기 때문이다. 산업화 시기에 신문의 한자 혼용은 여전했으며, 난해한 법률문이 여전히 통용되었다. 전문 지식의 대중화를 위한 시도도 거의 이루지지 않았다. 결국 한글 콘텐츠는 국가권력과 언어 대중 간, 지식 생산자와 언어 대중 간의 길항을 통해 서서히 확대되는 양상을 띠게 된다. 한글교육을 받은 세대가 다수를 점하는 상황에서 신문 및 서적에서 국한문 혼용 비율이 감소하는 추세는 주목할 만하다. 특히 신문이 한자 사용을 획기적으로 줄인 것은 한글 세대가 구독자의 주류가 되고, 경제 성장과 더불어 신문 구독자의 수가 획기적으로 늘어나는 1980년대 이후부터다. 신문의 한자 사용 비율 변화는 한글로 나타내는 지식 영역의 확대와 연동되어 있다. 1980년대 이후 정치, 경제, 사회 문제에 대한 대중들의 비평 능력이 향상된 것은 이러한 변화와 관련지어 설명할 수 있을 것이다.

(21) 신문(동아일보)에서의 한자 사용 비율의 변화(이상혁 외 2017)

5. 한글의 오늘과 내일

1) 국민주권주의의 확대와 공공 언어 문제

(22) '국어기본법'(2005)

제1조(목적) 이 법은 국어 사용을 촉진하고 국어의 발전과 보전의 기반을
  마련하여 국민의 창조적 사고력의 증진을 도모함으로써 국민의 문화적
  삶의 질을 향상하고 민족문화의 발전에 이바지함을 목적으로 한다.

제4조(국가와 지방자치단체의 책무) ① 국가와 지방자치단체는 변화하는 언어
  사용 환경에 능동적으로 대응하고, 국민의 국어능력 향상과 지역어 보
  전 등 국어의 발전과 보전을 위하여 노력하여야 한다. ② 국가와 지방자치
  단체는 정신상·신체상의 장애로 언어 사용에 어려움을 겪고 있는 국민이
  불편 없이 국어를 사용할 수 있도록 필요한 정책을 수립하여 시행하여야
  한다.

한자 혼용과 한글 전용의 대립이 어문 정책의 주요 쟁점에서 벗
어나면서, 어문 정책에서 민주주의 실현 문제를 깊이 고민할 수 있
는 여건이 조성되었다고 할 수 있다. (22)의 '국어기본법'은 국어 정
책이 한글을 쓴다는 것을 중요하게 생각하는 단계에서 한글로 표기
하는 언어와 그 언어가 담아내는 지식 정보의 질을 중요하게 생각
하는 단계로 진입하였음을 보여 준다. 따라서 '국어기본법'에서는
문자로서의 한글과 언어로서의 한국어 문제는 서로 떼려야 뗄 수

없는 문제가 되는 것이다.

전문 지식을 일반인들이 이해할 수 있게 설명할 필요성이 대두되고, 생활에 영향을 미칠 수 있는 분야의 지식일수록 이를 일반인이 알 수 있게 설명하는 것을 의무로 여기게 된 것도 '국어기본법'이 출현한 배경이라고 할 수 있다. '국어기본법' 이후 쉬운 공공 언어 쓰기 운동이 본격화한 것도 주목할 점이다. 언어의 공공성 문제가 국어 정책 논의의 핵심 주제가 되면서, 공공 언어의 범위가 어디까지이고 공공 언어의 수준을 누구의 처지에서 어떻게 조정할 것인가라는 문제가 구체적으로 논의될 수 있었다.

(23) 국민참여재판이란 배심원제도를 뜻합니다. 종래 재판의 객체로만 여겨져온 국민들이 스스로 심판하는 자리에 참여하게 된 것입니다. 국민주권주의를 재판의 영역에까지 확대했다고 말할 수 있습니다. 아직 시행 초기 단계이지만 매우 성공적으로 연착륙하고 있다고 봅니다. 처음 5년간은 배심원의 평결에 권고적 효력만 인정하고 있는데, 일부의 우려와는 달리 국민들의 참여도와 판단수준이 생각보다 높아요. 이젠 검사나 변호인이 판사와의 소통에 안주하지 않고 배심원들이 이해할 수 있는 쉽고 간결한 언어로 호소력을 높이는 새로운 법정 모습을 보여 주고 있습니다.

−변호사 한승헌 인터뷰 기사,《경향신문》 2009년 6월 11일

위의 예에서처럼 국민주권주의가 적용되는 영역이 갈수록 확대된다면, 사회 각 영역의 지식은 일반 국민이 이해할 수 있게 설명되

어야 한다. 이는 지식의 수준을 낮추거나 이를 전달하는 언어를 쉽게 하는 차원을 벗어나는 문제라고 할 수 있다. 여기에서 새롭게 부각되는 것은 (22)에서 거론한 '국민의 창조적 사고력의 증진' 문제이다. 이는 곧 언어적 표현력과 이해력을 높이는 문제와 연결되는데, 민주주의가 심화될수록 중요한 문제가 될 것이다.

사이토 준이치(2009: 34)는 '담론 자원'이 공공성에의 실질적 접근을 근본적으로 좌우한다고 하면서, 전문적 지식과 일상적 지식의 비대칭성에 따른 '담론 자원'의 격차를 해소하는 문제를 제기한 바 있다. 그가 제시하는 방향은 담론 자원의 격차에 근거한 지배를 비판적으로 제어하기 위해서는 전문가에게 설명 책임을 부과하는 것뿐만 아니라 전문적 지식을 가지고 전문적 지식을 비판할 수 있는 대항 담론을 그 외부에 가지는 것이 필요하다는 것이다.

이를 언어 문제와 관련지어 보면, 사이토 준이치의 말은 공공 언어에서 쉬운 언어 쓰기를 강제하는 것과 더불어 국민들의 국어 사용 능력을 향상시키는 정책이 동시에 이루어져야 한다는 것으로 이해할 수 있다. 특히 사회적 갈등이 공론화 과정을 거쳐 조정되는 빈도가 높아질수록 공공 언어의 범위도 넓어질 수밖에 없을 것인데, 이는 한글로 나타내야 하는 지식의 영역에 한계가 없음을 뜻한다고 할 수 있다. 따라서 언어 사용 능력을 향상시키기 위한 활동이 사회적 지원을 통해 이루어질 필요가 있다. 이는 쉬운 공공 언어 쓰기와 같은 민주적 통제 정책이 언어교육을 위한 사회적 지원을 강제하는 것으로 확대되는 것을 의미한다.

2) 세계화와 한글의 의미

세계화 시대가 되었다는 것은 한글 또한 국어의 문제와만 연결 지어 생각할 수 없게 되었다는 것을 뜻한다. 세계화와 한글을 연결 지으면, 대부분은 전 세계를 대상으로 한 한국어 교육의 확대를 떠올릴 것이다. 그런데 한글 사용에 대한 민주주의적 관점을 한글의 세계화와 연관 지으면 어떤 문제들이 부각될 수 있을까? 이는 민족주의적 관점에서 한글의 세계화를 바라볼 때 부각될 수 있는 문제들이다.

최근 10여 년 동안 한글 주권 문제, 한글 수출 문제 등이 논쟁거리가 되거나 화젯거리가 되었다. 이러한 현상은 한글을 우리의 문자라고 보는 관점에 일정한 조정이 필요함을 보여 줬다고 할 수 있다.

(24) 우리나라가 휴대폰 한글자판 입력 방식 표준화에 우물쭈물하는 사이 중국 정부가 조만간 조선어 입력 방식 표준을 정하는 등 이른바 '한글 공정'에 속도를 내고 있다. 우리 정부와 기업·학계는 표준화를 놓고 여전히 이견을 좁히지 못해 한글 주권이 크게 훼손될 우려가 높아졌다. 1일 한국어정보학회, 중국조선어정보학회 등에 따르면 중국은 오는 5일 시작되는 전국인민대표대회(전인대)에서 조선어(한글)와 중국어를 포함한 6대 법정문자의 자판 입력 방식 표준화와 관련한 사항에 대해 발의키로 했다. 현룡운 중국조선어정보학회 회장은 "법정문자의 자판 입력 방식 표준화는 기초

소프트웨어 분야의 오퍼레이션 시스템 진흥 계획에 포함된다"며 "추가로 R&D 전용자금이 전국인민대표대회(全人代)의 요청에 따라 편성될 수 있다"고 말했다. 이번 전인대에서 조선어 등 6대 법정문자 표준화는 중국의 대규모 IT산업 진흥 프로젝트 일환으로 추진될 예정이다.

-《전자신문》 2011년 3월 2일

위의 인용문은 중국에서 한글 자판 입력 방식을 표준화하려는 데, 우리나라에서조차 한글 입력 방식이 표준화되지 않는다면 어떻게 되겠느냐는 문제를 지적하고 있다. 그런데 중국의 한글 정책을 동북공정을 연상시키는 한글 공정으로, 그리고 중국의 한글 자판 표준화 정책을 문화적 침략으로 규정하여 '한글 주권 훼손'이라고 하는 시각은 한 번쯤 점검할 필요가 있다.

우리가 이 문제에 접근하기 전에 알아야 할 것은 중국의 소수민족 문자에 대한 정보화 사업이 중국 어문 정책의 일환으로 오랜 기간에 걸쳐 이루어져 왔다는 점이다. 중국은 한어(漢語)를 공통어로 삼으면서 동시에 소수민족 자치구의 민족어를 자치주의 공용어로 채택하는 복합 국어 정책을 실시하고 있다. 그렇기 때문에 한어를 정보화하면 뒤이어 소수민족어를 정보화해야 한다. 조선어, 티베트어, 위구르어, 몽골어, 카자흐어 등의 문자는 정보화가 진척된 대표적인 소수민족 문자이다. 따라서 중국 정부에서 이들 문자의 자판 입력 방식을 표준화하려 한 것은 당연한 일이라고 해야 할 것이다. 이런 맥락에서 보면, 중국이 한글에 관심을 갖는 것이 이상한 것은 아니다. 오히려 중국이 한글을 정보화 계획에서 제외하는 것이 더 큰 문제일 것이다. 한글을 중국의 주요 문자에서 제외하면, 중국 내 한글의 위상은 물론 조선족의 문화적 위상 또한 심대한 타격을 입을 수밖에 없기 때문이다.

문자의 주인은 결국 그 문자를 도입해 자신의 언어를 표기하는 사람이라는 점을 한글의 경우에도 적용할 필요가 있을 것이다. 한글이 우리 문자라는 인식은 '한글 수출'이라는 독특한 인식으로 이어지기도 했다. 한글을 널리 퍼뜨린다는 목표를 가졌다는 점에서 중국의 한글 정책을 보는 시각과는 정반대인 것 같지만, 그 내면에는 '한글은 우리 것'이라는 인식이 자리 잡고 있다는 점에서 그 뿌리는 같다고 볼 수 있다.

(25) 문화부가 지적한 검정교과서의 오류는 고등학교 국어(상) 1권과 국어(하) 4권에서 발견됐다. 그것은 각각 '찌아찌아족이 한글을 공식 문자로 채택(또는 보급)했다', '문자가 없어 소멸할 위기에 처한 찌아찌아어'라는 부분이다. 문화부는 '공식 문자 채택' 관련 부분은 '부족어 표기에 한글 교육 실시'로 수정하기로 했고, '문자가 없다'는 부분에 대해서는 '삭제'를 요청했다. 이유는 말할 것도 없다. 교과서에서 기술한 내용이 명백한 '오류'이기 때문이다.

-《오마이뉴스》 2012년 10월 23일

인도네시아 찌아찌아족에게 한글을 수출했다는 보도는 2009년에 나왔는데, 한글을 수출하여 문자 없는 민족이 자신들의 모어를 표기할 수 있는 길을 열어 줬다는 보도 내용은 많은 관심을 끌었다. 더구나 인도네시아의 한 소수민족에 불과하지만 그곳에서 한글을 공식 문자로 채택하였다는 소식은 한글이 국제 문자로 발전할 수 있는 가능성을 보여 준 것으로 거론되었다. 그러나 우리가 알아야 할 것은 다민족 다언어 국가인 인도네시아의 유일한 공식 문자는 로마자라는 사실이다. 로마자가 공식 문자라는 것은 인도네시아어뿐만 아니라 인도네시아의 각 소수민족어 역시 로마자로 표기한다는 것을 의미한다. 따라서 찌아찌아어를 표기할 문자가 없다는 것도, 한글이 찌아찌아족 거주지의 공식 문자가 되었다는 것도 사실일 수가 없었던 것이다.

문제는 이러한 사실이 별다른 검증 없이 교과서에까지 실리게 되었다는 점이다. 이는 한글에 과도하게 민족 의식을 투영하면서 한글의 확산을 꿈꾸어 왔음을 말해 준다는 점에서 문제적이다.

6. 결론

이 글에서 두 가지를 말하고자 했다. 첫째는 한글이 시대의 변화에 따라 그 위상을 달리하며 시대의 변화를 뒷받침하거나 그 변화를 견인하는 역할을 해 왔다는 것이다. 둘째는 시대의 변화를 뒷받침하고 견인하는 한글의 힘은 한글로 나타낼 수 있는 지식의 영역을 넓히고 그 한계를 극복하는 과정 속에서 형성되었다는 것이다. 지금까지 논의는 곧 이 두 가지를 증명하는 과정이었다.

2장의 논의는 민본주의의 실현을 통해 중세적 질서를 강화하기 위한 수단으로 한글이 활용되었으나, 그 과정에서 형성된 한글 문화가 근대적 개혁을 뒷받침하는 기반이 되었다는 점을 보여 주는 것이었다.

3장의 논의는 근대적 개혁으로 한글이 나타낼 수 있는 지식의 영역을 넓힐 수 있는 계기를 마련하였지만, 그 계기를 살려 민주주의를 견인할 수 있는 힘을 축적하지 못하는 한계를 보여 주는 것이었다. 국문과 국한문의 이중적 문어 체계가 유지되면서 국문으로 나타낼 수 있는 지식의 영역이 제한적일 수밖에 없었던 한계, 낮은 문해율로 한글 문화를 확장할 수 없었던 한계 등이 거론되었다.

4장의 논의는 한글이 민주주의 실현에 어떻게 작용했는지를 살펴봄과 동시에 한글의 제도적 위상에 걸맞게 한글로 나타내는 지식의 영역이 확장되지 못한 이유를 살펴보는 것이었다. 한글로 나타낼 수 있는 지식의 한계가 곧 당대 민주주의의 한계였다는 점을 강조하면서, 1970년대 한글 전용 정책의 한계, 그 한계 속에서 확장된 한글 문화의 성격 등을 살펴보았다.

5장의 논의는 문자를 습득하는 문제가 한글 정책에서 큰 문제가 되지 않는 시대를 다루었다. 이 시기의 특징은 문자가 아닌 문자를 통해 나타내는 지식의 영역에 대한 문제에 집중할 수 있는 시기라는 점이다. 이를 강조하면서 국민주권주의를 확대하는 과정에서 봉

착할 수 있는 표현력과 이해력의 문제를 해결하는 정책의 필요성에 대해 논의하였다. 이와 더불어 한글에 대한 민주주의적 관점을 한글의 세계화 문제에 적용해 보았다. 더불어 그 속에서 나타나는 민족주의적 관점의 문제를 지적하였다.

참고문헌

김민수(1973),《국어정책론》, 고려대출판부.

김영화(2015),《한국 산업화 시기의 교육과 경제성장: 비교역사적 관점》, 교육과학사.

문교부(1959),《문교월보》49.

사이토 준이치 씀, 윤대석·류수연·윤미란 옮김(2009),《민주적 공공성》, 이음.

서순화(1996),〈독립신문의 독자투고 연구〉, 충남대학교 박사학위논문.

시정곤·최경봉(2018),《한글과 과학문명》, 들녘.

이상혁 외(2017),《한글 창제, 사용의 사회·경제적 효과》, 국립한글박물관.

이연숙(2013),〈언어정책의 관점에서 바라본 언문일치〉,《한일 근대어문학 연구의 쟁점》, 소명출판.

이응호(1974),《미 군정기의 한글 운동사》, 성청사.

이응호(1975),《개화기의 한글 운동사》, 성청사.

정재환(2013),《한글의 시대를 열다: 해방 후 한글학회 활동 연구》, 경인문화사.

최경봉(2012),《한글민주주의》, 책과함께.

최경봉(2019),〈전근대 시기 한글 보급의 동인과 시대적 의미〉,《동방학지》189.

최경봉(2020),〈근대적 문어 양식의 성립과 국한문의 규범화〉,《국어학》94.

문해력의 새로운 의미 확장

'읽고 쓴다는 것'의 새로운 의미

리터러시 생태계의 변동을 이해하기 위한 네 가지 관점

김성우(서울대학교 영어교육과 강사)

1. 들어가며: 미디어 생태계의 변화, 리터러시의 과제

2020년 3월 문화체육관광부가 발표한 '2019년 국민독서실태조사'에 따르면 2018년 10월부터 2019년 9월까지 성인의 종이책 연간 독서율은 52.1%, 독서량은 6.1권이었다. 2017년 같은 기간에 비해 각각 7.8퍼센트, 2.2권이 줄어든 수치다. 종이책을 매일 읽는 비율은 성인이 2.3%, 초·중·고 학생은 15.4%로 나타났다. 가장 자주 이용하는 매체는 성인의 경우 인터넷 신문, 학생은 웹툰이었다. 각각 응답자의 27.9%, 36.6%를 차지했다. 주목할 만한 것은 성인 응답자의 다수가 '책 이외에 다른 콘텐츠를 이용하기 때문에'를 독서를 하기 힘든 가장 큰 이유(29.1%)로 답했다는 점이다.[01] 전통적인 리터러시 활동의

---

01.   문화체육관광부,《2019년 국민독서실태조사》, 2020.

핵심을 이루는 책 읽기가 미디어의 변동에 직접적인 영향을 받고 있음을 시사하는 대목이다.

2019년 9월에 발표된 와이즈앱의 앱 사용량 조사 결과에 따르면 한국에서 가장 많이 사용되는 앱은 '전 국민 메신저' 카카오톡이 아닌 유튜브였다. 전 국민 사용 총량 통계를 보면 2019년 8월의 사용 시간을 기준으로 유튜브가 460억 분, 카카오톡이 220억 분을 차지했다.[02] 가장 널리 보급된 메신저의 무려 두 배가 넘는 시간을 동영상 앱을 사용하며 보낸 것이다. 이는 초등학생들이 가장 선호하는 '검색 엔진'이 유튜브라는 여러 보도와 함께 우리 사회 미디어 지형의 급격한 변화를 상징적으로 보여 준다.

일각에서는 이러한 변동과 함께 학교 현장에서 감지되는 '문해력 저하'를 이유로 리터러시의 위기를 이야기한다. 읽고 쓰는 능력이 떨어지는 학생들이 많아지고 있다는 것이다. 긴 글을 읽어 내지 못하며 글에 집중하는 시간도 현격히 줄었다. 이러한 진단은 어느 정도의 경험적 근거를 지니고 있다. 하지만 이것이 기성세대의 우려와 탄식, 새로운 세대에 대한 실망에 그친다면, 리터러시 변동의 근본적 원인을 파악하고 체감되는 '위기'를 타개해 나가는 데 아무런 도움도 되지 않을 것이다. 그런 의미에서 지금이야말로 우리 사회가 머리를 맞대고 리터러시의 근본적 문제들을 논의하면서 변화의 단초를 찾아가야 하는 시기가 아닐까 한다.

이 글은 전통적으로 논의되어 온 리터러시 개념을 비판적으로 성찰한다. 이를 위해 현재의 리터러시 생태계 변동 파악에 필수적

---

02. "국내 최장시간 이용 앱은 유튜브⋯10대 월 41시간, 50대 이상 20시간," 《한겨레신문》 2019년 9월 10일.

이라 생각되는 질문을 던지고 사회적, 교육적 실천을 전개하기 위한 네 가지 개념적 준거를 제안한다. '리터러시'라는 개념의 방대함과 지면의 한계로 포괄적 분석이나 역사적 개관보다는 생산적 논의를 위한 관점을 제시하는 데 방점을 두려고 한다. 구체적으로는 전통적인 리터러시 개념의 한계를 '텍스트 중심주의의 탈피', '세대에 기반한 문해력 저하 담론에 대한 문제 제기', '텍스트 해독을 넘어선 관계와 맥락의 유기적 통합', '리터러시의 공공성 개념 신장'이라는 네 가지 관점에서 검토하고 관련 실천 방안을 논의한다.

2. 리터러시: 전통적 논의의 한계점 네 가지

1) 텍스트 중심주의로부터의 탈피: 멀티리터러시와 생애사적 관점

리터러시와 미디어의 지형이 빠르게 변화하고 있는 가운데 여전히 '문해력' 담론의 중심에는 텍스트, 즉 문(文)이 자리 잡고 있다. 학교 현장에서 각종 미디어리터러시 교육이 활성화되고 있음에도 불구하고 초등학교에서 중학교, 고등학교로 갈수록 활자 중심의 교수-학습 및 평가가 두드러진다. 이 같은 경향은 철저히 텍스트 중심으로 구성된 모의평가 및 수능시험 등으로 대표되는 표준화 평가에서 그 정점을 이룬다.

텍스트 중심 교육은 문해(文解)를 대개 수용(reception)에 국한시킨다는 문제점을 또한 갖고 있다. 즉 표준화 시험은 철저히 해독과 독해 중심의 문항으로 구성되며 학습자들이 자신의 지식과 경험, 의견과 감정을 논리적이고 심미적으로 표현하는 역량에는 별다른 관심을 두지 않는다. 이 같은 경향은 평가의 '공정성'이라는 담론에 종종 포획되어 그 정당성을 유지하지만, 세계의 이해와 또 다른 세계의 창조를 유기적으로 통합하는 활동을 배제한다. 문해교육의 본질을 저버리는 것이다.

텍스트를 중심으로 하는 교육을 당장 벗어나긴 힘들다. 과학기술과 문학, 역사와 철학 등은 수천 년간 텍스트로 전해져 왔다. 인류가 걸어온 발자취가 고스란히 텍스트에 담겨 있는 것이다. 하지만 텍스트 중심성이 일종의 도그마가 되는 것은 경계의 대상이다. 텍스트에 대한 과도한 강조는 인류의 기억에 갇혀 지금 여기에서 벌어지고 있는 미디어 생태계의 변동을 놓치는 일로 연결될 수 있다.

여기에서 우리는 사반세기 전 뉴 런던 그룹(The New London Group)이 제기한 '멀티리터러시'의 개념을 간단히 짚고 넘어갈 필요가 있다.[03] 이들에 따르면 1990년대 중반 이후 시민의 개인적, 직업적, 공적 세계는 빠르게 변화하고 IT 기술의 발달로 미디어 환경 또한 새로운 국면을 맞는다. 이 상황에서 전통적인 텍스트 중심의 리터러시는 '멀티리터러시'로의 이행을 준비해야 한다. 전통적으로 학교교육의 중심에 서 왔던 텍스트는 이제 의미를 소화하고 창조하는 데 동원 가능한 여러 요소 중의 하나일 뿐이다. 음악과 음향 효과를 포함

---

03. The New London Group, "A pedagogy of multiliteracies: Designing social futures," *Harvard Educational Review*, 66(1), 1996, pp.60-93. 해당 문단 및 다음 문단의 내용은 뉴 런던 그룹의 중심 문제의식을 요약한 것임.

한 소리, 환경과 건축적 요소를 포함한 공간, 자세와 몸짓, 적절한 거리 두기 등을 포함한 제스처, 색상과 벡터 및 원근법을 포함한 비주얼 등의 요소를 포함한 다양한 미디어를 고려할 필요가 있다.

이제 교육은 다양한 텍스트를 읽고 인용하고 새로운 텍스트를 써 내는 작업에서 탈피하지 않으면 안된다. 그리하여 다양한 의미 디자인의 요소(언어, 소리, 공간, 제스처, 비주얼 등)들을 적극적으로 탐색하고, 유의미한 요소를 동원하여 자신의 의미를 디자인하고, 그 결과 새로운 의미를 세계에 내놓는 방식으로 진화해야 한다. 뉴 런던 그룹은 이를 '가용 디자인(available designs)→디자인 과정(designing)→재디자인된 결과물(the redesigned)'이라는 도식으로 제시한다. 중요한 것은 마지막에 산출물로 나온 '재디자인된 결과물'이 새로운 가용 디자인이 되어 타인의 디자인 과정에 통합된다는 관점이다. 이런 과정이 순환되고 퍼져 나가면서 시민들은 더 나은 사회를 함께 디자인하게 된다. 즉, 개인의 역량이 축적되는 과정이 아니라 의미 자원을 창조하고 공유하며 공동의 미래를 함께 디자인해 가는 과정으로서의 리터러시를 제안하는 것이다.

멀티리터러시의 문제의식이 텍스트를 올바르게 이해하고 비판적으로 해석해 내는 능력의 중요성을 폄하하는 것은 아니다. 하지만 텍스트 기반 교육이 그 유효성을 유지하기 위해서는 텍스트라는 매체를 독립적으로 생각하기보다는 학습자가 텍스트에 도달하게 되는 생애사적 맥락에 주목해야 한다. 즉, 텍스트 자체의 특성에 기반하여 리터러시를 이해하기보다는 텍스트와 인간의 상호작용을 논의의 중심에 놓아야 한다.

'텍스트와 삶의 상호작용'이라는 관점에서 다음 두 가지 시나리오를 살펴보자. 첫 번째는 2020년 현재의 40~50대 성인이다. 이들은 텍스트를 기반으로 학교생활을 한 세대라고 할 수 있다. 초·중·고 정규 교육에서 지식의 원천은 교과서였고 문제집이었으며, 소위 '전과'라 불리는 참고서였다. 이들은 인문사회, 과학적 지식의 세계에 텍스트로 입문하였고, 텍스트로 훈련 받았으며, 텍스트를 기반으로 한 평가를 거치며 성장했다. 대학 입학 이후에 인터넷과 검색, 멀티미디어의 발달로 새로운 지식의 원천을 발견하긴 했으나, 지식을 대하는 기본적인 성향은 '텍스트 친화적'이라고 말할 수 있다. '공부는 책으로 해야지'라는 생각을 은연중에 품고 있는 것이다.

두 번째는 10대에서 20대 초반 정도의 청소년 세대다. 이들은 어려서부터 검색과 소셜 미디어, 멀티미디어를 중심으로 자신과 지식을, 또 자신과 타인을 연결해 왔다. 학습의 상당 부분을 인강(인터넷 강의)으로 채워 왔으며, 도서관에 가서 책을 찾기보다는 검색 엔진에 키워드를 입력해 결과를 검토하는 방식으로 궁금한 점을 해결했다. 2010년을 전후한 모바일 통신의 급격한 확산으로 어려서부터 '손 안의 멀티미디어'를 경험했고, 동영상을 통한 지식과 정보 습득을 자연스럽게 체득했다. 이들은 학교 활동을 제외한 일상의 영역에서 '보기'를 리터러시의 기본 모드로 삼고 있는 경우가 많다.[04]

이 같은 비교를 통해 리터러시의 실행 방식에 관한 질문을 제기할 수 있다. 이 두 세대는 비슷한 인지적, 정서적, 사회적 전략을 활

---

04. "동영상 서비스 이용자 93% '유튜브 시청' … 10대는 99.2%,"《이데일리》 2020년 4월 6일.

용해 지식과 매체에 접근하는가? 두 집단이 텍스트를 대하는 태도는 같을 수 있는가? 답은 자명하다. 이 두 세대는 사뭇 다른 태도로 텍스트를 대할 수밖에 없다. 어려서부터 서로 다른 미디어를 서로 다른 비중으로 활용하며 생각과 감정, 상상의 세계를 구축해 왔기 때문이다. 오랜 시간 다른 미디어와 상호작용한 결과 다른 몸으로 길들여졌기에 같은 텍스트라 하더라도 같은 무게와 의미로 받아들일 수 없는 것이다.

리터러시를 대하는 태도, 습속 등의 문제가 세대라는 선으로 반듯이 갈리진 않는다. 하지만 이 사고실험은 리터러시의 개념화와 교육, 미디어를 매개로 한 소통에 묵직한 시사점을 지닌다. 리터러시는 다양한 미디어를 이해하고 해석하여 활용하는 역량으로 정의되지만, 그 실질적인 의미는 다양한 주체가 살아온 삶의 궤적과 분리시켜 생각할 수 없다는 것이다. 즉, 리터러시는 삶과 미디어의 상호작용, 그 가능성으로 이해될 때라야 세계에 온전히 자리 잡을 수 있다. 리터러시 교육자와 실천가들이 텍스트와 이미지, 영상과 애니메이션으로 소통하고 가르칠 때, 매체만큼이나 그것을 경험하는 사람에 대한 이해를 중요시해야 하는 이유가 여기에 있다.

2) '젊은층'의 리터러시가 문제인가?: 세대에 기반한 문해력 문제

리터러시의 척도는 문해력 평가 점수에 기반을 두는 경우가 많다. 예를 들어 한국 사회에서 리터러시 수준을 보여 주는 지표로 가장 자주 언급되는 것은 OECD의 PISA(Programme for International Student Assessment) 평가이다. PISA는 만 15세 학생을 대상으로 읽기와 수학, 과학 영역의 성취 수준과 추이를 국제적으로 비교하는 평가이며, 3년을 주기로 시행된다.[05] 흥미로운 것은 항간의 '문해력 저하' 논의가 주로 새로운 세대를 겨냥하고 있음에 반해 실제 데이터는 사뭇 다른 결과를 보여 주고 있다는 점이다.

예를 들어 2018년 PISA 평가에서 한국은 OECD 회원국 중 읽기 2~7위, 수학 1~4위, 과학 3~5위를 기록하였다. 이는 전반적으로 매우 높은 수준이며, 같은 평가의 2015년 순위인 읽기 3~8위, 수학 1~4위, 과학 5~8위와도 그리 다르지 않다. OECD 회원국을 넘어 PISA가 실시된 전체 79개 국가를 대상으로 하더라도 읽기 6~11위, 수학 5~9위, 과학에서 6~10위로 최상위권에 속한다. 따라서 PISA 평가만을 기준으로 할 때 '젊은층의 문해력이 추락하고 있다'는 항간의 비판은 명확한 근거를 찾기 힘들다.

OECD는 PISA와 별개로 '국제성인역량조사(Programme for the International Assessment of Adult Competencies, PIAAC)'도 실시하고 있다. OECD에 따르면 "PIAAC는 성인의 능력에 대한 평가 및 분석 프로그램이다. PIAAC의 일환으로 수행되는 주요 조사는 성인능력조사(Survey of Adult Skills)이다. 이 설문조사는 성인의 주요 정보 처리 능력(문해력, 수리 및 문제 해결)을 측정하고 성인들이 가정, 직장, 더 넓은 커뮤니티에서 자신의 기술을 어떻게 사용하는지에 대한 정보와 데이터를 수집한다. 이 국제 조사는 40개 이상의 국가/경제권에서 수행

---

05.   교육부, OECD 국제 학업성취도 비교 연구(PISA 2018) 결과 발표(2019).

되며, 개인이 사회에 참여하고 경제가 번영하는 데 필요한 핵심 인지 및 업무 기술을 측정한다."[06]

그런데 2013년 국제성인역량조사 결과 분석에 따르면[07] 대한민국 16~65세 인구의 언어 능력은 273점으로 OECD 평균 수준이고, 수리력은 263점이었다. 컴퓨터 기반 문제 해결력 평가 결과 상위 수준에 속한 사람의 비율은 30%였다. 이는 OCED 평균 점수(수리력 269점, 컴퓨터 기반 문제 해결력 상위 수준 비율 34%)보다 낮은 것이다. 주목할 만한 것은 대한민국이 연령 간 편차가 가장 심한 나라로 드러났다는 점이다. 조사 대상을 16~24세 청년층으로 한정할 경우 3개 능력 모두 OCED 평균보다 높은 것으로 나타났다. 즉 젊은층의 문해력, 수리 및 컴퓨터 기반 문제 해결력이 타연령에 비해 더욱 높게 평가된 것이다.

이와 같은 차이에 대한 명확한 인과 관계를 규명할 수는 없다. 하지만 24세를 전후하여 대학을 졸업하는 인구가 많다는 점을 고려하면 국민의 문해 역량이 학교를 떠나면서 하락하는 것 아닌가 하는 추론을 가능하게 하는 자료다. 따라서 문해력 하락을 소위 '디지털 네이티브'로 불리는 세대에 국한된 현상으로 이해하는 것은 문해력을 둘러싼 문제의 진단을 도리어 방해하는 역효과를 가져올 수 있다. 다시 말해 문해력을 세대의 문제로 환원하는 것은 문해력이라는 현상을 중심에 두고 교차하고 간섭하는 다종다양한 요인들의 매

---

06.   OECD, Survey of Adult Skills (PIAAC): About PIAAC (2020년 9월 20일 접속).

07.   교육부, 2013년 OECD, 국제 성인역량 조사(PIAAC) 주요 결과 발표(2013년 10월 8일).

듭을 푸는 데 전혀 도움이 되지 못할 가능성이 높다. 리터러시 격차에 대한 분석적 성찰을 진행함과 동시에 평생교육과 지속적 성장, 사회적 지원 체계 구축이라는 관점에서 리터러시 교육의 핵심 문제를 사유해야 할 이유가 여기 있다.

결론적으로 리터러시는 세대가 아니라 유의미한 학습과 성찰, 사회적 상호작용의 지속가능성이라는 틀에서 이해되어야 한다. 아울러 이를 지원할 수 있는 공공 인프라와 정책 및 건강한 공동체 육성의 문제에 관심을 기울여야 한다. 그렇게 되면 젊은 세대는 '책을 읽지 못하는 세대'가 아니라 '다양한 미디어를 오갈 수 있는 잠재력을 가진 세대', '기성세대에게 디지털 리터러시를 전수할 수 있는 세대'로 재개념화될 수 있다. 그리고 이를 통해 앞서 제기한 멀티리터러시 교육의 가능성을 적극적으로 타진할 수 있다.

3) 텍스트 해독을 넘어 관계와 맥락으로: 뉴 리터러시 연구의 교훈

리터러시의 척도로 자주 언급되는 PISA는 2015년 현재 크게 다섯 가지 영역으로 나뉜다. (1)읽기 리터러시 (2)수학 리터러시 (3)과학 리터러시 (4)협력적 문제 해결 능력 및 (5)금융 리터러시이다. PISA 프레임워크에서 리터러시는 "다양한 상황에서 문제를 식별, 해석 및 해결하려 할 때 주요 학문 영역의 지식과 기술을 적용하고, 효과적으로 분석, 추론 및 의사소통을 할 수 있는 능력"으로 정의된다.[08] PISA는 또한 읽기 평가에서 핵심을 이루는 구인(construct)을 (1)

---

08.   OECD, "What is PISA?"(2020년 9월 20일 접속).

텍스트 (2)상황 (3)(읽기) 과정 혹은 양상이라는 세 가지 축으로 제시한다.[09] 텍스트의 내용, 해당 텍스트가 등장하고 논의되는 상황, 그리고 그것을 읽어 내는 데 관여하는 과정을 중요시하는 것이다.

　이들 영역 및 구인은 문해력을 구성하는 주요 요소임에는 분명하다. 그렇지만 표준화 평가에서 측정 가능한 '읽기 능력' 혹은 '독해력', 그리고 제한된 상황에서의 '협력적 문제 해결' 역량이 소셜 미디어와 웹으로 대표되는 공론장이나 현대 사회의 팀 중심 회사 구조에서 필요한 리터러시의 요건을 충분히 만족시키는지는 의문이다. 여러 맥락을 고려한다고는 하지만 위에서 말하는 리터러시 능력은 기본적으로 개인이 텍스트를 읽어 내는 능력을 말한다. 한 사람이 특정한 텍스트와 맺는 관계에 주목하는 것이다. 이것은 기본적으로 인간 대 텍스트의 관계이다.

　하지만 사회문화적 상황에서 요구되는 읽기 능력은 단순히 텍스트와 개별 독자 간의 관계만을 수반하지 않는다. 갈수록 텍스트의 내용뿐 아니라 한 사람이 다른 사람과 맺는 관계의 중요성이 커지고 있기 때문이다. 이때 텍스트가 동원되고 활용되는 맥락 및 상대의 의도에 대한 이해는 필수다. 그렇기 때문에 텍스트를 소화하는 능력으로서의 읽기 리터러시는 실제 상황의 반쪽밖에 설명하지 못한다. '협력적 문제 해결' 또한 목표를 공유하고 상호 이해가 가능한 상황에서의 협력을 이야기할 뿐, 타자와의 협상과 갈등 및 설득 과정에서 지녀야 할 윤리적, 사회적 태도를 담보하진 못한다.

　이처럼 PISA를 포함한 리터러시 측정 도구가 진화하고 있다고

09.　"PISA for Development Brief 8: How does PISA for development measure reading literacy?"(2020년 9월 20일 접속).

는 하지만 여전히 현실의 복잡다단한 맥락과 관계를 온전히 포괄하지는 못하고 있다. 그렇기에 우리는 텍스트를 해석하는 데 필요한 요소를 논의함과 동시에 이를 둘러싼 관계와 맥락을 이해하기 위해 필요한 역량, 즉 타자와 함께 말글을 향유하는 역량을 함께 논의해야 한다. 삶을 곁에 두는 말글, 타인의 삶에 접속할 수 있는 소통, 다름과 혐오에 대한 세밀한 감각이 새로운 시대 리터러시의 화두가 되어야 하는 것이다.

이러한 주장이 아주 새로운 것은 아니다. 리터러시 연구의 관점에서 사회적 맥락과 관계에 대한 감수성, 충돌하는 권력에 대한 비판적 인식 등은 1980년대 이후 등장한 리터러시 연구의 주요 흐름인 뉴 리터러시 연구(New Literacy Studies)의 맥락에서 줄기차게 강조되어 왔다. 뉴 리터러시 연구의 관점을 몇 가지 주장으로 압축하기는 쉽지 않다. 그럼에도 거론되는 공통된 지적은 리터러시를 개인의 머릿속에 가두려는 심리학적 리터러시 모델에 반기를 들고, 리터러시 사건(literacy event)이 일어나는 구체적 상황을 인류학, 사회학, 언어학적 방법론을 통해 비판적으로 이해하자는 것이었다. 뉴 리터러시 연구의 관점에서는 단일한 리터러시 역량을 가진 개인이 여러 상황에서 소통하는 것이 아니다. 리터러시 역량은 다양한 맥락에서 인종, 성별, 계급, 직업, 사회적 관계, 친소 여부 등의 요인들에 의해 역동적으로 구성되며, 그 특징을 형성하는 데는 권력이 늘 작용한다. 따라서 리터러시는 단수(literacy)로서 개인의 머릿속에 존재하지 않고, 복수(literacies)로서 사회문화적 맥락에 따라 생성된다.[10]

---

10.   J.P. Gee, "The New Literacy Studies," J. Rowsell, & K. Pahl (Eds.), *The Routledge handbook of literacy studies*, Routledge, 2015, pp. 35-48.

뉴 리터러시 연구의 성과는 리터러시를 텍스트와 관련된 역량으로 보는 관점에서 관계와 맥락을 포괄하는 역량으로의 전환을 요구한다. 지문을 읽고 문제를 푸는 역량을 넘어, 시험에 활용되는 지문이 생산되는 사회문화적, 정치적 맥락을 비판적으로 이해하고 자신의 삶에 성찰적으로 적용하며 타인과 함께 그 함의를 탐구할 수 있는 사회문화적 역량을 요구하는 것이다. 리터러시 행위는 언제나 텍스트와 콘텍스트의 정렬 혹은 갈등을 수반한다는 사실을 염두에 두는 이론적, 실천적 관점이 절실한 시점이다.

4) 리터러시는 개인의 역량: 공공성의 결여가 가지는 문제점

텍스트 독해와 그에 기반한 시험 점수로 리터러시 역량을 파악하는 제도적 관행은 리터러시 역량의 신장을 개인의 책임으로 돌리는 경향이 있다. 열심히 공부하고 좋은 글과 책을 읽고, 쓰기를 연습하다가 보면 리터러시가 성장할 수 있고, 이는 기본적으로 각자의 몫이라는 암묵적 가정이 퍼져 있는 것이다. 이러한 관점은 공공의 인프라로서의 리터러시, 민주사회의 지적 토양으로서의 리터러시, 사회적 역량으로서의 리터러시라는 관점을 온전히 반영하지 못한다.

철저히 개인의 영역에 머무르는 리터러시를 넘어서기 위해서는 세 가지 측면에서의 변화가 필요하다. 첫째는 이미 변화를 시작한 학교가 리터러시 교육의 중추로서의 역할을 강화하고 새로운 리터러시 생태계로의 진입을 적극적으로 견인해야 한다. 둘째는 리터러시를 개인의 재능과 노력의 영역으로 제한하기보다는 보편적이며 사회적인 권리로 자리매김해야 한다. 셋째는 공공도서관과 지역 서점 등이 리터러시 허브로 기능할 수 있는 여건을 조성하고, '공공 인프라로서의 리터러시'라는 개념을 확장시켜야 한다. 각각에 대해 좀 더 살펴보자.

먼저 교육과정과 학교의 변화가 필요하다. 교육과정에 다양한 매체를 유기적으로 통합하려는 시도는 이미 여러 교사들에 의해 시작되었다. 앞으로의 관건은 학교가 리터러시 성장의 핵심 기관으로서의 역할을 강화하고 리터러시의 외연과 깊이를 더함과 동시에 평가 영역에서 다양한 미디어를 통합할 수 있는 구체적인 방안들을 도출하는 일이다. 특히 미디어리터러시 영역에서 새로운 준거점을 마련하고 비판성과 시민성을 핵심 의제로 삼는 일이 요구된다.[11] 날로 심각해지는 가짜 뉴스, 비판보다는 비난이 주류를 이루는 소셜 미디어상의 소통, 빠른 사회문화적 변화가 가져오는 세대 간 커뮤니케이션의 어려움, 이주 노동자들과 다문화 가정으로 대표되는 문화적 다양성의 증가 속에서 성찰적, 협력적, 비판적 시민으로 성장할 수 있는 기틀을 마련해야 한다.

다음으로 리터러시를 일종의 사회권으로 자리매김할 필요가 있다. 이것은 개개인의 사회경제적 배경이나 거주 지역 등과 관계없이 양질의 리터러시를 향유하는 것을 시민적 권리로 인식시키는 작업이다. 리터러시를 권리로 이해하는 접근법의 일례로 미국의 리터러

---

11. 교육부, 〈미디어리터러시 교육과정 운영을 통한 시민역량 제고 방안 연구〉, 2019.

시 교육가 단체인 국제리터러시협회(International Literacy Association)가 제안한 '아동의 읽기권(Children's Rights to Read)' 개념을 들 수 있다.[12] 읽기권은 사회가 모든 아동이 읽기에 접근하고 지속할 수 있는 실질적 기회를 보장해야 한다고 주장한다. 리터러시 활동에 대한 아동의 권리 실현을 위해서 사회적이고 제도적인 지원이 따라야 함은 물론이다. 아동의 읽기권은 구체적으로 다음과 같은 내용을 담고 있다.

아동의 읽기권[13]

1. 아동은 기본적인 인권으로 읽을 권리를 갖는다.

2. 아동은 인쇄물과 디지털 형식의 텍스트에 접근할 권리가 있다.

3. 아동은 자신이 읽을 것을 선택할 권리가 있다.

4. 아동은 자신의 경험과 언어를 반영한 글, 다른 사람들의 삶을 볼 수 있는 창을 제공하고 우리가 살아가는 다양한 세계로 통하는 문을 열어 주는 글을 읽을 권리가 있다.

5. 아동은 즐거움을 위해 읽을 권리가 있다.

6. 아동은 풍부한 지식을 지닌 리터러시 파트너에게 독서 환경을 지원받을 권리가 있다.

7. 아동은 독서를 위해 따로 긴 시간을 할당할 권리가 있다.

8. 아동은 지역적으로나 전 세계적으로 다른 사람들과 협력함으로써 독서를 통해 배운 것을 공유할 권리가 있다.

9. 아동은 쓰기, 말하기, 시각적으로 표현하기 등 다른 종류의 소통으로 가기 위한 발판을 마련하기 위해 읽을 권리가 있다.

---

12. 김성우·엄기호, 《유튜브는 책을 집어삼킬 것인가》, 따비, 2020, 205쪽.

13. 김성우·엄기호, 앞의 책, 210쪽에서 재인용.

10. 아동은 읽기와 읽기 교육을 지원하는 정부, 기관 및 조직의 재정 및 물질적 자원으로부터 이익을 얻을 권리가 있다.

    국제리터러시협회의 제안은 책 읽기에 대한 아동의 권리를 전면에 내세운다. 리터러시의 습관이 형성되는 시기가 아동기라는 점을 고려할 때 이러한 제안은 적절하다. 하지만 이것이 아동에게 국한될 필요는 없다. 특히 공교육으로 대표되는 리터러시 교육의 혜택을 받지 못한 이들, 이를테면 노년층의 리터러시 역량을 신장시킬 수 있는 실질적인 조치들이 마련되어야 한다. 최소한의 삶의 조건을 마련하기 위해 교육 및 문화에 별도의 지출을 하기 힘든 계층에 대한 정책적 포용 또한 절실하다. 따라서 아동에서 시작하여 리터러시 부문의 약자 계층을 두루 포괄하는 사회권으로서의 리터러시 학습 및 향유 권리에 대한 인식 제고가 필요하다. 이 같은 노력은 사회 전반의 리터러시 지형을 고르게 하고 실질적인 민주주의의 작동을 위해 요구되는 소통의 공통 지반을 넓히는 데 공헌할 수 있을 것이다.
    마지막으로 리터러시 생태계의 변동을 받아 안는 공공도서관의 변화와 혁신이 요구된다. 도서관은 학교와 함께 리터러시의 핏줄과 같은 역할을 해내는 기관이다. 현재 여러 도서관은 영상과 전자책, 각종 디지털 미디어로 대표되는 리터러시 생태계의 변동에 발맞추어 새로운 실험을 준비 중이다. 이러한 변화는 필연적으로 공공도서관이 기존에 수행해 온 역할에 대한 성찰과 새로운 전망에 대한 창의적 모색을 요구한다. 유네스코에 따르면 "정보, 읽고 쓰는 능력,

교육 및 문화와 관련된 다음과 같은 주요 임무는 공공도서관 서비스의 핵심"이며, 이는 현재의 리터러시 지형에서 새롭게 상상될 필요가 있다.[14]

공공도서관의 사명

1. 생애 발달의 이른 시기부터 어린이의 독서 습관 조성 및 강화

2. 개인 및 자체 실시 교육뿐만 아니라 모든 수준의 정규 교육 지원

3. 개인의 창조적 발전을 위한 기회의 제공

4. 어린이와 청소년의 상상력과 창의력을 자극하는 실천

5. 문화유산에 대한 인식 증진, 예술 감상, 과학적 성과 및 혁신

6. 모든 공연 예술의 문화적 표현에 대한 접근 제공

7. 문화 간 대화 촉진 및 문화적 다양성 선호

8. 구술 전통(oral tradition)을 지지

9. 시민들이 모든 종류의 지역사회 정보에 접근할 수 있도록 보장

10. 지역 기업, 협회 및 이익 단체에 적절한 정보 서비스 제공

11. 정보 및 컴퓨터 사용 능력 개발 촉진

12. 모든 연령 그룹에 대한 리터러시 활동 및 프로그램을 지원하고 참여하며, 필요한 경우 그러한 활동을 새롭게 시작함

공공도서관은 위와 같은 도서관의 전통적 역할을 강화함과 동시에, 다양한 매체가 공존하고 충돌하는 멀티리터러시 시대를 맞아 어떤 기능을 새롭게 담당해야 할지 적극적으로 궁리해야 한다. 이

---

14. 유네스코 공공도서관 선언(UNESCO Public Library Manifesto)(2020년 9월 20일 접속).

와 함께 도서관 존재의 첫 번째 이유가 되는 책을 중심으로 한 리터러시 활동을 다른 미디어로 확장할 수 있는 방안을 디자인할 필요가 있다. 이용자 개개인에 대한 정량적 평가에서 자유로우며 리터러시 실험실로서 리터러시의 공공성 강화를 견인할 수 있는 최적의 공간인 공공도서관이 멀티리터러시 허브로서 기능할 수 있도록 정부와 지자체는 맞춤형 지원을 아끼지 말아야 한다. 이를 통해 공공의 인프라스트럭처로서의 도서관, 리터러시 체험의 장으로서의 도서관, 사회적 읽기·쓰기가 실행되는 도서관, 책과 미디어를 통해 다양한 삶의 영역에 접속할 수 있는 도서관의 상을 구축해 나가야 한다.

3. 나가며: 삶을 위한 리터러시를 향하여

현재 리터러시 생태계의 변화 속에서 연구자들과 교사, 여러 교육단체는 리터러시의 재개념화와 새로운 실천을 고민하고 있다. 미디어리터러시에 대한 관심이 고조되는 가운데 학교교육에서도 새로운 실험들이 속속 실행 중이다. 이러한 상황에서 본고는 기존의 리터러시 개념이 갖고 있는 한계를 (1)텍스트 중심주의로 인한 다양한 미디어 통합 프레임워크의 부재 및 학습자 생애사와의 연계 부족, (2)문해력 저하를 새로운 세대의 문제로 국한시키는 세대 담론의 문제점, (3)리터러시 행위자 간의 관계와 사회문화적, 정치적 맥락에 대한 고려 부족, (4)개인 수준의 리터러시 담론을 넘어 사회권이자 공공 자원으로서의 리터러시 개념 신장이라는 네 가지 관점에서 검토하였다.

리터러시 개념의 사회문화적, 역사적, 제도적 복잡성을 고려할 때 이러한 논의는 리터러시 생태계를 부분적이고 단면적으로 진단하는 데 그칠 수밖에 없다. 그럼에도 새로운 논의를 촉발하고 리터러시 실천가들의 연대를 구하는 데 이들 관점은 작은 디딤돌이 될 수 있다. 리터러시가 급속하게 변화하는 시기를 맞아 혁신과 성찰은 결국 '삶을 위한 리터러시'가 어떻게 가능한가라는 화두로 모아진다. 서열과 차별, 배제를 넘는 리터러시, 삶에서 시작하여 삶으로 돌아가는, 그리하여 모두가 더 깊이 서로를 이해할 수 있게 하는 리터러시 실천을 위한 여정을 떠나야 할 시간이다.

여러 개의 리터러시

권력의 배치, 담론의 의례

신동일(중앙대학교 영어영문학과 교수)

1. 민주주의와 시민적 리터러시

지금은 민주주의의 위기이다. 오래전 하버마스(Habermas 1989)는 공론장이 축소되고, 미디어 담론이 정치 엘리트에 의해 사실상 통제되며, 기득권력에 저항할 수 있는 생활세계의 의사소통적 합리성을 실현하지도 못하는 침묵의 사회를 우려했다(장명학 2003). 크라우치(Crouch 2004)도 '포스트-민주주의' 개념으로부터 미디어가 장악되고, 공공 영역은 실종되며, 시민성이 부재하는 위기의 민주주의 상황을 전했다(여건종 2011). 다수가 참여하는 선거제도 등과 같은 민주주의 형식은 우리 주변에서 쉽게 찾아볼 수 있지만, 포스트-민주주의

---

* 이 본 원고는 수정하고 보완하여 다음 학술지에 게재되었다. 신동일, 〈담론 기반의 리터러시 교육의 필요성과 이론적 토대 탐색: 포스트-민주주의 사회에 관한 성찰로부터〉, 《문화와 사회》 29(2), 2021, 7-38쪽

개념은 사회정치적 자원을 사실상 독점하고 있는 지배(엘리트) 집단으로부터 당연한 상식이 유지되는 과정을 고발한다. 미디어는 정보를 편의적으로 왜곡하며, 그로부터 대중은 정치적 주체로 성장하지 못하고 냉소적이거나 무력감을 느낄 뿐이다.

경제주의 기반의 세계화, 혹은 신자유주의적 자본주의 시대가 1990년대부터 본격적으로 확장되면서 시민 다수는 시장과 자본의 논리에 무기력하게 포획되거나 동원되곤 한다. 그들은 스스로 자신을 계발하는 기업가적 정신으로 살거나(서동진 2009) 미시적 영역의 윤리적 실천을 요구받으면서 민주적이고 비판적인 시민성은 사라지게 된다(김주환 2017). 시민권, 시민적 토의 민주주의, 시민의 능력을 제대로 발휘할 수 없는 '시민성 없는 민주주의'는 대의민주주의 형식만 내세울 뿐, 시민들이 참여하는 토의 민주주의는 점차 사라지고 있는 셈이다. 시민들은 소셜 네트워크 서비스에서 '좋아요(Like)'를 누르며 관행적으로 유지되는 통치 질서에 편입된다. 코로나 19의 재난 시대에 자유와 권리, 절차적 민주주의를 주장하는 의견에 냉소적인 태도를 가진다.

지금 시대의 사회 구조는 흔히 자율적인 시장의 확장과 그걸 지켜 내는 강한 국가, 즉 '신자유주의'와 '신보수주의'의 전략적인 결합, 혹은 신자유주의적 통치성으로부터 영속화된다(신동일 2018a, 2018b; 여건종 2011). 그런 중에 미디어와 교육기관은 지배적 권력에 의해 빈번하게 동원된다. 전체주의로까지 귀결될 수 있는 공동체적 기획에서나, 경쟁과 시장에 관한 신화적 믿음체계에서도, 정보는 엘리트/소수

집단에 의해 오용되는 만큼 (어떤 당파적 논리에만 귀착되지 않고) 무엇이든 비판하고 논쟁할 수 있는 시민성의 리터러시, 혹은 비판적 집단지성은 사라지게 된다. 담론장이 사라진다면 다양성과 차이의 가치는 훼손된다. 시장이나 국가의 권력이 비대해지는 만큼 시민적 리터러시의 가치는 거추장스럽게 다뤄질 수도 있다.

달리 말하면, 유약해진 시민적 리터러시를 복원하지 않고서는 공적 영역뿐 아니라 일상의 담화까지 지배하는 포스트-민주주의, 신자유주의 통치성 또는 미디어 권력의 개입을 문제화하기 쉽지 않다. 다양한 주체의 평화적 공존은 요원하다. 시민은 정치적 무력감에서 벗어날 수 없다. 저항과 변화를 기획하고 집행할 시민성은 등장할 수 없다. 시민적 역동성이 회복된 민주주의라면 "시민적 능력은 현실에 비판적으로 개입할 수 있는 힘이며, 궁극적으로 그 힘을 통해 현실의 변화에 능동적으로 참여하는 것"(여건종 2011: 113)이 되어야 한다. 사회공학적으로 민주주의의 창조적인 동력을 복원해야 한다면 교육 현장에서는 시민적 리터러시를 갱신할 수 있는 이론적 토대를 두고 고민해야 한다.

시민적(civic) 리터러시, 미디어(media) 리터러시, 디지털(digital) 리터러시, 비판적(critical) 리터러시, 포스트휴먼(posthuman) 리터러시 등의 개념으로 포스트-민주주의 혹은 신자유주의 기반의 통치적 질서에 저항과 변화를 모색할 수 있다는 서로 다른 관점은 학계에 꾸준히 축적되고 있다. 다만 구체적인 교육 현장에서 어떤 이론적 토대로부터 리터러시 교육을 기획할 것인지, 또는 시민에게 결국 무엇을 가르쳐야 할 것인지에 관한 논의는 여전히 부족하다. 예를 들면, 여건종(2011)은 민주주의를 회복하고 공동체적 의제를 되찾기 위해서, 미디어에서 시민적 능력을 가르쳐야 한다고 제안하지만, 미디어 기반의 리터러시 교육 내용이 무엇인지, 혹은 어떤 이론적 토대로부터 기획할 수 있는지 명시하지 않았다. 미디어가 특정 집단에 의해 장악되고 대중은 차별적이고 제한적인 정보만 접하면서 차이와 다양성을 숙지하는 민주적 시민이 사라지고 있다면, 어떤 이론적 토대로부터 시민성을 함양하는 리터러시 교육이 기획될 수 있을까?

이 글에서는 시민적 리터러시의 복원을 위해 이데올로기적 속성, 사회적 실천, 혹은 담론으로 고안된 리터러시 교육이 포스트-민주주의 시대의 통치적 질서를 새롭게 변화시킬 수 있다고 제안할 것이다. 포스트-민주주의 혹은 유연한 신자유주의 통치 질서에 의해 무력화된 성찰적 근대성(Beck 1986) 혹은 (자아의 성찰적 기획과 그것에 기반을 둔) 삶의 정치(Giddens 1997)를 다시 주목하고자 한다. 대안적 사회 질서를 구축하기 위해서 시민적 리터러시를 복원해야 한다는 선행 논점에 동의하면서 핵심적인 지적 토대로서 언어/기호의 원리에 의해 구성된 세계, 즉 구성주의 담론의 대중교육이 필요하다고 강조할 것이다.

민주주의가 위기를 맞은 시점에서 리터러시 교육의 필요성을 재차 주목하면서 2장에서는 리터러시의 전통적이면서 기능적인 개념을 살펴볼 것이다. 이어서 민주주의의 위기, 시장의 횡포, 혹은 신자유주의적 통치 질서에 저항할 수 있는 사회적 실천으로서의 리터러시, 이데올로기 모델의 뉴 리터러시 문헌을 살펴보기로 한다. 3장에서는 사회정치적 맥락에서 권력화된 통치 질서와 리터러시 교육의 필요를 '담론'의 개념으로 재정의하면서, 리터러시 교육은 바로 담론의 교육임을 설명하려고 한다. 4장에서는 대안과 대항으로 제안된 뉴 리터러시 혹은 담론 기반의 리터러시 교육이 실제적인 권력 효과를 생성할 수 있을지 푸코(Foucault)의 주체성과 통치성 문헌으로부터 이론적 정당성을 모색하기로 한다.

2. 뉴 리터러시의 출현

이제 리터러시는 어느 시공간에서나 보편적으로 통용되는 인지적 개념만이 아니다. 의미의 해독이나 산출 활동에 관한 정신적 능력만을 지칭하지 않는다. 전통적인 혹은 기능적인 리터러시 교육은 인간이 수학적/언어적 기호를 읽고 쓸 수 있는 의미 해독과 산출 능력에 관심을 두었다. 그러나 대중매체가 보급되고 디지털 미디어가 일상적으로 통용되기 시작하면서 문자, 영상, 음성 등의 정보가 조합된 '미디어리터러시', '포스트휴먼 리터러시', '복수의 리터러시(multiliteracies)', '복합 양식 리터러시(multimodality)' 혹은 비판적 성찰이나 다문화/다중언어 맥락을 강조한 '비판적 리터러시', '다문화 리터러시(multicultural literacy)', '다중언어 리터러시(multilingual literacy)' 등의 개념이 다양한 교육 현장에서 새로운 관심을 끌고 있다(박소희·김주환 2019; 박휴용 2020).

이 글에서는 개인 차원의 인지적 지각과 의미 해독에 주목하는 단수의 리터러시 개념에서 벗어나, 구체적인 시공간에서 특정 과업을 감당해야 하는 다중적이면서도 사회적 실천성을 강조하는 복수의 리터러시('멀티 리터러시') 개념에 비중을 두고자 한다. 1980년대 중후반부터 다른 학술 영역과 마찬가지로 '뉴 리터러시 연구(New Literacy Studies)'[01] 운동은 단일하고 보편적인 개념, 개인적인 차원, 정신과 인지 영역을 넘어서 복합적인 기호정보, 역동적인 상호작용, 구체적인 상황에서 실행되는 사회적 실천으로부터 리터러시 교육을 기획했다(Collins & Blot 2003; Gee 2019; Warriner 2009). 이와 같은 지적 토대가 학제적으로 확장되면서 국내 학자들도 자신의 학술 분야에서 적용점을 발굴하고 있다(예: 손향숙 2014; 정현선 2004).

국내 문헌에서 빈번하게 인용되는 리터러시의 자율적(autonomous) 모델과 이데올로기 모델(Street 1984)을 간략하게 요약하면 다음과 같다. 자율적 모델로 리터러시를 이해한다면 읽기와 쓰기 행위의 필요를 발생시키는 구체적인 사회정치적 맥락은 리터러시와 결속되지 않는다. 리터러시는 개인이 발휘할 수 있는 가치중립적이면서도 누구에게나 자율적으로 작동되는 인지적이고 정신적인 기술인 셈이다.

이에 반해 이데올로기[02] 모델은 읽고 쓰는 행위를 정치적이고 경

---

01. 이 같은 명칭이 등장한 출처와 추가적인 학술 문헌을 보려면 Gee(2019)의 단행본 74쪽을 참조할 수 있다.

02. 여기서 언급된 '이데올로기'는 마르크스(Marx) 지식전통이 규정한 (프롤레타리아 계급을 통제하기 위한) 허위의식이 아니고 누구나 평생 일상의 어느 영역에서나 작동된다고 본 알튀세(Althusser) 지식전통의 준거적 사유 틀로 이해해야 한다(신동일 2018c, 2019). 마르크스는 진리와 허위가 이항으로 대립하며 이데올로기를 기득권력이 발휘하는 허위의식 수준으로 보았다면, 알튀세는 실천을 유도하는 현실적인 사고로부터 이데올로기로 설명했다. 알튀세의 인식론을 수용하면 어떤 리터러시의 행위이든 이데올로기적이지 않을 수 없다.

제적인 조건, 즉 다양한 이데올로기적 상황에 의해 작동하는 복수의 사회적 실천 혹은 문화역사적 산물로 본다. 리터러시를 배우고 가르친다는 것은 "사람들이 특정한 방식으로 특정한 유형의 텍스트를 읽는 것뿐 아니라, 특정한 방식으로 그런 텍스트에 대해 말하고, 텍스트에 대한 태도와 가치를 수용하고, 특정한 방식으로 텍스트와 사회적 상호작용을 하는"(Gee 2019: 77) 가치개입적이고, 맥락-의존적이며, '비판적인 실천'(Street 2003)이다. 어디서나 누구에게나 통용되는 단수의 리터러시, 즉 "맥락을 초월한 절대적인 리터러시 활동은 없다"(Gee 2019: 7). 이제 다양한 개인들의 사회적 실천들을 가능하게 하는 복수의 리터러시들이 서로 다른 시공간, 서사, 감정, 신념, 가치 체계에 의해 다양하게 정의될 수 있다(Warrinet 2009).

텍스트 읽기와 쓰기의 기능적인 교육으로부터 리터러시의 개념은 달라졌다. 교육 현장은 서로 다른 맥락에서, 다양한 매체에 의한 복수의 리터러시 혹은 복합 양식 리터러시에 관심을 둔 교육은 주체 간의 미시적 상호작용, 사회 구조와 구성원의 정체성, 혹은 텍스트의 사회정치적 속성 등을 모두 고려한다. 리터러시의 층위는 재정의되거나 다르게 분해될 수 있고, 무엇이 리터러시 교육을 유의미하게 유도하는지 새롭게 논의할 수 있다.

그중에서 지(Gee 2019)처럼 사회적 실천으로부터 인식되는 보다 복잡해진 "리터러시의 개념을 담론(discourse)의 틀 안에 넣으려는"(pp. 277-278) 시도가 있다. 그는 가정과 또래 집단의 사회화 과정에서 '습득'한 일차 담론을 익숙한 공간 바깥에서 공적인 행위에 관해 의식적으로 '학습'한 이차 담론과 구분했다. 그런 다음에 "리터러시에 대해 사회적으로 유용한 정의는 일차 담론 및 이차 담론과 관련해서 표현되어야 한다고 믿[으며]… 리터러시를 '이차 담론의 숙달'이라고 정의[하며, 따라서 그와 같은 일차/이차 담론의 차이와 서로 다른 숙달 과정 때문에]… 리터러시는 항상 복수"(p.280)일 수밖에 없음을 재차 강조했다. 손향숙(2014) 등의 국내 학자도 이와 같은 담론의 개념으로부터 복수의 리터러시 교육을 전하고 있다.

리터러시를 가르쳐야 하는 비판적 교육현장에서는 개인의 정체성과 관계성, 또는 자신을 둘러싼 세계의 기호적 재현이 다뤄져야 한다. 그런 중에 제도화된 권력, 관례적인 지식과 결속된 담론의 질서를 가르쳐야 한다. 담론은 언어/기호적으로 세상을 표현하는 양식이지만 세상은 그런 장치로부터 사회정치적 입장을 계속 배태시키기 때문이다. 담론의 형성은 그와 같은 사회적 실천의 과정이면서 결과이기도 해서 시민적 리터러시 교육의 현장은 특정 담론의 생성과 유포, 경쟁과 소멸에 관해 다뤄야 한다. 시민성과 비판성을 리터러시 교육으로부터 복원하려면 지배적 담론뿐만 아니라 복수의 담론들이 (다양한 기호체계와 상징성으로부터) 어떻게 충돌하고 경쟁하는지 숙지해야 한다. "성공적인 [리터러시의] 가르침이란 단지 내용의 전달이 아니라 담론을 심어 주는 것이며 [말하고, 행동하고, 가치를 판단하는 모든 행위는] 정치적"(Gee 2019: 288)일 수밖에 없다.

3. 담론으로 이해하는 리터러시

앞서 소개한 것처럼 스트리트(Street 1984) 등이 '이데올로기 모델'을 인지 기반의 '자율적 모델'과 구분했지만 최근 리터러시 교육에 관한 문헌을 보면 담화(discourse) 혹은 담론(discourse)이라는 용어가 리터러시 개념 설명에 사용되고 있다. 다만 이데올로기와 담론, 또는 담화와 담론은 이론적 토대와 개념의 부연도 생략된 채[03] 상호교차적으로 사용되고 있다. 예를 들면, 지(Gee 2019)는 리터러시의 사회적 실천성을 강조하면서 '담론'으로서의 리터러시 교육을 소개하지만, 이데올로기와 담론, 혹은 담화와 담론을 애매하게 분리하거나, 혹은 개념적으로 선명하게 설명하지 않고 있다. "사회적 맥락 속에서 언어를 이해하기 위해서 언어 자체가 아닌 '담론[소문자 d로 시작하는 discourse가 아닌 대문자 D로 시작하는 Discourse]'이라고 부르는 것에 집중할 필요"(Gee 2019: 14)가 있다는 정도로 담화와 담론을 모호하게 나눌 뿐이다. 담화든 담론이든 실제 분석의 구체적인 절차와 범주는 명시되지도 않았다.[04]

---

03.   담론 기반의 리터러시 교육을 설명하는 지(Gee 2019) 단행본 1장의 제목이 '이데올로기'이다. 그는 마르크스의 허위의식으로서의 이데올로기까지 (간략하게) 언급했지만 본문 어디에도 이데올로기와 담론을 명시적으로 구분하지 않았다. 이데올로기, 담론, 담화, 텍스트, 언어, 리터러시 용어는 본문 내내 복잡하게 교차되고 있으며, 서로 다른 개념적 구분은 어디에도 시도되지 않았다.

04.   지(Gee 2019) 문헌은 담론으로 접근하는 리터러시 교육 및 연구 분야에서 자주 인용되고 있다. 그는 사회적 맥락에서 특정 집단이 생산하고 유통하고 소비하는 문화 텍스트를 담론의 개념으로 설명할 수 있다고 장담하지만 분석방법의 절차와 범주가 모호해서 실제 교육 내용이나 연구방법으로 적용되기 쉽지 않다. 차라리 텍스트적 지향성을 강조하면서 분석의 범주, 텍스트-콘텍스트의 변증법적 관계 등이 분명하게 제시된, 그리고 기술/해석/설명해야 할 담론의 복합적인 층위가 다양한 사례로부터 부연된 응용언어학자 페어클러프(Fairclough 2004, 2011, 2012, 2017) 모델이 리터러시 교육에 보다 성공적으로 적용될 것이다.

그런 이유로 담론으로 배태된 리터러시를 다루기 위해 지(Gee 2019) 등의 해외 문헌을 차용한 국내 연구 논문(예: 손향숙 2014) 역시 이데올로기, 담화, 담론의 구분은 늘 모호하게 논술되고 있다. 소수 (학제적) 연구자 집단을 제외하고는 담론의 구조, 역할, 정치적 실천과 역사적 관행에 대해 가르치는 학교 안팎의 교재, 교과목, 교육과정은 쉽게 찾아볼 수 없으며(신동일 2018c, 2020a, 2020c), 관련 논점을 지적하는 비판적 문헌조차 찾기 힘들다. 여기서는 일단 '이데올로기'가 아닌 '담론'의 개념이 왜 리터러시 교육과 연구에서 더욱 적절하게 사용될 수 있는지 설명하고자 한다. 그런 다음에 복수의 리터러시 교육과 연구를 가능하게 하는 구성주의적 담론의 속성을 신동일(2018c, 2020a)의 관련 문헌을 참조하여 간단하게 정리하기로 한다.

알튀세의 이데올로기 개념은 인문사회 영역의 연구자들이 주체의 독립적인 정신 활동, 보편적인 의미 체계에 의문을 갖고, 바깥에서 주어진 혹은 구조화된 언어적 구성물로서의 주체(성)을 사유할 수 있도록 도왔다. 그러나 여전히 지배-피지배 계급의 대립이 상정되어 있고 지배 계급이 이데올로기적 패권을 소유하고 있다고 전제하면서, 행위자의 자유로운 능동성을 상당 부분 축소한 논점(신동일 2018c, 2019)이다. 그런 이유로 확장성과 현장성을 고민해야 하는 '사회적 실천으로서의 리터러시' 교육자에게 적절한 지적 토대가 되기 힘들다. 특정 계급뿐 아니라 어디서 누구에게나 헤게모니 지향성이 허락된다고 전제되어야만 이데올로기적 갈등과 경합을 다룰 수 있다. 이데올로기를 학습하면서 저항과 변화를 기획하는 곳이라면 언어/

기호는 물질성을 가져야 하고, 주체는 그로부터 이데올로기적 경쟁에 참가할 수 있어야 한다.

그런 점에서 보면 마르크스-알튀세의 이항적 해방주의 이데올로기 대신에 복잡한 권력관계에 지식이 개입하면서 담론으로부터 구성되는 통치적 질서와 주체(성) 형성을 다룬 푸코의 문헌(Foucault 1990, 1991, 1992, 2003, 2011, 2012, 2015)이 포스트-민주주의 시대에 '사회적 실천'으로 요구되는 리터러시 모델을 보다 큰 폭으로 확장할 수 있다.[05] 푸코식의 에토스는 교육 주체의 의식, 신체, 지식이 보편적일 수 없으며, 권력의 (재)배치, 담론의 새로운 의례에 의해 얼마든지 생산되고 폐기될 수 있다고 본다. 그러한 권력/담론의 상상력으로부터 기획된 리터러시 교육이라면 구체적인 현장에서 유연하면서도 복수의 형태로 기획되고 실행될 수 있다. 담론은 권력을 작동시키는 경로이며 자원이다. 진실 효과를 만들고 현실을 재구성시킨다. 다양한 미디어가 개입하는 현대 사회의 권력관계는 늘 갈등적 국면이며, 다양한 지식과 기호적 구성물은 담론들의 경합에 유연하게 투입되기 때문에 담론장의 질서는 가변적인 열린 체계로 인식되어야 한다. 여기서 시민 주체는 담론 기반의 리터러시 교육을 통해 능동적으로 담론경쟁에 참여하게 된다.

담론 연구가 이와 같은 푸코식 논술로부터 이데올로기보다 유연한 개념적 대체물을 사용한다면 리터러시 교육 역시 그와 같은 권력, 지식, 담론의 결합체로부터 이론적 토대를 재구축할 수 있을

---

05. 푸코의 고고학, 계보학 연구 전통과 그의 강의록으로부터 새롭게 조명받은 (신자유주의) 통치성과 주체성의 논점은 지면의 제한 때문에 여기서는 자세히 부연할 수 없다. 다음 장에서 일부 논점을 요약하면서 참고문헌을 좀 더 제시하도록 한다.

것이다. (신)마르크스주의의 그늘에서 벗어나면서 (의도적으로) '이데올로기'보다 '담론'의 개념으로부터 텍스트 선택과 배치, 상호텍스트성(intertextuality), 그리고 구조화된 사회 질서와 담론의 실천(practice)/관행(practice)을 다룰 수 있다. 언어와 권력구조를 매개하는 담론, 담론으로 인식되는 리터러시, 시민적 리터러시를 학습한 주체에게 그렇게 둘의 결합을 가르칠 수 있다(Fairclough 2000). 리터러시 교육에 '담론적 전환'이 그렇게 시작되면 담론을 언어-사회, 텍스트-콘텍스트, 욕망-권력구조의 변증법적 매개로서 바라보는 리터러시 교육 내용이 기획될 수 있는 것이다. 아쉽게도 이와 같은 담화/담론[06]의 구성주의적 인식론이 시민사회나 대학의 교육과정에 제대로 반영되지 못하고 있다.

여러 학문 분야의 담화/담론 연구는 대개 언어와 사회, 텍스트와 콘텍스트, 이론과 현장, 사회적 현실과 담론적 매개, 미시적 언어 장치와 거시적 권력관계 등의 이항 중 한편에 갇혀 있다. 편협하게 승계된 분과학문 내부에서 형태/구조의 기술적(descriptive) 분석에 치중하거나, 화행(話行), 화용(話用), 기호의 다의성, 체계기능문법 등에 주목하면서 기능/사용 단면만 추론하기도 한다. 혹은 문화(정치),

---

06.   신동일(2018c)은 경험을 의미화한 언어 사용의 구체적인 사례로 '담화'를 정의했다. 그리고 담화를 개별적이고 자의적 차원으로 두면서 '담론'은 사회 구성원들이 공유하고 있는 기억자원으로부터 해석하고 설명하는 것으로 구분했다. 담론은 일종의 사회적 실천 방식으로 작동되는 보다 집합적인 의미인 셈이다. 앞서 논의한 Gee(2019)의 소문자 d(iscourse)와 대문자 D(iscourse) 구분과 다를 바 없다. 그러나 3장 후반부에서는 신동일(2020a)의 논점을 참조하여 다층적 구조를 가진 담화/담론이 통합적으로 이해될 수 있음을 강조하면서 의도적으로 '담화/담론'으로 묶어서 표시하기로 한다. 여기서 언급된 '담론'은 '담화/담론'과 상호교차적으로 사용된 것이다. 서로 다른 지식전통에서 지금도 다양한 연구방법이 시도되고 있지만 구성주의와 변증법적 인식론으로부터 '담화'와 '담론'은 언어-사회의 상호작용성을 통합적으로 이해할 수 있는 개념으로 굳이 다른 번역어를 사용할 필요도 없다.

역사, 제도, 법, 사회 구조, 권력관계로부터 의미 체계가 구성되는 거시적 단면에만 골몰하기도 한다. 한편으로는 연구자료-주장의 추론적 고리가 느슨한 내용 분석으로부터 거대한 이데올로기적 동기를 찾으면서 거시적이고 해방적 수사로 가득 채우거나, 또 한편으로는 언어학적 형식자질과 미시적 상호작용성만 주목하기도 했다(신동일 2018c).

그와 같은 서로 다른 학술 전통과 인식론적 차이 때문에 담화/담론의 학술 문헌은 학제적으로 통합되지 못했다. 그런 이유로 소수의 연구자에게 담론에 관한 지식이 독점되었고 리터러시 교육 현장에서도 쉬운 교재나 교육과정으로 전환되지 못했다. 마치 민주주의의 개념처럼, 담론 역시 교육사회 구성원 다수가 미디어나 문헌을 통해 빈번하게 들어 보았을 뿐 (그래서 마치 그걸 나름대로 안다고 자부하지만), 분명하게 학습할 기회도 없었고, 실천적 행위로 연결된 사례도 찾지 못한다.

담론은 구나 문장 단위를 넘어선 언어적 형태만도 아니고, 마르크스-알튀세의 이항대립의 이데올로기 개념보다도 복잡해 보인다. 담론의 구성주의 논점은 단행본으로나 학술논문으로 숙지할 수 있지만 대개 실증적인 데이터 기반의 논증에 묻혀 담론만의 분명한 속성이 제대로 소개되지 않았다. 자연스럽게 리터러시 교육자료로 참조할 만한 교재와 교육과정도 찾아보기 힘들다. 여기서는 우선 신동일(2018c, 2020a)의 논점을 간략하게 정리해서 담화/담론의 서로 다른 층위, 속성, 실천과 관행 등을 보다 통합적인 다면체로 접근하면서 리터러시 교육의 이론적 토대로 제안하고자 한다.

담화/담론의 학술문헌은 1960년대부터 언어학, 기호학, 사회학, 정치학, 언론학, 여성학, 인류학, 문예학, 문화연구, 커뮤니케이션 등과 같은 다양한 학문 분야에서 축적되었고, 1990년대 후반부터 유럽과 북미 연구자의 연구 문헌이 급증했다. 국내 학계 일부에서는 '담화'는 언어학적 분석이며, '담론'은 사회학적 접근이라는 초보적 분류가 여전히 통용된다. (응용)언어학이나 언어교육 연구자들만 보더라도 수집된 담화 단위의 텍스트를 미시적 장치, 형태적 속성으로 분석하던 초기 연구 전통에서 벗어나지 못하고 있다. 사회과학 연구자도 언어-사회, 혹은 텍스트-콘텍스트 사이에서 매개적 역할을 맡고 있는 담화/담론의 속성을 예민하게 포착하지 못한 채, 거대한 이데올로기적 동기(예: 신자유주의)로부터의 비판성과 해방적 지향성에 경도되어 있는 편이다(신동일 2018c).

그런 점에서 서로 다른 맥락에 의한 복수의 리터러시를 감당해야 하는 교육자라면 한편의 인식론에 치우치지 말고, 담화/담론이 '현실을 구성하는 실천(practice)에 참여'하면서도 동시에 '세상을 관행(practice)적으로 반영'하는 이중적/매개적 속성을 가지고 있다고 전제해야 한다. 음운, 통사와 병렬로 나열되는 언어학의 단위 혹은 제한된 맥락에 둘러싸여 기능하는 언어 사용의 속성만으로, 혹은 텍스트 바깥의 정치경제적 콘텍스트만으로, 담론 기반의 리터러시를 제한하지 말아야 한다. 리터러시 교육의 이론적 토대가 되려면, 담론은 사회 구성원들이 일상적으로 경험하는 현실, 혹은 구조화된 진리(효과)

를 생산하는 불안정하면서도 모순적인, 그러나 한편으로 역동적으로 텍스트와 콘텍스트 사이를 변증법적으로 매개하는 복잡한 구성물로 인식되어야 한다(Gee 2014; Phillips & Hardy 2002).

이러한 인식론의 토대로 보자면 담화/담론은 개별적인 주체가 능동적이고 독립적으로 산출하는 언어 사용만으로 볼 수 없고, 그렇다고 세상을 수동적으로 반영하는 거울이나 소통의 도구 수준으로 볼 수도 없다. 특정 어휘의 선택과 배제(예: '중국인 유학생' 담론장에 '큰손', '손님'과 같은 메타포로 유학생을 지칭)는 한편의 입장(신자유주의적 세계화를 지지)에 의해 형성되고 제약되겠지만, 또 한편으로는 그런 세상을 구성하는 실천적인 구성물이기도 하다.

통치적 대상이면서도 담론적 개입을 돕는 경로로 담화/담론을 인식하기 위해서는 우선 '언어'를 통해 삶과 구조를 새롭게 사고할 수 있도록 유도한 소쉬르(Saussure)적 지적 전통, 혹은 그로부터 확장된 언어학적 전환(linguistic turn)(신동일 2018c)이 담화/담론 교육과 연구를 위한 지적 토대로 다뤄져야 한다. 소쉬르적 상상력과 언어학적 전환으로부터 지적 토대를 구축한 담론의 지식전통은 추후 헤게모니적 함축의미(의 연쇄), 대중문화의 신화적 의미를 해체하면서 보다 다양한 매체에서 다양한 기호(의 조합)를 통해 지배적/대응적 기호/담론 체계의 생성과 유통 과정을 분석(신동일 2020b)할 수 있도록 돕는다.

이처럼 담론의 구성(주의)은 오래전부터 상식이 된 세상의 진리, 규칙, 신념의 체계로부터 텍스트가 생산/유통/소비되는 관행, 혹은 반대로 세상을 실천적으로 변화시키는 텍스트의 효과를 다면적으로 분해하고 분석할 수 있도록 돕는다. 지(Gee 2014)는 말로 표면적인 의미를 전하면서(saying), 그로부터 행위를 유도하고(doing), 그런 텍스트가 축적되면서 누군가의 혹은 무언가의 정체성이 드러나는데(being), 그 모든 순환적인 과정과 단면이 담화/담론이라고 설명했다. 그도 형태, 기능, 사회적 실천을 모두 수용한 다층적 구조로부터 담화/담론을 이해한 것이다.

페어클러프(Fairclough 2011)의 담론분석은 1차적 단계에서 할러데이(Halliday)의 체계기능문법으로부터 텍스트 선택과 배치를 기술하고, 2차적 단계에서는 바흐친(Bakhtin)의 상호텍스트성 개념을 차용한 해석, 3차적 단계에서 푸코의 권력관계, 혹은 그람시(Gramsci)의 헤게모니적 투쟁으로부터 구조화된 사회 질서를 설명한다. 담론을 일종의 다면체로 보는 그의 모형을 사용한다면, 텍스트를 분석할 때 콘텍스트를 제외하지 않고, 텍스트와 콘텍스트를 연결할 때 담론(의 장르, 스타일, 핵심주제)을 매개적인 역할로 사용할 수 있다. 텍스트는 형태적 자질의 이해 없이 의미와 사용을 다룰 수 없고, 콘텍스트는 텍스트의 사용과 기능에 관한 관심으로부터 보다 넓은 맥락적 분석이 가능하다(신동일 2018c, 2020a). 사회기호학적 접근 방식과 연합된 다중적(multimodal) 담론연구 역시 텍스트의 형식 자질부터 정치사회적 콘텍스트 분석까지 다층적 접근을 동시에 시도하는 것이다.

리터러시를 구성하는 형식적(언어학적) 자질은 담론의 층위로부터 다뤄야 한다. 상호텍스트성은 전제와 인용, 또는 장르, 스타일, 핵심주제로 해석할 수 있다. 권력관계와 통치적 구조는 가시적으로 보이지 않더라도 거시적으로 설명해볼 수 있다. 담론은 서로 개입하며, 경쟁하며, 소멸하기도 하는데, 시민은 공론장에서 특정 텍스트의 배치, 텍스트들이 묶여 있는 장르나 스타일의 장치, 지배적이거나 저항적인 제도와 관행을 손쉽게 이해할 수 없다. 텍스트-상호텍스트성-콘텍스트가 결속된 담론의 개입, 실천과 관행, 생성과 소멸의 역사성, 경쟁의 정치성은 모두 담론 기반의 리터러시 교육을 통해서만 이해될 수 있다. 그럴 때만 포스트-민주주의를 문제화할 수 있는 시민성과 비판성의 리터러시가 학습된다. 특정 텍스트가 선택되는 경향성을 추론하고, 구조화된 사회적 관행을 텍스트 배치와 결속시켜 이해하는 것이 담론 기반의 리터러시 교육내용인 것이다.

4. 권력의 배치, 담론의 의례

구성주의 관점에서 담론 기반의 리터러시 교육을 기획한다는 것은 다분히 포스트-민주주의를 경계하고, 지배적 권력에 저항하며, 새로운 지식을 시민들에게 전하고, 공론장의 담론 경쟁에 적극적으로 참여하는 사회정치적 상상력이다. 뉴 리터러시 운동의 지향점은 이데올로기 교육이었다. 권력화된 담론 구성체에 대해 질문하고, 새로운 담론을 끼워 넣고, 지배 담론을 대안 담론과 병렬로 공존하는 과정은 리터러시 교육의 비판적 속성(Gee 2019)이다.

다만 앞서 1장에서 논술한 것처럼 지금 시대를 포스트-민주주의, 혹은 유연한 신자유주의 통치 질서로 이해한다면 과연 시민 주체에게 전달된 '담론으로서의 리터러시 교육'이 저항과 변화를 실질적으로 이끌 수 있을지 질문해야 한다. 포스트-민주주의 체계로부터 시민은 점차 무력하고 냉소적이다(여건종 2011). 신자유주의 통치 질서에 의해 개별 주체는 자유 없는 자유로부터 자신의 삶을 애써 책임지고 계발하며 순종적인 삶을 살아간다(서동진 2009). 그런 중에 담론 기반의 리터러시 교육으로부터 꼼짝도 하지 않을 공고한 권력관계를 변화시킬 시민적 힘이 형성될 수 있을까? 민주주의 역량을 키울 수 있는 권력/담론을 숙지하고 자신과 타자를 배려하는 리터러시 교육은 비판적 언어인식(critical language awareness)과 민주적 집단지성은 고사하고 그저 개별적이고 미학적인 실천으로 끝나진 않을까?

개별 주체가 담론의 학습과 실천으로부터 구조화된 권력관계를 흔들 수 없다면 담론 기반의 리터러시 교육은 차이와 다양성 가치만 주목했을 뿐, 미시적이고 미학적일 뿐이다. 단지 윤리적인 개인(조직)의 돌봄으로 종결되는 것이다. 서로 다른 현장에서 리터러시를 가르치고 배우는 기획과 집행의 방법론도 공유되어야 하지만 동시에 담론 기반의 리터러시 교육, 그로부터 발휘하는 실존적 저항이나 윤리적 실천이 어떠한 권력지향성을 가질 수 있는지 이론적 탐색도 필요하다. 담론으로 리터러시를 교육하고 연구하는 것은 과연 대항적이고 대안적인 권력을 발생시킬 정치적 행위일 수 있을까?

푸코의 생애 후기 문헌을 보면 (권력과 지식에 굴복할 수밖에 없는) 주체가 감당할 만한 일종의 대항품행적 자기배려 전략이 제시되는데, 수사학을 포함한 고대 그리스와 로마 시대 시민의 윤리적 실천 규범을 담고 있다. 이 글에서는 (미시)권력의 재배치에 참가하고, 담론적 의례를 반복하면서, 자신을 돌볼 뿐 아니라 타자를 배려하고 사회 구조까지 변화시킬 수 있는 시민성과 비판성의 교육, 혹은 대항과 대안의 권력 지향성을 추구하는 리터러시 교육의 이론적 토대를 푸코의 주체성 논점(도승연 2007; 심세광 2011)으로부터 논의하고자 한다.

푸코는 고고학, 계보학, 통치성의 논점으로부터 마르크스 전통의 이데올로기 개념과 분명한 거리를 두었다. 권력과 지식의 결합으로 생산된 진리의 담론, 혹은 주체를 종속화시키는 담론의 질서를 언어학적 공리로부터 설명했고(Foucault 1992, 2003), 많은 담론 연구자들이 그의 문헌을 지금도 빈번하게 인용하고 있다(예: Fairclough 2017; 김주환 2017). 그에 비해 실존의 미학으로 알려진 푸코의 자기배려 논점(Foucault 2007)은 담론 기반의 리터러시 연구자에게 거의 인용되지 않고 있는데, 신동일(2019, 2020a)의 문헌을 간략하게 요약하면서 관련 연구의 필요성을 새롭게 제안하고자 한다.

푸코는 (신)자유주의 통치성을 계보적으로 탐구하면서 권력으로부터 예속될 수밖에 없는 주체성(김주환 2017; 서동진 2009; 신동일 2018b, 2020c)과 함께 통치적 구조에 저항할 수 있는 자기배려의 윤리적 주체성(Foucault 2011, 2012)에도 관심을 가졌다. 푸코의 주체성의 논점은 둘로 구분해서 볼 수 있는 것이다. 하나는 《감시와 처벌》 문헌과 같은 계보학적 연구로부터 잘 알려진 예속화될 수밖에 없는 주체(성)

이다. 다른 하나는 통치 권력과 일상마저 지배한 미시 권력망에 저항하는 자기 창조적 윤리로서의 주체(성)이다(심세광 2011). 푸코의 생애사 후반의 강의록에서 언급된 '개별화된 방식으로 지배권력에 저항하는 윤리적 주체, 혹은 실존의 미학'은 다양한 교육주체에게 나름의 방식으로 시민성과 비판성을 함양시켜야 하는 제도권 교육현장에 인문적 통찰력을 제공한다.

푸코는 지배적인 권력에 의해 보편의 지식으로 개입된, 그러나 저항과 변화의 타협은 허락되지 않는 무력한 근대 주체의 형성을 담론적 질서로 탐색했다. 주권자나 국가기관이 일방적으로 강제하는 지배(domination)의 통치 형태와 달리 타자와 자기 지배의 테크놀로지가 전략적으로 유연해진 통치성(governmentality)의 작동 방식을 주목한 푸코는 인구, 정치경제학, 안전장치를 통해 행사된 자유주의 통치성과 달리 신자유주의 시대는 사회적인 것이 축소되고, 호모 에코노미쿠스의 기업가적 개인들이 호명된 점을 주목했다(Foucault 2011, 2012). 자기실현적 자아를 스스로 구성하고 통솔하는 주체들은 푸코의 신자유주의 통치성의 논점에서 볼 때 끊임없이 자신을 개발하고, 교정하고, 소모하는 여전히 규율화된 존재일 뿐이었다(김주환 2017; 서동진 2009).

그와 같은 푸코의 시선으로 보자면 세상은 '동일성'의 주체성 원리를 유지하는 감옥인 셈이다. 정상-비정상의 이항적이고 배제적인 규율 질서, 혹은 자본을 끊임없이 증식시키는 통치 질서가 지배적으로 적용되고 있는 곳이다. 그런 곳에서 주체가 자유를 제대로 획득하려면 바깥의 사유로부터 동일자가 아닌 '차이'로 존재해야 한다고 푸코는 생각했다. 그는 신의 시대인 중세나 국가주의/경제주의 기반의 근대적 권력이 발휘된 근대에는 주체가 이미 예속화되었기 때문에, 익숙한 통치 질서가 확장되기 이전인 고대 그리스와 로마 시대의 주체에 관심을 가졌다(Foucault 2007).

전지전능한 신, 법, 국가, 과학, 경제적 원리에 의해 삶이 통제되지 않았던 고대의 주체가 양생술, 연애술, 수사학 등의 자기배려로부터 각자의 삶이 더욱 주도적이고 성찰적으로 변형되었다는 점을 주목하면서, 푸코는 동일성의 원리에 예속되지 않으려면 개별 주체가 자기 통치의 미학적 기술이나 파레시아(parrhesia)의 실천적 윤리를 규칙적으로 자신의 일상에 반복하고 재배치해야 한다고 주장했다. 그와 같은 차이를 의도적으로 반복할 때만 지배적인 통치를 구부러뜨리며 온전한 자유에 도달할 수 있다고 보았다(김주환 2019a, 2019b; 도승연 2007; 심세광 2011; Foucault 2007).

자신을 무력한 존재가 아니라 자유로운 주체로 재구성하는 실천은 반복적인 의례를 통해 쾌락에 지배되지 않고 절제되어야 하며, 자율적인 자기 통치를 감당하기 위해 동료를 포함한 공동체의 관계성에 의지하기도 해야 한다. 그처럼 반복과 의례를 통한 자기배려의 실천을 바탕으로 고대 그리스인들은 ('탁월함' 혹은 '힘'으로 해석될 수 있는) '덕'을 일종의 실존(삶)의 기술로 수행했다. 개별 주체는 사회 구조의 관행 앞에 무력할 수 있지만 일상에서 삶의 형식성을 반복하면서 사실상 권력의 배치를 도모한 것이다.

자신의 삶을 하나의 예술 작품으로 창조하는 미학적 기술은 자신을 덕(힘)이 있는 존재로 형성할 수 있다. '윤리'의 어원인 '에토스 (ethos)'는 '습관'의 의미를 함축하고 있고, 힘은 품행 차원의 반복 가능한 기술의 습득을 통해 조직된다. 푸코는 반복되는 에토스를 통해 품성의 덕이 형성된다고 본 아리스토텔레스의 문헌을 주목했다. 그리하여 비판 속에는 덕과 결부된 요소가 있고, 덕으로 기능하고 훈련으로 구축된 '비판적 에토스'가 저항의 실존을 만들어 갈 수 있다고 재해석했다.

리터러시 교육은 자신을 둘러싼 삶의 위치성(정체성)을 숙지하면서 특수한 사회적 맥락으로부터 서로 다른 의미를 파악하고 생산하는 연습이다. 자신의 위치성을 놓고 실존적 저항, 윤리적 실천을 고민해 보지 않았다면, 특정 텍스트 유형의 반복적인 배치, 장르나 스타일의 관행적인 장치, 이데올로기적 동기는 그저 남의 일로만 보일 것이다. 담론 기반의 리터러시 교육은 각자 삶의 위치성을 창조적으로 드러내는 연습이기도 하며, 이는 곧 덕이 있는 좋은 삶과 연동될 수 있다. 그 모든 총합이 공론장과 토의 민주주의를 회복할 방안일 수도 있다.

물론 그러한 윤리적 주체성의 발현에 대해 낙관적인 전망(도승연 2007: 심세광 2011)도 있지만, 실존의 미학과 윤리적 실천이 집단의 저항이나 사회 구조의 변혁을 이끌기 힘들다는 비관적 견해(김주환 2019a, 2019b)도 있다. 개별화된 윤리적 주체들이 각자의 삶을 미학적으로 변화한다고 해도, 자율적 실천이나 개인적 의례의 합으로부터 포스트-민주주의가 이끄는 지배권력에 온전히 저항하기 어렵다는 주장을 경청하지 않을 수 없다. 개인의 윤리적 실천에 집중하면 사회정치적 논의는 오히려 축소되거나 비가시화될 수 있다.

그럼에도 불구하고 순응적으로 예속화된 포스트-민주주의 시민은 자신들이 새롭게 숙지한 수사학적 의례로부터 (즉, 담론 기반의 리터러시 교육으로부터) 지배적인 통치 질서에 틈을 낼 수 있다고 리터러시 교육자부터 믿어야 한다. 리터러시 교육으로부터 회복된 시민성/비판성의 사례를 연구문헌으로부터 찾을 수 없지만, 시민 스스로 혹은 타인을 배려하는 수사학적 의례 학습, 자기창조적 윤리로서 배운 읽기/쓰기의 실천이 보들레르(Baudelaire)식 댄디즘(dandism)(도승연 2007) 수준의 교육이라고 폄하된다면, 앞으로도 (수사학 전통의 자기해방적 의식화 작업으로 시작한) 리터러시 교육에 우리는 아무런 낙관도 할 수 없다. 주체마다 각자 서 있는 곳에서 실존의 저항을 담론적으로 실천하고, 윤리적 주체성의 변화부터 아름답게 상상할 수 있게 되는 건 (또한, 그로부터 사회 구조의 변화를 변증법적으로 기대까지 할 수 있는 건) 리터러시 교육자가 꿈꿀 수 있는 최선의 성과일 것이다.[07]

무엇보다 교육을 매개로, 또는 학교를 통해서 리터러시 교육을 기획하고 집행하는 입장이라면, 푸코의 존재적 미학은 포스트-민주주의의 포획을 이겨 낼 상상력으로 논의되어야 한다. 지(Gee 2019)는 리터러시 교육은 "이차 담론을 잘 알고 있는 사람들의 도움[으로부

---

07. 푸코의 자기배려에 관한 사회학적 논쟁을 수용한다면 이와 같은 논술은 여전히 선언적이고 논증의 결속력마저 부족하다는 인상을 남긴다. 자기배려의 테크닉이 성공적으로 교육학적 테크닉으로 전환된 실증적인 연구자료도 찾기 어렵다. 그러나 제도권 언어교육은 자꾸만 기능적이고 공학적으로 개선되고 있을 뿐 사회정치적 의제를 좀처럼 담지 못하고 있다. 그렇다면 푸코의 자기배려 논점은 자유와 권리, 차이와 다양성, 시민적/문화적/공간적 전환을 제도권 교육과정 안에 스며들게 할 수 있는 담론 기반 리터러시 교육의 이론적 토대로 논의되지 못할 이유가 없다. 새로운 리터러시 교육의 속성은 집합적이고 보편적이기보다 개별적이고 이질적이고 복합적이다. 자아와 타자, 욕망과 정의, 주체의 능동성과 사회의 변화, 모두 가르칠 만한 내용과 지향점으로 다뤄질 수 있다.

터]… 그들과의 상호작용으로부터… 사회적 실천을 통한 문화화 과정으로 학습"(p.273)하는 것으로 이해했다. 아래 그의 논점을 직접 인용하면서 실존적이면서 수사학적인 전통의 담론 교육이 학교 현장과 개별 주체를 상정하면서 새롭게 변화될 수 있다고 기대되어야 한다.

> 학교만으로는 사회를 변화시킬 수 없다. 현재 심각하게 증가하고 있는 불평등의 시대에 우리는 새 사회가 사회적 공정성과 모두를 위한 기회를 추구하도록 만들어야 한다. 그럼에도 학교는 사회의 계층 구조를 영속시키거나 변화시키는 사회 제도의 결정적인 예이다. 개개인이 가정이나 또래 집단을 넘어서는 실천을 사회화하고 '공적영역'으로 진입하게 되는 것은 서구 사회에서는 학교에서이다(Sennett, 1974). 학교는 우리가 '공동체에 기반한' 사회 제도(및 서로 다른 리터러시)와 공공 제도(및 서로 다른 리터러시)라고 부르는 것 사이에서 중재한다.
>
> −Vygotsky, L. S.(1978), p.84

5. 요약 및 제언

지금까지 민주주의 공론장에 참여할 시민적 리터러시의 덕목을 살펴보기 위해 학계에 이미 안착된 뉴 리터러시 운동을 소개하고, 실제 교육에 적용할 수 있는 담론 기반의 리터러시 교육의 이론적 토대도 탐색했다. 담론은 거시적 구조뿐 아니라 우리의 생활세계에서도 빈번하게 생산되고 유통되고 재구조화된다. 담론 기반의 리터러시 교육은 시민이 의미와 기호가 접합된 담론적 구성체를 이해하고, 언어적 실체 안에 담겨진 규범, 신념, 가치, 권력관계를 파악하도록 돕는다. 포스트-민주주의를 변화시키고 신자유주의 통치성에 저항할 수 있는 시민성의 지적 토대가 될 것이고, 미디어리터러시, 비판적 리터러시, 다문화 리터러시 등과 같은 학제적 리터러시 운동의 연결 고리로도 참고될 수 있다.

리터러시 교육은 수사학이나 자기해방의 지식전통을 계승하고 있고, 텍스트의 의미 체계와 상호텍스트성을 가르치긴 하지만 과연 교재나 교실교육으로부터 토의 민주주의의 시민성/비판성을 제대로 배울 수 있을지 의문이다. 포스트-민주주의 혹은 신자유주의 통치성은 모든 주체를 자본과 효율성의 이름으로 포획하고 있기에, 사회적 실천, 담론, 비판적 수사학, 윤리적 주체성에 주목한 리터러시 교육이 실제적인 권력효과를 생성시킬 수 있을지 섣불리 장담할 수 없다.

그럼에도 불구하고 19~20세기 정치적 혼란과 비판적 시민성의 사회적 필요로부터 비판적 담론 연구가 확장(신동일 2018c)된 것을 복기해 보면, 혹은 21세기 내내 발생할 전 지구적인 갈등과 문제적 상황을 상상해 보면, 비판적 전환(critical turn)과 담론적 전환(discursive turn)을 거친 뉴 리터러시 교육에 낙관을 포기할 수 없다. 지금은 성/계급/지역/민족/인종/언어 체계의 사회적 갈등과 분쟁이 만연하는 시대이다. 개인이나 소수가 감수하는 모욕과 차별은 코로나의 시대 이후에 더욱 빈번하면서도 치밀할 것이다. 지(Gee 2019)가 그의 단행본 서론에서 전망한 것처럼, 현장을 지키는 교육자와 연구자라면 담론과 리터러시의 논증으로부터 날이 갈수록 넘치고 있는 불평등과 자유의 억압을 다루지 않을 수 없다.

국내에서도 이주 정책, 이민과 유학, 다문화와 다중언어 사회, 정보화 사회 등 새로운 통치적 질서가 재편되고 있다. 보다 개방적이고 정보화된 사회적 구성 체계로부터 코로나 바이러스 감염, 다문화, 통일, 난민, 동성애, 미세 먼지, 보편 복지, 사회 계급, 소수자, 노인, 도시 재생, 세계 시민, 청년 실업 등과 같은 새롭고도 낯선 담론들이 인터넷을 포함한 다양한 매체에서 빈번하게 생성되고 확장 중이다. 코로나 재난 시대에 미디어리터러시의 격차가 더욱 벌어지고 있다는 우려도 넘친다. 이와 같은 사회적 맥락에서 갈등과 통합에 관한 시민적 리터러시 교육이 계속 기획되어야 한다. 구체적인 맥락과 필요로부터 배태된 담론의 사건/개입/경쟁의 측면에서 누굴 대상으로 무엇을 교육할 것인지 보다 엄중하게 논의되어야 한다.

공론장과 토의 민주주의 가치를 복원할 수 있는 시민적 리터러시 교육은 통치적 질서뿐 아니라, 일상적이고 미시적인 담론의 실천과 관행도 다뤄야 한다. 아울러 텍스트-콘텍스트의 변증법적 관계, 담론을 매개로 한 구성주의 관점을 반영해야 한다. 담론은 세상을 역동적으로 구성하는 경로이며, 세상은 담론의 배치로부터 구성된 결과이다. 담론을 통해서 구조화된 사회를 읽거나, 구조화된 사회를 재현한 담론을 읽을 수 있는 구성주의적 리터러시 개념은 포스트-민주주의 위기에 맞서는 시민 주체에게 반드시 전달해야 할 내용이다.

담론의 기획과 교육으로부터 지배적인 권력에 저항하고 권력관계를 변화시킨 사례가 학계에서부터 공유되어야 하고 리터러시 교육과정에도 반영되어야 한다. 질문하고, 경험을 서사적 글쓰기로 옮기고, 토론 소모임을 운영하면서, 대항적 담론을 성공적으로 의례화한 것이 개인의 삶과 관계성, 모순과 오용의 권력질서에 어떤 변화를 유도했는지 연구텍스트로 옮겨져야 한다. 리터러시 연구자는 구체적인 사례를 학계 안팎에서 수집하고 공유해야 한다. 그래야만 단수의 보편적/인지적 리터러시 개념 대신에 특수한 맥락에서 발휘된 복수의 리터러시 교육의 타당성을 확보할 수 있다.

일상 대화나 과거의 기억을 편집한 구술사 자료뿐 아니라 정책문서, 법정문서, (웹페이지) 공문서, 만화, 방송, 광고, 기타 인터넷 텍스트 등이 담론 기반의 리터러시 자료로 사용되면서, 더욱 이질화된 형식의 텍스트 배치, 다양한 문화사회학적 콘텍스트 등이 학습 내용으로 사용될 수 있을 것이다. 구성주의 입장은 보편적 인간성을 고정된 맥락에서 가치중립적으로 이해할 수 있는 리터러시는 존재할수 없다고 본다. 그걸 소개하는 대중적인 문헌이 학계와 시민사회에더욱 빈번하게 축적될수록 이 글에서 탐색적으로 다룬 푸코적 에토스, 비판적 언어인식, 담론 기반의 리터러시 교육과 연구의 지경이넓어질 것이다. 담론과 리터러시는 대학원과 학부 전공과목으로도좀처럼 개설되지 못하고 있다. 시민을 대상으로 한 담론 기반의 리터러시, 사회적 실천이 되는 담론, 리터러시의 사회적 실천 등의 강좌 역시 찾아보기 힘들다. 학계부터 리터러시 교육과 연구자료를 꾸준히 축적해야만 학생과 시민 대상의 대중적인 교육과정도 추진할 수 있다.

　담론의 이해는 민주주의를 실천할 수 있는 시민적 리터러시의 기본 소양이다. 이 글의 논점을 정리하면, 시민적 리터러시는 담론으로부터 구성된 통치적 질서에 위축되지 않고 여전히 능동적으로 담론의 생산과 유통에 참여하여 세계를 재구성하는 과정에 참여하는 능력이다. 그렇다면 시민성을 함양하는 리터러시 교육은 담론의 생산–유통–소비, 거시–미시, 이론–생활, 텍스트–콘텍스트, 언어–권력, 사용자–사회 구조의 관계를 가르쳐야 한다. 그러한 변증법적 관계로부터 담론을 매개로 세상을 보면서 시민 주체는 자신이 서 있는 특수한 맥락에서 구성주의 인식론을 성찰적으로 학습할 수 있다. 모든 사회적 현실과 그것을 풀이하는 범주와 개념은 텍스트–콘텍스트를 오가는 역동성을 갖고 있으면서도 또 한편으로는 모순적이며 비본질적이라는 관점도 배울 수 있다.

　대부분의 리터러시 교육이 그러하듯이 담론적 리터러시 교육도 참여자로 하여금 (비본질적 텍스트와 콘텍스트를 이해하면서) 자신만의 담론적 구성물(예: 특정 매체에서 자신만의 일상적 주제로 규칙적인 글쓰기)을 만들어 볼 것이다. 그런 중에 자신이 콘텍스트에 포획되어 있으면서 텍스트와 함께 살아가는 주체란 점을 깨닫는다. 텍스트를 능동적으로 만들고 배치하면서 기존의 담론질서에 균열을 시도하는 도전은 쉬운 듯하지만, 곤혹스럽고, 또 힘든 만큼 보람도 있다. 그렇게 실존적 저항 주체로 존재감을 확인하고 자신이 숙지하고 있는 삶과 앎을 재성찰할 수 있다.

뉴 리터러시 지식전통은 리터러시 교육을 한층 복잡하게 얽어 놓았다. 리터러시는 보편에서 특수로, 단수에서 복수로, 단일에서 다중으로 인식되고 있다. 이데올로기 모델이 시작되더니 이젠 담론 기반의 리터러시 교육도 논의되고 있다. 리터러시와 담론의 속성이 그러하듯이 구성적이고, 비판적이고, 성찰적인 우리의 의식도 복잡하고 모순적이다. 연구의 대상과 경로가 담론이지만, 리터러시 교육을 감당하는 과정과 결과물 역시 담론이다. 민주주의는 흔히 결과가 아니라 과정이 더 중요하다고 한다. 그래서 민주주의의 절차적 과정과 내용은 복잡하면서도 모순적이다. 시민 주체는 담론의 리터러시를 배우며, 담론의 경쟁에 참여하고, 회복할 민주주의를 숙고한다. 개별적 주체로서 발휘하는 실존의 미학, 윤리적 실천, 자신과 사회 구조와의 관계성도 끊임없이 성찰하게 된다. 그런 것이 모두 담론 기반으로 더욱 복잡해진 리터러시 교육의 고민이지만, 또 한편으로는 성과이면서 미래의 지향점이 되어야 한다.

참고문헌

김주환(2017),《포획된 저항: 신자유주의와 통치성, 헤게모니 그리고 사회적 기업의 정치학》, 이매진.

김주환(2019a),〈푸코의 사회이론에서 권력 배치로서 사회적 의례의 문제: 사회적인 것과 저항 에 대한 푸코의 논의의 궁지와 사회학적 보완〉,《사회사상과 문화》, 22⑴, 91-142쪽.

김주환(2019b), 〈사회 비판과 민주주의의 가능성 조건으로서 푸코의 파레시아(parrhesia)
윤리에 대한 비판적 검토〉,《경제와 사회》3, 244-278쪽.

도승연(2007), 〈후기 푸코의 윤리적 문제설정에 있어서의 자유와 비판의 의미〉,
《사회와 철학》13, 107-148쪽.

박소희·김주환(2019), 〈문식성 연구의 국제 동향: Literacy Research Association(IRA)의
2016-2018 학술대회를 중심으로〉,《국어교육학 연구》54⑷, 5-34쪽.

박휴용(2020), 〈포스트휴먼 리터러시: 개념 및 범주, 이론적 기반, 그리고 교육의 방향〉,
《리터러시 연구》11⑴, 11-55쪽.

서동진(2009),《자유의 의지 자기계발의 의지: 신자유주의 한국사회에서 자기계발하는
주체의 탄생》, 돌베개.

손향숙(2014), 〈사회적 실천으로서의 리터러시 교육: 멀티리터러시, 멀티모달리티, 그리고
텍스트〉,《영미문학교육》18⑴, 167-190쪽.

신동일(2018a), 〈영어시험에 관한 담론 정치의 역사성 분석: 신자유주의와 평가국가의
논점으로부터〉,《응용언어학》34⑶, 65-106쪽.

신동일(2018b), 〈글로벌 인재와 영어능력에 관한 담론적 실천과 신자유주의 주체성의 이해〉,
《영어학》18⑶, 349-380쪽.

신동일(2018c), 〈언어학적 전환, 비판적 언어학 전통, 그리고 비판적 담론연구의 출현〉,
《질적탐구》4⑶, 1-42쪽.

신동일(2019), 〈영어에 관한 욕망, 자기배려, 인정의 이해: 정체성에 관한 학제간 연구의 탐색〉,
《응용언어학》35⑶, 125-162쪽.

신동일(2020a), 〈담화/담론연구의 이론적 토대 탐색: 학제간/통합적 연구방법론으로
확장하며〉,《질적탐구》6⑴, 1-40쪽.

신동일(2020b), 〈대중문화에서 재현된 영어시험과 수험자 분석: 문화연구, 정체성,
기호학의 접점으로부터〉,《응용언어학》36⑵, 119-150쪽.

신동일(2020c),《앵무새 살리기: 더 좋은 언어사회를 희망하며》, 박이정.

심세광(2011), 〈푸코에게 '주체'란 무엇인가? 실천이론으로서 푸코의 주체이론의 변모〉,
《문화과학》65, 89-125쪽.

여건종(2011), 〈포스트민주주의와 시민적 리터러시〉,《비평과 이론》6⑵, 109-130쪽.

장명학(2003), 〈하버마스의 공론장 이론과 토의민주주의〉,《한국정치연구》12⑵, 1-35쪽.

정현선(2004), 〈디지털 리터러시의 국어교육적 고찰〉,《국어교육학연구》21, 1-42쪽.

Beck, U.(1986), *Risk society: Towards a new modernity*, London: Sage.

Collins, J. & Bolt, R.(2003), *Literacy and literacies: Texts, power, and identity*,
Cambridge: Cambridge University Press.

Crouch, C.(2004), *Post-democracy*, Cambridge: Polity.

Fairclough, N.(1989), *Language and Power*, 김지홍 옮김(2011),
《언어와 권력: 담화 텍스트 화용 연구》, 경진.

Fairclough, N.(1992), *Discourse and Social Change*, 김지홍 옮김(2017),
《담화와 사회변화》, 경진.

Fairclough, N.(1995), *Media discourse*, 이원표 옮김(2004),《대중매체 담화분석》,
한국문화사.

Fairclough, N.(2000), "Multiliteracies and language: Orders of discourse and
intertextuality," B. Cope & M. Kalantzis(Eds.), *Multiliteracies: Literacy learning
and the design of social futures*, London: Routledge, pp.162–181.

Fairclough, N.(2003), *Analysing discourse: textual analysis for social research*,
김지홍 옮김(2012),《담화분석방법: 사회조사연구를 위한 텍스트분석》, 경진.

Foucault, M.(1969), *L' archéologie du savoir*, 이정우 옮김(1992),《지식의 고고학》, 민음사.

Foucault, M.(1975), *Surveiller et punir*, 오생근 옮김(2003),《감시와 처벌: 감옥의 탄생》, 난장.

Foucault, M.(1976), *Histrie de la sexulite: Tome 1 La volonte de savoir*,
이규현 옮김(1990),《성의 역사 1: 지식의 의지》, 나남.

Foucault, M.(1980), *Power/knowledge: selected interviews and other writings
1972–1977*, 홍성민 옮김(1991),《권력과 지식: 미셸 푸코와의 대담》, 나남.

Foucault, M.(1997), *Il faut defendre la societe: cours au College de France 1975–1976*,
김상운 옮김(2015),《사회를 보호해야 한다: 콜레주드프랑스 강의 1975–76년》, 난장.

Foucault, M.(2001), *L'hermeneutique de sujet: cours au College de France 1981–1982*,
심세광 옮김(2007),《주체의 해석학: 1981–1982, 콜레주드프랑스에서의 강의》, 동문선.

Foucault, M.(2004a), *Naissance de la biopolitique*, 심세광 외 옮김(2012),
《생명관리정치의 탄생: 콜레주드프랑스 강의 1978~79년》, 난장.

Foucault, M.(2004b), *Sécurité, territoire, population: cours au Collège de France
1977–1978*, 심세광 외 옮김(2011),《안전, 영토, 인구: 콜레주드프랑스 강의 1977~78년》, 난장.

Gee, J. P.(2014), *An introduction to discourse analysis: Theory and method(4th ed.)*,
London: Routledge.

Gee, J. P.(2015), *Social linguistics and literacties(5th ed.)*, 김영란 외 옮김(2019),
《사회언어학과 서로 다른 리터러시: 담론과 이데올로기》, 사회평론아카데미.

Habermas, J.(1989), *The structural transformation of the public sphere: An
inquiry into a category of bourgeois society*, Cambridge, MA: MIT Press.

Phillips, N. & Hardy, C.(2002), *Discourse analysis: Investigating processes of
social construction*, London: Sage Publications.

Sennett, R.(1974), *The fall of public man: On the social psychology of capitalism*, New York: Vintage Books.

Street, B.(1984), *Literacy in theory and practice*, Cambridge: Cambridge University Press.

Street, B.(2003), "What's 'new' in new literacy studies?: Critical approaches to literacy in theory and practice," *Current Issues in Comparative Education*, 5(2), pp.77–91.

Vygotsky, L. S.(1978), *Mind in society: The development of higher psychological processes*, Cambridge, MA: Harvard University Press.

Warriner, D. S.(2009), "Transnational literacies: Examining global flows through the lens of social practice," M. Baynham & M. Prinsloo(Eds.), *The future of literacy studies*, New York: Palgrave Macmillan, pp.160–180.

미디어 시대 리터러시

어린이·청소년의 경험을 중심으로

김아미(경인교대 미디어리터러시연구소 연구원)

1. 들어가며

우리는 사람과 사람, 사람과 사회를 매개하는 미디어의 영향력이 커진 '미디어 시대'를 살고 있다. 지금의 어린이·청소년들에게 미디어는 주요 활동 공간이자 이른 나이부터 사회화를 경험하는 공간이다. 기성세대에게 미디어가 도구적 대상(기기)이자 콘텐츠로 받아들여졌다면, 지금의 어린이·청소년 세대에게 미디어는 대상이자 텍스트인 동시에 사회 공간적 맥락으로 작용하고 있다(Courtois et al. 2013).

또한 이들의 미디어 이용을 생각해 보면, 미디어와 미디어를 이용하지 않는 오프라인 공간이 분리되는 것이 아니다. 이들에게 미

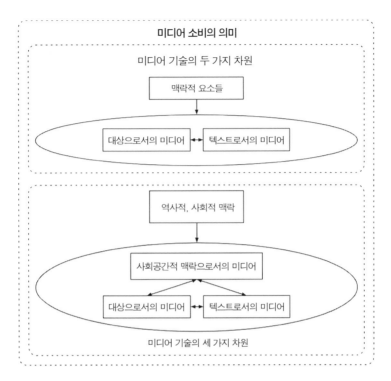

디지털 기반 미디어의 3중 층위(Courtois et al. 2013. p. 414: 저자 번역)

디어는 일상 안에 스며들어 있으며, 온라인-오프라인 경계를 자유롭게 넘나드는 것이 매우 자연스러운 일이다. 일부에서는 지금의 어린이·청소년들을 'Z세대'로 명명하며 글보다 영상으로 소통하는 것이 편한 세대라고 설명하기도 한다(한국마케팅연구원 2017).

　　실제 어린이·청소년이 사용하는 미디어는 빠르게 변화하는 동시에 개인의 취향과 선호에 따라 개별화하고 있다. 이때 어린이·청소년들이 어떠한 미디어를 어떻게 사용하는지, 미디어 공간에서 어떤 경험을 하고 있는지가 기성세대에게는 가시화되지 않는 특성이 있다. 이처럼 어린이·청소년 세대와 기성세대의 미디어 세대 차이가 더 커지는 한편, 동세대로 구분되는 어린이·청소년 내에서도 개인의 성향과 필요, 환경에 따라 미디어 이용 양상이 다양하게 펼쳐진다.

지금의 어린이·청소년이 경험하는 '리터러시 실천(literacy practice)'은 단지 글을 읽고 쓰는 능력에 한정되지 않고, 다양한 사회문화 자원을 활용하여 적극적으로 의사소통하고 상호 이해할 수 있는 역량을 포괄하게 된다.

이 글은 지금 현재를 살아가고 미래를 만들어 가고 있는 어린이·청소년 세대들이 미디어라는 환경 안에서 어떠한 리터러시를 요구 받고, 동시에 만들어 가고 있는지, 그들의 리터러시 경험과 인식을 살펴보면서, 미디어 시대의 리터러시란 무엇을 의미하는지 살피고자 한다.

2. 확장된 리터러시 개념

1) 사회문화적 리터러시

리터러시[01]는 가치중립적인 불변의 능력이 아니라, 사회적인 맥

---

01. 리터러시(literacy)는 문해력 혹은 문식 능력으로 번역되기도 한다. 그러나 이 번역은 리터러시 연구자들이 주목하는 사회적 실천으로서의 리터러시라는 의미를 충분히 표

락과 밀접히 연관되며 때로는 정치적이기도 한 유동적 능력이라 보는 것이 많은 학자들의 관점이다(예: Street 1984; Gee 2015). 특히 사회문화적인 리터러시로 전통적 리터러시의 개념이 확장되어야 함을 주장하는 학자들은 멀티 리터러시, 뉴 리터러시 등의 용어로 새로운 리터러시를 개념화하였다. 뉴 런던 그룹을 위시하여 '뉴 리터러시'라는 개념을 주장한 일군의 학자들은-(예: The New London Group 1996; Street 1984; Kress 2003; Gee 2015) 리터러시가 디지털 기반 소통이 가능해지면서 다음과 같이 두 측면으로 확장되고 있음을 강조한다.

먼저 인쇄 기반의 텍스트가 디지털 기반 텍스트로 확장되면서 다양한 모드(multimodal, 예: 문자 외에도 소리, 색, 이미지, 상징 등) 기반의 의사소통이 가능하게 되었고(Kress 2003), 이로 인해 리터러시는 보다 생동감 있고 상대성을 지닌 문화적인 실천으로 확장되었다. 동시에 우리는 보다 다양한 언어적, 문화적 목소리를 수용할 수 있는 기회를 가지게 된다(Domingo 2012).

둘째, 뉴 리터러시에서 주목하는 리터러시는 사회적 실천으로서의 의미를 가진다. 앞서 논하였듯이 리터러시는 가치중립적인 능력이 아닌, 사회의 특정한 의도와 목적을 위해 기능하는 가변적 능력이다. 사회문화적 리터러시를 주장하는 학자들은 한 사회 안에 복수의 리터러시가 있음을 제시한다. 이들에게 리터러시는 '사람들이 역동적 표현 자원을 활용하여, 다양한 문화적 의도를 성취하기 위해 활동하는 과정에서 그들에 의해 지속적으로 재구조화되는 것'(The New London Group 1996: 64)이다.

현하지 못하는 한계가 있다. 이에 많은 국내 연구들은 '리터러시'라는 용어를 번역하지 않고 그대로 사용하기도 한다.

2) 사회비판적 리터러시

리터러시의 확장을 주장하는 학자 중에는 사회문화적 관점으로 리터러시를 바라보는 연구자들 외에 사회비판적으로 리터러시에 접근하는 학자도 있다. 이들은 학교 등 정식 교육 기관에서 인정 받는 리터러시와 학생들이 일상생활에서 경험하고 향유하는 리터러시의 차이에 주목한다(Gutiérrez 2008). 사회비판적 리터러시 학자들은 이 사회에서 중요한 지식 및 능력으로 인정 받는 리터러시란 무엇이고, 누가 그것을 만드는 주체인지에 대해 문제를 제기하고, 점차 다양화되고 있는 사회에서 현재 전통적 리터러시로 다루어지는 내용이 유효성을 잃어 가고 있음을 강조한다.

사회비판적 리터러시에 주목하는 학자들은 학생이 자신의 일상생활과 학교 등 공공 기관에서 경험하는 교육(institutional practices), 자신이 접하는 텍스트 등을 역사적 관점으로 분석하고, 그 과정에서 학습자가 비판적인 사회 인식을 키울 수 있도록 지원하는 것이 중요하다고 주장한다.

또한 사회비판적 리터러시는 학생들 개개인의 사회적, 역사적 삶에 초점을 맞추고 그들의 실생활과 연관된 리터러시를 우선시한다는 점에서, 그리고 사회를 구성하는 학습자가 다양한 문화적, 사회적, 경제적 배경에서 출발함을 인지한다는 점에서 의미가 있다. 이는 학습자의 앎과 삶이 연계되는 교육, 그리고 지역에 기반을 둔 교육의 중요성을 강조하는 지금 교육 정책의 흐름과도 맞닿아 있는 부분이 있다.

3) 확장되는 리터러시 맥락 속의 '미디어리터러시'와 교육

디지털 환경으로 확장되고 있는 현재의 소통 환경을 반영한다는 점에서, 그리고 학습자의 실생활과 문화를 중시한다는 점에서, 미디어리터러시는 확장된 리터러시 개념을 구성하는 주요 축으로 언급되기도 한다(McDougall et al. 2018). 어린이·청소년들이 미디어 환경에서 리터러시를 키워 가고 있고, 디지털 미디어의 일상적 사용자이므로, 이 공간에서의 소통 활동 및 학습 활동 등을 학교교육 안으로 받아들이는 것은 불가피한 일임을 강조하는 교육자들도 늘고 있다(예: Merchant 2010).

이처럼 미디어리터러시 혹은 확장된 리터러시인 사회문화적 리터러시(예 : 멀티리터러시), 사회비판적 리터러시 등을 학교교육 과정이나 학교교육 경험에 포함시키려는 노력이 국내외에서 진행되고 있다. 예를 들어, 사회비판적 리터러시를 강조했던 구티에레즈를 중심으로 학교라는 공적인 교육 공간 안에 학습자의 일상생활에 대한 경험 및 성찰을 나눌 수 있는 제3의 공간을 확보해야 한다는 주장이 있다.

실제 국가 교육과정 수준의 시도들을 살펴보면, 먼저 국내의 경우 특정 교과 학습만으로는 도달할 수 없는 종합적인 역량인 미디어리터러시를 교육하기 위하여, 미디어리터러시 요소를 지닌 교과목 성취 기준을 도출하여 통합적으로 접근하는 방식을 제시하는 정책 연구가 발표되었다(정현선 외 2016).

3. 미디어리터러시와 미디어리터러시 교육

1) 미디어리터러시

리터러시의 개념이 확장되고 있는 맥락과 더불어, 미디어와 연관된 여러 사회 현상으로 인하여 미디어리터러시의 중요성이 강조되고 있다. 그렇다면 '미디어리터러시'란 무엇일까?

텔레비전, 라디오, 신문으로 대표되는 대중매체 시대의 미디어리터러시는 '다양한 미디어를 비판적으로 읽고, 창의적으로 만드는 능력'으로 비교적 명확히 설명할 수 있었다. 방송이나 언론이 내보내는 메시지가 무엇인지, 광고가 강화하는 사회적 메시지는 무엇인지 등을 비판적으로 분석하는 경험, 그리고 영상 등을 만들어 나의 의사를 표현하고 목소리를 내는 경험 등이 미디어리터러시 교육이 집중하던 교육 경험이었다.

그러나 앞서 언급한 대로 지금의 미디어 환경은 개별화, 다양화되었고 디지털을 기반으로 하는 특성이 있다. 동시에 소셜 네트워크의 강화로 내가 만든 미디어 메시지가 나의 소셜 네트워크를 통해 빠르게 확산, 공유될 수 있는 환경이기도 하다. 이러한 환경에서 잘 소통하고 활동할 수 있는 능력인 '미디어리터러시'가 무엇인지 한마디로 명쾌하게 설명하는 것은 쉽지 않다.

미국 전역의 교사, 미디어 산업체 관계자, 미디어 교육 연구자 등이 모여서 만든 '미디어교육전국연합회(NAMLE)'에서는 미디어리터러시를 설명하는 한 장짜리 자료를 만들어 배포하고 있다. 이들은 '미디어리터러시란 모든 종류의 의사소통 수단을 기반으로 접근, 분석, 평가, 창조, 그리고 행동하는 능력'[02]이라고 규정한다.

한 가지 상황을 예로 들어 이 능력들이 무엇을 의미하는지 생각해 보면 다음과 같다. 예를 들어, 여름 휴가철을 맞이하여 여행을 계획하고 있다고 가정해 보자. 먼저 함께 여행하는 사람들의 선호 등 여러 가지 조건들을 고려하여 여행지를 결정할 것이다. 여행지가 결정되면 그와 관련된 유용한 정보를 찾을 수 있을 것이라 예상되는 여행 전문 웹 사이트에 접속하거나(물론 도서관에서 여행 책을 찾거나, 직장 동료나 친구들에게 직접 물어볼 수도 있다), 포털 사이트를 선택하여 검색을 시작하게 된다. 이때 스마트폰이나 컴퓨터 등의 테크놀로지를 활용하고, 특정 포털을 선택하여 그 포털에 검색어를 입력하는 것까지가 '접근' 능력에 해당한다.

여행지에 대한 여러 정보들을 찾는 과정에서, 이 중 어떤 정보가 유용하고 이 정보는 개인이 정보 공유를 위해 올린 여행 후기인지 아니면 광고성 포스트인지, 누가 어떤 의도로 해당 정보를 만들었는지 등에 대한 판단을 내리는 과정이 '분석'과 '평가'에 해당한다.

이렇게 수집한 정보를 토대로 여행 계획을 짜고 여행을 다녀와서 경험담을 주변 사람이나 소셜 네트워크에 공유하거나 여행 중 느낀 점과 관련하여 사회적 환기나 개선을 요구하는 청원을 시작한다면, 이것이 '창조'와 '행동'에 해당한다. 이처럼 우리가 일상에서 미디어와 만날 때 여러 능력이 발휘되고 이러한 미디어리터러시가 부

---

02. NAMLE 홈페이지(2020년 9월 13일 접속).

족할 경우 소통이나 다양한 활동에 어려움을 겪을 수도 있다.

우리는 '디지털 세대' 혹은 '디지털 네이티브'라는 이름으로 지금의 어린이·청소년들이 기성세대보다 훨씬 미디어를 잘 사용하는 타고난 능력이 있는 것으로 이해하기도 한다. 그러나 앞서 살펴본 '미디어리터러시'의 규정을 보면 알 수 있듯이, 미디어 환경에서 잘 소통하고 생활하기 위해 갖추어야 하는 능력은 훨씬 복합적이다. 빠르게 변화하고 있는 미디어 환경 안에서 미디어리터러시는 단지 미디어 환경에 일찍 노출되었다고 해서 경험적으로 자연히 획득할 수 있는 능력이 아니다. 그만큼 미디어리터러시를 키울 수 있도록 사회적, 교육적 지원이 필수적이다.

2) 어린이·청소년의 문화적 경험에서 출발하는 미디어리터러시 교육

우리가 현재 디지털 미디어 환경에서 겪고 있는 여러 문제들에 대한 대응 방안으로 '미디어리터러시 교육'의 필요성이 강조되고 있다. 그러나 지금까지 살펴본 것처럼 미디어리터러시 교육은 단순히 당위에 대한 공감으로만 가능한 것은 아니다. 보다 중요한 '미디어리터러시 교육의 목표를 어떻게 규정하는가', '무엇을 어떻게, 그리고 누가 가르쳐야 하는가' 등 실제 교육 실천을 위한 논의와 합의가 필요하다.

더불어 미디어리터러시에 대한 정책적 접근이 강화되면서, 교육 현장에서 미디어리터러시 교육을 실시해 왔던 교육자와 연구자들은 어린이와 청소년이 향유하고 주도적으로 구성해 가는 미디어 '문화'라는 요소가 가려지고 있는 현상에 우려를 표하기도 한다. 학습자와 교육자의 미디어 세대 차이가 더 커지고 있고, 학습자 내에서도 개인의 성향과 필요에 따라 미디어 사용 양상이 다양하게 펼쳐진다. 이와 같은 상황에서 미디어리터러시 교육과 실제 학습자, 특히 어린이·청소년의 미디어를 둘러싼 문화 사이에 간극이 있을 수도 있다. 이러한 간극은 미디어리터러시 교육이 '또 다른 교과목' 혹은 지식의 전달에 그칠 위험을 안고 있음을 반증한다.

그렇다면 어린이·청소년은 미디어라는 공간 안에서 어떠한 리터러시 실천을 하고, 어떠한 리터러시 역량을 쌓아 나가고 있을까? 2017년부터 2018년까지 수행했던 어린이·청소년의 미디어 경험 연구를 통해 포착했던 몇 가지 리터러시 실천의 모습을 소개하면서, 지금의 어린이·청소년이 만들어 가고 있는 리터러시에 대하여 함께 생각해 보고자 한다.

4. 어린이·청소년이 경험하는 미디어, 리터러시 실천

1) 비공식적 미디어 학습의 장

연구에 참여하였던 어린이와 청소년들은 미디어를 비공식적 학습의 장이자 자신을 지식의 구성에 참여할 수 있는 사람으로 받아들여 주는 곳으로 인식한다. 줄리안 세프톤-그린(Julian Sefton-Green) 등의 연구자들은 학습의 장이 이미 학교 안에 한정되지 않고 있음을 강조하며, 미디어 안에서 이루어지는 학습의 유효성에 주목해야 함을 주장하였다(Sefton-Green 2006). 이러한 경향은 어린이와 청소년의 미디어 문화를 연구하면서도 드러났다. 예를 들어 초등학생들은 유튜브를 통해 자신이 알고 싶은 내용들을 필요할 때 즉각적으로 학습하는 경험을 하고 있었다.

질문: 그러면 유튜브 들어가서 주로 뭘 봐요?

J(초등학교 5학년, 여): 저는 관심 분야 그러니까 연예인 노래나 아니면 연예인 웃긴 영상이나 이런 거 찾아볼 때도 있고 아니면 그런 거 그 뭔가 필요한 정보 있을 때 찾아보는 거.

질문: 필요한 정보는 어떤 게 있어요?

J(초등학교 5학년, 여) : 예를 들면 선생님께서 의사가 하는 일에 대해서 조사해 오라고 했다. 그러면 [유튜브에] 의사라고 치면 많이 나와요. 그냥 그중에서 골라요.

(……)

P(초등학교 6학년, 여) : 게임 영상, 제가 지금 그러니까 제가 하는 게임이 있는데 그런 게임에 이득을 보는 그 … 강좌라든가 그런 거를 봐요.[03]

중·고등학생들은 페이스북 안에서 특정 뉴스에 대해 다양한 사람들의 이야기를 듣고 탐색하는 그리고 뉴스를 지속적으로 모니터

---

03. 김아미, 《초등학생 유튜브 문화와 교육적 대응》, 경기도교육연구원, 2018.

링하면서 경향성을 파악하는 학습 경험을 하기도 한다.

> B(고등학생, 남): 저는 주로 뉴스를 소비하는 매체가 페이스북과 네이버인데,
> 페이스북을 보면 뭐가 가장 이슈인지 알 수 있는 것 같아요. 예를 들어서,
> 방송사를 다 친구로 추가해 놓으면 예를 들어 [한 가지 사안이 생기면] 모
> 든 방송사들이 다 그 내용만 올려요. 그럼 그걸 보면 아 이게 이슈구나, 라
> 는 것도 알 수 있고. 방송국마다 다 다른 의견을 나타내요. 모두 취재 방법
> 도 다르고 내놓는 내용도 다르고. 어떤 방송사에서는 [사안에] 대한 분석
> 이렇게 내놓기도 하고. 이렇게 방송사마다 초점을 두고 있는 부분이 다르
> 거든요. 그런 점이 저는 페이스북을 통해 뉴스를 보면서 좋았던 점이에요.
> 그리고 댓글을 보면 이 뉴스가 어떤 관점에서 읽을 수 있는지 알 수 있는
> 것 같아요.[04]

이처럼 학습의 장으로 작용하는 미디어 환경에서 특징적인 소
통의 모습은 미디어 사용자들이 때로는 지식 전달자로 때로는 지식
소비자로 활동할 수 있다는 점이다. 지금의 미디어 환경은 사용자
들이 서로에게 배우는 환경을 제공하고 있다. 사용자들은 적극적으
로 집단지성을 구성해 가며 누구나 지식 구성원으로 활동할 수 있
는 경험을 하게 된다. 또한 지식 생산자와 소비자 간의 직접적인 소
통이 가능하다. 연구에 참여한 중·고등학생들은 뉴스 댓글을 통해
기사를 작성한 기자 혹은 댓글을 작성한 다른 사용자들과 소통하는
경험이 있었다고 설명한다.

---

04. 김아미, 《'가짜뉴스'와 청소년: 청소년은 뉴스를 어떻게 경험하는가》, 경기도교육연
구원, 2017.

C(고등학생, 남): 가끔 댓글을 보면 〔기사를 작성한 기자가〕 피드백을 하는 경우가 있어요. 그럴 때는 좀 믿음이 가기도 해요.

D(고등학생, 여): 저는 저와 다른 생각이 있으면 항상 댓글을 달아서 주고받는 편이에요.

질문: 〔댓글을 주고받으면서〕 내 의견이 바뀐 적도 있어요?

D(고등학생, 여): 설득당할 때도 있어요. … 내가 여기까지는 생각을 못 했는데, 이 사람은 여기까지를 생각하고 낸 의견이잖아요. 그럴 때 전 살짝 제 의견을 다시 생각해 보고 댓글을 달기도 해요. 여기님 말씀을 들어 보니까 제 생각이 좀 짧았던 것 같다. 이 부분에 대해서는 여기님 말씀이 맞는 것 같다. 이렇게 댓글을 남겨요.[05]

연구에 참여한 중·고등학생들은 뉴스 기사에서 다루고 있는 사안에 대한 의견을 나누고, 자신과 다른 의견을 표현한 댓글 작성자와 대화를 통해 정보를 교류하기도 한다. 기자와도 기사에 대해 소통함으로써 기사 안의 잘못된 정보나 기사에 대한 잘못된 이해가 있으면 바로잡는 경험을 하기도 한다. 또한 기자가 가지는 권위만큼 댓글 작성자의 권위를 인정하는 사용자의 모습을 보이기도 한다. 초등학생들의 경우 유튜브 영상을 제작한 사람과 댓글로 소통하는 경험, 그리고 자신이 올린 영상에 타인이 댓글로 조언을 남기거나 참여하는 경험을 함으로써, 생산자와 소비자 사이의 간극이 좁아지고 있는 환경에 익숙해짐을 알 수 있다.

더불어 연구에서 드러난 두드러지는 특징은 사용자가 미디어

---

05.   김아미, 앞의 논문, 2017.

공간을 비공식적 학습의 장으로 접근하면서 영상 기반 정보에 대한 선호가 강해지고 있다는 점이다. 예를 들어, 연구에 참여한 초등학생들은 유튜브 영상을 통해 학습하게 되면, 시행착오의 과정을 살펴볼 수 있는 강점이 있음을 지적한다. 기존의 사진과 글이 결합된 정보로는 표현되지 않았던 내용들이 영상을 통해 표현될 수 있다는 것이다.

> 질문: 액괴 같은 거 네이버에서도 검색할 수 있잖아요. 그런데 왜 유튜브에서 검색해요?
> J(초등학생 5학년, 여): 그러니까 네이버에서 하면은 액괴 같은 거는 그게 영상이 더 재미있고요. 네이버에서 찾아도 어차피 링크가 유튜브로 떠요.
> 질문: 영상 보는 게 더 좋구나?
> E(초등학생 5학년, 여): 좋다기보다는 일단 액괴를 하면은 액괴 만드는 거니까 액괴 만드는 거나 느낌을 보는 건데 그거를 사진으로 표현하기 어렵잖아요.

이처럼 미디어는 사용자가 즐겨 보는 콘텐츠나 서비스, 정보 등을 접하는 환경일 뿐 아니라, 사용자 주도의 학습이 일어나는 공간으로 작용하고 있다. 그렇다면 이러한 변화에 대응하는 미디어리터러시 교육은 어떤 방향성을 지녀야 할까?

첫째, 미디어 공간에서 일어나는 학습의 기반이 되는 정보의 진위 여부 확인을 지원하는 미디어리터러시 교육이 강화되어야 한다. 기존의 미디어리터러시 교육은 정보 평가, 정보 제작자의 제작 의도

확인 등을 지원하고 있다. 이 부분이 지속적으로 다루어질 필요가 있고, 영상 기반으로 변화하는 정보를 어떻게 판단하고 받아들일 것인지에 대한 고민 및 교육적 지원이 필요하다. 최근 들어 영상의 조작이 여러 차원으로 가능해지고 있어 영상 정보의 판단과 관련된 논의가 보다 다각적으로 이루어져야 함이 제안되고 있다(Buckingham 1998).

둘째, 디지털 미디어 환경에 참여하는 사용자의 역할 및 의무에 대한 고민도 미디어리터러시 교육 내용으로 포함될 수 있다. 연구에 참여한 청소년들은 댓글을 다는 과정이 귀찮을 수도 있지만, 다른 사람들이 뉴스에 대해 판단할 수 있는 근거를 제공하기 위해 댓글을 적극적으로 달고 대화에 참여하는 것이 필요하다고 이야기한다. 이는 온라인상 책임 있는 참여자로서의 역할을 강조하고 있는 것으로, 미디어리터러시 교육에서 강조해야 할 교육 방향으로 판단된다.

2) 프로필 관리를 통해 정체성을 구성해 가는 미디어 공간

연구에 참여한 어린이와 청소년들은 미디어 공간에서 자신의 프로필을 쌓아 가는 경험을 하고 있다. 위에서 언급한 지식 생산자로서의 권위를 판단할 때에 대상자가 구성해 놓은 프로필을 찾아가서 참고하기도 하였다. 예를 들면, 뉴스에 대한 댓글을 단 사람들 중보다 권위를 지니는 사람은 해당 주제에 대해 꾸준히 의견을 남기는 사람들이었다. 연구에 참여한 청소년들은 댓글 작성자가 해당 분야의 전문가인지를 판단하기 위해, 댓글 작성자의 페이스북 페이지를 찾아가거나 그동안 작성한 댓글을 찾아보는 과정을 거치기도 하였다(김아미 2017).

이는 청소년들이 온라인상에서 스스로 전문가로서의 프로필을 쌓고 그 전문성에 대해 인정을 받을 수 있는 환경에 있음을 보여 준다. 미디어리터러시 연구자들은 '디지털 큐레이션(digital curation)'이라는 개념으로 사용자가 디지털 환경에서 자신의 자아를 적극적으로 구성해 가는 경험을 설명하기도 한다(Potter, McDougall 2017).

이 외에도 어린이와 청소년들은 자신들이 사용하는 미디어 계정 관리를 통해 정체성 및 프로필 관리를 경험하고 있다. 디지털 미디어 환경에서 자신이 남긴 댓글이나 자신의 아이디로 운영한 유튜브 채널 등이 자신의 전문성을 판단하는 척도가 되거나, 자신의 정체성을 보여 주는 자료가 되기도 함을 경험하고 있다.

그러나 디지털 공간에서 남긴 활동의 흔적들이 어떤 식으로 저장되고 활용될 수 있는지에 대한 인식 정도는 미디어 경험의 정도에 따라 다른 것으로 보인다. 예를 들어 "댓글이 흑역사가 될 수 있으므로 댓글을 남길 때 신중을 기한다"는 중학생의 의견이 있었던 데 반해,[06] "심심하거나 '싸우고 싶을 때' 댓글을 남긴다"는 초등학생의 의견도 있었다(김아미 2018).

또한 온·오프라인의 관계망이 섞이면서 온라인상에서 경험한 일이 오프라인의 평판 관리에도 영향을 미치는 경험을 하기도 한다. 이러한 경험이 축적되어 온라인상의 정체성을 오프라인 정체성과 최대한 분리하려는 노력을 보이는 학생들의 사례도 있다.

06.　김아미 외, 《중학생 미디어문화와 미디어리터러시 교육 방향 연구》, 경기도교육연구원, 2018.

이는 미디어리터러시 교육을 함에 있어 디지털 공간 소통의 비가역성에 대한 이해를 지원해야 함을 보여 준다. 또한 미디어 사용자가 자신의 프로필을 쌓아 가는 경험을 하고 있는데, 이를 어떻게 관리해야 하고 이렇게 만들어 낸 데이터가 누구의 소유인지 등 변화하는 미디어 환경, 플랫폼에 대한 이해가 지원되어야 한다. 즉 디지털 공간에서 제작한 자료(댓글, 영상, 글 등)의 소유권, 활용 방법, 국경을 넘어가는 데이터의 흐름과 소유에 대한 이해가 미디어리터러시 교육의 내용으로 포함되어야 하는 것이다. 기존 미디어리터러시 교육의 '산업(industry)'이라는 핵심 개념이 데이터의 생산과 소유, 활용 및 유통 등을 다루는 기반이 될 수 있으나, 변화하는 미디어 환경의 이해를 돕는 보다 확장된 접근이 필요하다고 판단된다.

5. 나가며: 시민성을 지향하는 미디어리터러시

이처럼 어린이와 청소년이 미디어 공간에서 쌓아 가고 있는 리터러시(즉, 미디어리터러시)는 또래 문화와 온라인 커뮤니티의 특성, 미디어 구조, 사회 맥락과 함께 만들어지고 있다.

미디어리터러시를 현대 사회에 필수적인 역량으로 접근하고 강조하는 정책들은 미디어리터러시를 개인 중심 능력으로 접근하는 경향이 있다. 그러나 어린이와 청소년의 미디어 경험을 보면 알 수 있듯이, 지금의 미디어 환경을 이루는 소셜 미디어, 플랫폼, 콘텐츠 생산, 제공자들은 상업적 이윤을 추구하는 기관인 경우가 많다. 이에 미디어 환경에서는 상업적 논리가 기저에 깔린 '리터러시 실천'이 주를 이루게 된다.

미디어리터러시 교육에서는 전통적으로 '산업'을 주요한 핵심 개념의 하나로 상정하고 미디어 산업체가 어떤 방식으로 이윤을 추구하는지, 그리고 우리가 접하게 되는 혹은 생산하여 공유하게 되는 미디어 콘텐츠가 어떠한 경제적 맥락 안에서 만들어지고, 확산, 유통되는 것인지를 탐색하는 일의 중요성을 강조하였다. 이와 같은 '산업'에 대한 이해, 이윤 추구의 맥락에 대한 이해를 강조하던 흐름은 현재 미디어리터러시 정책, 미디어리터러시 교육 움직임에서 점점 약화되고 있다.

그러나 성찰적 미디어리터러시를 키우기 위해서는 리터러시 실천에 영향을 미치는 플랫폼의 구조를 알고, 그러한 구조의 근간이 되는 상업적 논리에 대해서도 이해할 필요가 있다. 더불어 미디어리터러시 실천에 있어 플랫폼(미디어 공간)의 상업성으로 인하여 리터러시 실천에서 소외되는 사람들이 있음을 염두에 두고 교육이 이루어져야 한다.

또한 미디어리터러시는 개인의 능력 중심이 아닌, 사회적 능력이자 공동체 시민성을 지향하는 리터러시로 접근해야 한다. 미디어리터러시와 어린이·청소년 삶의 관계를 고려할 때, 미디어리터러시 혹은 미디어리터러시 교육은 어린이·청소년이 자신의 생각, 의견, 감정을 표현하고, 자신의 세계를 성찰하며, 타인의 세계와 생각을 이해, 소통할 수 있도록 도와야 한다. 더불어 미디어 공간에 참여하면서 자신의 이해를 중심으로 생각하기보다는 자신이 하는 활동, 자신이 만들어 내는 콘텐츠가 타인에게, 그리고 사회적으로 어떠한 영향을 끼치는지, 디지털 공간을 어떻게 공동체 지향적 공간으로 함께 만들 수 있는지를 고민하는 미디어리터러시가 필요하다.

참고문헌

김아미(2017), 《'가짜뉴스'와 청소년: 청소년은 뉴스를 어떻게 경험하는가》, 경기도교육연구원.

김아미(2018), 《초등학생 유튜브 문화와 교육적 대응》, 경기도교육연구원.

김아미·이혜정·김아람·박유신·이지선(2018), 《중학생 미디어문화와 미디어리터러시 교육 방향 연구》, 경기도교육연구원.

정현선·김아미·박유신·장은주·길호현(2016), 《초중등교과서의 미디어리터러시 단원 개발 연구》, 교육부.

한국마케팅연구원(2017), 〈책보다는 유튜브…영상중심 'Z세대'의 등장〉, 《마케팅》 51(4), 32-37쪽.

Buckingham, D.(1998), "Media education in the UK: Moving beyond protectionism," *Journal of Communication*, 48(1), pp.33-43.

Courtois, C., Verdegem, P. & De Marez, L.(2013), "The triple articulation of media technologies in audiovisual media consumption," *Television & New Media*, 14(5), pp.421-439.

Domingo, M.(2012), "Linguistic Layering: Social Language Development in the Contextof Multimodal Design and Digital Technologies," *Learning, Media and Technology*, 37(2), pp.177-197.

Gee, J.(2015), *Social Linguistics and Literacies: Ideology in Discourses*, New York: Routledge.

Gutiérrez, K. D.(2008), "Developing a sociocritical literacy in the third space," *Reading research quarterly*, 43(2), pp.148-164.

Kress, G.(2003), *Literacy in the New Media Age*, NY: Psychology Press.

McDougall, J., Readman, M. & Wilkinson, P.(2018), "The uses of (digital) literacy," *Learning, Media and Technology*, pp.1-17.

Merchant, G.(2010), "Social Media and Primary School Children," *Teaching Media in Prima Schools*, pp.102-113.

NAMLE, "Media Smarts: Key Concepts of Digital Literacy"(namle.net/2018/09/25/media-smarts-key-concepts-of-digital-literacy).

Potter, J. & McDougall, J.(2017), "Digital Curation/Digital Production: Storying the Digital Learner," *Digital Media, Culture and Education*, London: Palgrave Macmillan, pp.61-81.

Sefton-Green, J.(2006), "Chapter 8 Youth, Technology and Media Cultures," *Review of research in education*, 30(1), pp.279-306.

Street, B.(1984), *Literacy in Theory and Practice*, Vol. 9, NY: Cambridge University Press.

The New London Group(1996), "A Pedagogy of Multiliteracies: Designing Social Futures," *Harvard Educational Review*, 66(1), pp.60-93.

다시, 프레이리의 문해 성찰하기

김한수(사단법인 한국교육연구네트워크)

1. 들어가며

단상 1

남편: 여보, 양말은 어디에 있어요?

란: 서랍 안에 있어요.

남편: 어느 서랍에 있어요?

란: 침대 옆 서랍에 있어요.

남편: 안경은 어디에 있나요?

란: 그것은 책상 위에 있어요.

–《여성결혼이민자를 위한 한국어 교재》[01]

---

01.   여성가족부,《여성결혼이민자를 위한 한국어 교재》, 2010, 63쪽.

1. 뚜언 : 백화점에 왜 가요?

   이만: 옷을 사러 가요.

2. 뚜언: 이번 연휴에 뭘 할 거예요?

   이만: 인사동에 갈 거예요.

3. 뚜언: 인사동에서 뭘 할 거예요?

   이만: 쇼핑을 할 거예요. 그리고 식사를 할 거예요.

4. 뚜언: 일요일에 한국어를 배우러 갈 거예요?

   이만: 아니요, 회사에서 일을 할 거예요.

   － 《이주노동자를 위한 아자아자 한국어》[02]

위의 두 대화문은 정부기관에서 펴낸 이주 여성과 이주 노동자를 대상으로 한 문해 교재의 텍스트다. 첫 번째 글은 한국인 남편과 이주민 아내의 대화이다. 남편은 자신의 물건이 어디에 있는지 계속 묻고, 아내가 그 위치를 알려 주는 내용으로 짜여 있다. 아내는 남편의 물건이 어디 있는지 모두 알고 있어야 하고, 남편이 그 물건을 찾을 때 바로바로 답하거나 찾아 주어야 한다. 단편적 상황이긴 하지만, 이주민 아내가 남편의 요구에 수동적으로 따라야만 하는 상황을 당연시하는 듯하다. 여기에서 '모른다', '스스로 찾아라', '둘 때 본인이 잘 알게끔 두어라'와 같은 대화는 등장하지 않는다. 우리 사회의 가부장적 부부 관계, 성역할에 대한 고정관념이 그대로 교육 내용으로 반영돼 있다.

두 번째 대화문은 한국에서 일하는 두 이주노동자의 대화이다.

02.　　국립국어원 기획, 허용·김재욱·허경행 씀,《이주노동자를 위한 아자아자 한국어》, 한글파크, 2012.

한 노동자가 연휴 때 무엇을 할 것인지 묻고 있다. 그러자 다른 노동자가 백화점과 인사동 등을 방문하고, 주말에는 한국어를 배우러 간다고 답하는 내용이다. 그런데 이 내용은 과연 얼마나 현실적일까? 이주 노동자의 임금은 최저임금에도 못 미치고, 이마저도 자신의 생활비 정도를 뺀 소득 대부분을 본국의 가족들에게 송금한다. 연휴에 백화점에 간다는 것은 상상하기 힘든 일이다. 주말에 어학원에 가는 대신 회사에 일을 하러 간다는 대화 내용은 실제 현실이기도 하다. 자칫 이주 노동자들이 주말 노동을 당연하게 받아들이게 할 수도 있다. 이주 노동자들에게 '근로기준법'은 형식적으로만 적용되는 경우도 많다. 주말 근무에 문제를 제기하는 내용이나, 주말에 일하면 특근 수당을 받아야 한다는 안내는 등장하지 않는다.

위 사례들의 문해 텍스트는 남성, 내국인, 고용주와 같은 특정 계층들의 입장, 의도를 받아들이게 하는 효과를 만들어 낸다. 아내가 남편의 물건을 찾아 주는 게 당연하고, 이주 노동자들이 연휴에 백화점도 가고, 주말에 일하는 상황들을 자연스레 여기게 한다. 이와 같이 텍스트들을 둘러싼 여러 맥락과 배경(콘텍스트)은 문해의 재료가 되는 단어와 문장의 선택과 배치, 대화의 방식과 어조, 특정한 문법의 사용 등에 영향을 미친다. 참여적 ESL 이론가이자 실천가인 오어바흐(E. Auerbach)는 ESL(English as a second or foreign language)을 배우는 학습자들의 대화문들을 분석하면서, 이주민들이 명령법을 '이해하도록'만 배우지, '사용하도록' 배우지 않음을 지적한다. 또한 이주민들이 배우는 언어적 특징에 승인, 명료화, 재확인, 허가 등에 대한 물음은 포함하면서, 칭찬하기, 비판하기, 불평하기, 거절하기, 반대하기 등의 내용은 담지 않는다고 비판한다(Shor 1987: 275). 이와 같이 문해에서 텍스트와 콘텍스트의 관계는 가치중립적이지 않다.

문해는 글을 읽고 쓰는 단순한 과정을 넘어, 언어를 매개, 수단, 통로로 하여, 다른 문화를 이해하고 수용, 습득, 변화시키는 과정이라고 할 수 있다. 이 과정에는 누군가의 목소리, 입장, 처지, 힘(권력)이 반영될 수 있다. 그러므로 읽기, 쓰기 활동에서 겉으로 드러난 말과 글을 읽는 과정과 함께 텍스트 뒤편에 드러나지 않는 맥락과 의도까지 고려할 필요가 있다.

단상 2

최근 리터러시는 기초, 기능, 생활 문해를 넘어, 기술 혁신과 성장으로 인해 디지털, 미디어, 정보 리터러시로 확장되고 있고, 금융, 건강, 생태 리터러시와 같은 일상 영역에서도 펼쳐지고 있다. 코딩 리터러시, 게임 리터러시, 댄스 리터러시와 같은 신조어도 등장한다. 이러한 현상들은 리터러시에 대한 관심이 커지고, 리터러시가 삶의 필수적 능력과 도구로 자리 잡고 있다는 증거이기도 하다.

이 중 금융 문해는 금융기관과 제도를 더욱 쉽게 접근하고 활용할 수 있도록 하는 문해 영역이라고 할 수 있는데, 금융 서비스에 대한 기본적 이해와 함께 개인 자산 관리와 같은 생활경제 교육도 포함한다. 한국의 경우 주로 비문해자들을 대상으로 한 은행 창구 이용, ATM기 작동, 보이스 피싱 등의 내용으로 아직 초보적 상태이다. 그렇지만 개발도상국의 경우에는 저축, 결제, 송금, 대출, 보험 등 금융 서비스에서 소외된 사람들에 대한 접근성을 높이는 '금융 포용(financial inclusion)'이라는 포괄적 개념과 연결되는 개발 협력 분야의 중요한 영역이다(오수현 외 2017).

개발도상국의 금융포용 정책은 방글라데시 유누스 교수가 제 안한 '가난한 사람들을 위한 은행'[03]과 만나면서 마이크로크레딧(microcredit)이라는 정책으로 활성화되었다. 개발도상국에서는 인구의 54%만이 은행 계좌를 가지고 있을 정도로 금융이 활성화되어 있지 못하다. 마이크로크레딧은 금융교육을 필수 과정으로 설정하고, 가 난한 사람들이 보다 쉽게 문턱을 넘어 금융권으로 들어올 수 있도 록 한다. 그 영향과 결과로 전 세계 마이크로크레딧 산업은 700억 달러(약 83조 원) 규모로 성장하고, 금융 서비스 이용자가 느는 등 개 발도상국의 금융산업 활성화에 큰 기여를 했다.

하지만 마이크로크레딧은 가난한 사람들이 금융을 통해 자립, 임파워링을 추구한다는 애초 목적과 달리, 가난한 사람들의 소규모 돈까지 금융시장으로 끌어들이는 역할을 한다는 비판도 크다(Sinclair Hugh 2015). 개개인으로 따졌을 때는 소액이지만, 그 사람들의 수가 굉장히 커 총액으로는 꽤 큰 시장이기 때문이다. 거기에 운영자들 의 부도덕한 운영, 50~100%에 이르는 살인적 이자율, 대출과 소비 로 인해 빚의 악순환에 이르게 하는 상황들은 마이크로크레딧이 빈 곤으로부터 탈출시켜 준다는 주장을 무색하게 만들고 있다. 선진국

---

03. 마이크로크레딧은 방글라데시의 무하마드 유누스 박사가 세운 그라민 은행으 로부터 시작되었다. 가난한 사람들의 저축, 무담보 대출, 공동체 창업 등을 통해 자립할 수 있 는 계기와 기반을 만드는 도구로 활용되고 있다. 제3세계 여러 국가들에서의 성공에 힘입 어 2006년 노벨 평화상을 수상했다.

과 자본가들의 이익을 우선시하는 세계은행(World Bank)이 금융포용 정책과 빈곤층을 위한 금융자문그룹(CGAP)을 지원하는 등 소액 금융 대출은 개발 자본과 금융 자본이 합쳐진 초우량 신개척지가 돼가고 있다(전혜린 2018). 그렇다면 금융 문해는 마냥 선하고 좋은 것일까? 개인의 자유 확대라는 명목하에 금융 문해가 특정 계층의 이득을 가져다주는 과정에 이용되고 있는 것은 아닐까?

이러한 상황에서 우리는 문해가 다른 활동과 결합되어 어떻게 활용되는지에 대해서도 문제의식을 가져야 한다. 코딩 문해, 정보 문해, 디지털 문해 등 기술 발전을 중심으로 한 문해들에 대해서도 그 기술들이 과연 얼마나 사람들에게 실질적으로 필요하고 의미 있는지, 인간의 자유를 확대하는 것인지, 역으로 통제 속으로 들어가게 만드는지 따져 볼 필요가 있다. 기술 혁신은 그 기술이 사용된 상품의 혁신과 밀접하게 연관되며, 특정 기술의 활용은 제품의 구매와 연결될 수도 있다. 개인의 정보가 통제되기도 하고 개개인이 온라인에서 만들어 낸 정보들이 가치를 가진 정보로 전환되기도 하는 등 기술 혁신에 의한 문해 영역 확장이 유토피아라고 장담할 수만은 없다.

위의 두 단상은 문해가 (주로 학교에서 경험하듯) 글자를 정확하게 읽고 쓰고 많은 양의 지문을 빨리 이해해, 출제자가 의도한 답을 쓰는 것과 같은 단순한 과정이 아님을 말해 준다. 말, 글이라는 텍스트의 논리적 이해를 넘어 텍스트를 둘러싼 다양한 주체들의 권력관계, 목소리들, 행위와 그 결과들이 복잡하게 얽혀 있다는 것을 보여 준다. 그래서 문해를 제대로 이해하고 실천하기 위해서는 텍스트를 생산하는 사람과 받아들이는 사람, 배우는 사람과 가르치는 사람의 관계성, 문해를 실행하고 작동시키는 미시적 맥락과 거시적 맥락, 문해 안과 바깥까지도 비판적으로 고려해야 한다.

이러한 문제의식을 가지고 문해의 본질에 대해 여러 질문들을 던져 볼 수 있다.

— 읽고 쓸 줄 아는 것은 무조건 좋은 것일까? 읽고 쓸 줄 알기만 하면 되는 것일까?
— 읽고 쓴 것을 논리적으로 이해하면 되는 것일까? 이해하기만 하면 되는 것일까?
— 이해한 것을 실천해야 정확히 이해하는 것이 아닐까?
— 지금의 문해는 누구를 대상으로 한 것일까? 문해는 학교만의 것일까?
— 문해는 무조건 좋은 것일까? 좋은 문해, 그렇지 않은 문해가 있는 것일까?
— 과연 문해는 민주주의에 기여하는가?

이제부터 소개할 파울루 프레이리는 위의 단상들에서 제기한 문해의 복잡성, 권력관계, 읽기-쓰기와 세계와의 관계성 등에 대해 가장 앞서, 그리고 오랫동안 이론과 실천을 통해 검토한 교육가이자 실천가라고 할 수 있다. 여기서는 프레이리가 문해 활동의 핵심으로 제시한 '글읽기, 글쓰기 – 세계 읽기, 세계 쓰기(reading the word and the world)'를 중심으로 문해 교육의 본질과 의미에 대해서 성찰해 보려고 한다.

2. 프레이리의 문해 프로젝트

희망의 교육자, 자유의 교육자, 피억압자를 위한 교육자, 대화의 교육자, 혁명의 교육자, 해방의 교육자, 사랑의 교육자, 문해 교육의 아버지 … 모두 브라질의 유명한 교육자 프레이리에 대한 수식어다. 그의 대표 저서 《페다고지: 피억압자들의 교육학》의 한국어 번역본이 나오기도 전인 1970년대 초반부터, 그의 이론들은 영어 복사본으로 한국에 소개되었다. 그의 책과 이론들-특히 의식화(conscientization)-은 얼마 지나지 않아 사회운동의 교과서로 받아들여졌고, 이를 위험하게 판단한 독재정권은 1979년 책이 번역되어 나오자마자 금서로 지정했다. 그럼에도 불구하고 1990년대 이후부터 지금까지 그의 책 대부분이 번역될 정도로 꾸준한 관심을 받았다. 2000년대 들어 민간 부문에서 문해 교육이 활성화되고, 이후 정부 정책으로 반영되면서 그에 대한 관심은 더 커졌다.

하지만 자신의 이론과 사상에 대해 끊임없이 성찰하고 재창안하기를 강조한 프레이리의 의도와 달리, 그의 사상을 실천으로 만들어내고 재창안한 현장 사례와 방법들을 찾기는 어렵다. 프레이리 하면 가장 대표적 사상으로 '의식화'를 떠올리는데, '사회에 대한 비판적 이해' 정도에서 그친다. 한국 사회가 프레이리 실천의 바탕과 매개였던 문해, 문해 교육에 대한 관심, 소개와 적용보다 의식화, 침묵의 문화, 식민성의 극복, 교육의 정치성 등과 같은 정치사회철학에 더 주목했기 때문이라고 생각한다. 그의 이론에서 핵심 개념인 의식화는 '강제적 사상 주입'이라는 빨간 딱지가 붙어 사회운동은 물론이고 공교육 내에 발붙이기조차 어려울 정도로 사상적 탄압을 받았다.[04]

문해 교육 현장은 1960년대에 시행된 500만 명에 이르는 비문 해자들을 대상으로 한 문맹 퇴치 교육 이후 정책적, 사회적 관심에 서 멀어졌다(천성호 2009: 626).[05] 그래서 프레이리의 주요한 영역이었 던 문해를 중심으로 실천을 펼치기에 한국 사회의 문해 담론과 현 장은 너무 빈약했다. 문해, 리터러시가 다시 주목 받는 현시점에서 프레이리 문해 교육의 실천과 글읽기-세계 읽기로 대표되는 역동적 인 문해 이론은 앞에서 제기했던 여러 과제들에 대해 풍성한 논의 를 펼칠 수 있는 계기를 제공해 줄 것이다.

프레이리는 그의 인생에서 문해를 빼고는 생각할 수 없을 정도 로 문해 교육에 천착했다. 그는 어릴 때부터 언어에 관심이 많았고, 한때 포르투갈어 교사를 지냈다. 그는 1960년대 브라질의 급진적인 학생, 지식인, 가톨릭 종교인들과 함께 문화운동의 차원에서 문해 교 육을 시작했다. 당시 브라질의 학교교육은 열악하기 짝이 없었고, 성인 비문해율은 60~70% 달했다. 비문해자에게는 투표권도 주어 지지 않는 브라질 현실[06]에서 문해는 단순히 교육적 과제만이 아니

---

04. 고혁준은 한국 사회에서 권위적 정권이 전국교직원노동조합에 대한 탄압을 위해, 전 교조의 '참교육'을 '편향된 사상을 주입하는 행동이나 교육하는 의식화 작업'으로 프레임화 하면서 왜곡되기 시작했다고 주장한다. 또한 이후 정부와 언론이 학생운동에 대해서도 마 르크스주의나 주체사상들을 주입하는 '좌경 의식화'라는 의미로 사용해, '의식화'라는 개 념이 부정적이고 편향된 인식으로 대중화되었다고 분석한다(고혁준·유성상 2011).

05. 박정희 정권은 쿠데타 이후 군사정권을 정당화하고 홍보하기 위해 재건국민운동본 부를 만들고 1961년부터 1964년까지 '문맹 퇴치 사업'을 진행했다. 새마을운동처럼 국가 적으로 대대적으로 진행된 사업 이후 초등학교 취학률도 높아지면서, 이후 국가에서는 문 해를 정책적 대상으로 삼지 않았다(천성호 2009).

06. 브라질은 1891년 공화국 헌법이 만들어질 때 거지, 여자, 임명군인, 비문해자에게 투

라 정치적이고 연합적인 사회 변화 프로젝트였다.

프레이리는 브라질 북부 리오그란데도노르테주의 작은 마을인 '안기코스에서의 40시간의 기적(Angicos's 40hours)'이라는 프로젝트를 통해 자신이 창안한 문해 교육 이론과 방법론을 성공적으로 진행함으로써, 전국적이고 국제적인 명성을 얻게 되었다. 프레이리식 문해 교육은 당시 최하층 계급이었던 농업 노동자 참가자의 70%가 40여 일 만에 읽기, 쓰기 테스트를 통과하고, 정치적 의식마저 형성하게 된 결과만으로도 주목 받기에 충분했다. 또한 주어진 텍스트에 의존하지 않고, 민중의 경험과 언어에 대한 조사에서 도출한 생성어와 이미지를 활용한 토론 중심의 수업, 기계적인 음절 학습이 아닌 창의적 음소 결합 원리 학습 방법으로 새로운 차원의 문해 교육을 보여 주었다.

프레이리는 안기코스에서의 성공 이후 브라질 전역으로 문해 프로젝트를 확대시키는 작업 수행을 앞두고 있었다. 하지만 군부 쿠데타가 일어나 '위험한 인물'이었던 프레이리는 정치적 망명을 떠날 수밖에 없었다. 그 후 그는 칠레에서 농업 및 교육 관련 자문, 그리고 아프리카 여러 국가들과는 세계교회협의회의 교육자문 위원으로서 문해 프로젝트에 함께 참여했다. 이 작업들은 의식 계발이나 교육 영역을 넘어 농촌 개혁, 토지 개혁, 경제, 역사 쓰기, 반제국주의 운동, 침묵의 문화 타파 등과 결합된 굉장히 실천적이고 경계를 뛰어넘는 문해 작업들이었다. 뒤에서 자세히 소개할 글읽기-세계 읽기 활동은 이러한 다양한 경계 넘기 작업을 통해 형성된 것이라고 할 수 있다.

프레이리는 1980년대에 브라질로 귀환할 수 있었다. 그는 상파

표권을 주지 않았다. 1933년에야 여성들이, 그리고 1985년에 가서야 비문해자가 투표권을 가질 수 있었다.

울루시의 교육감을 맡아 공교육 개혁과 함께 청소년과 성인들을 위한 문해 프로젝트 MOVA-SP[07] 프로그램을 진행했다. 학교, 사회운동 기구들과 연결해 교육, 문화, 정치를 함께 변화시키는 작업이었다. 프레이리의 문해 교육은 학습자(민중)들이 획일적이고 일방적인 기존 질서에 굴복하지 않고, 자율성을 통해 학습에 참여하는 것을 무엇보다 중요시했다. 정해진 교재와 방식을 갖는 학교 대신 '문화 서클'이라는 개방적이고 민주적인 조직으로 운영했다. 또한 민중의 변화 가능성을 가로막는 장애물들을 깊이 탐구하면서, 민중들이 침묵의 문화에서 해방되는 활동을 교육, 문화, 정치와 연결시켜 풀어 나가려 했다. 그래서 프레이리는 문해 활동을 '인간이 문화 창조자로서 자유와 해방을 실현해 가는 중요한 과정'으로 여겼고, 제3세계에서는 국가, 사회를 만들어 가는 중요한 매개와 과정으로 생각했다. 단지 읽고 쓰는 기능의 숙달에 머물지 않고, 세계 속의 우리를 깨달아 가는 과정을 중시했다. 참여자들이 스스로 비판적으로 사고하고, 세계에 대해 조사하고 함께 대화하는 것만이 민중의 침묵하는 문화를 깰 수 있는 방법이라고 주장했다.

그렇다면 프레이리는 브라질 안기코스를 비롯한 여러 곳에서 문해 교육을 어떻게 펼쳐 나갔을까?

1962년 12월, 헤시페 법대생인 게하(Marcos Guerra)라는 청년이 리오그란데도노르테의 주도인 나타우시를 거쳐, 나타우에서 178킬로미터나 떨어

---

07.   당시 상파울루시의 15세 이상 인구 중 19%인 100만 명이 비문해 상태였다. MOVA-SP(Movimento de Alfabetizacao de Jovens e de Adultos do Municipio de Sao Paulo)는 1990년부터 1993년까지 진행되었는데, 가장 활성화되었던 1991년에는 640개 문해 교육 소교실에서 2만 9천여 명을 대상으로 진행되었다(유성상 2009).

진 한 시골 마을에 들어간다. 게하는 해방신학을 신봉하는 청년들과 함께 그 마을에서 민중이 사용하는 언어를 조사하기 시작했다. 1963년 1월 24일, 길고도 혹독하게 고된 농사일을 마친 300여 명의 농업 노동자들이 석양을 뚫고 모이기 시작했다. 300명 중 3분의 2가량은 10~20대이고, 나머지는 30~50대였으며, 남성이 조금 더 많았다. 노동자의 평균 학습 기간은 고작 3~4년 정도였는데, 대부분 과거 배운 내용을 기억도 못했다. 이들은 글을 읽고 쓰는 것을 배우려고 모인 사람들로서, 20여 명씩 10여 개의 서클로 나뉘어졌다. 각 서클에는 참가자들과 대화하고 학습을 진행시키는 촉진자(facilitator)가 있었다.

프로그램 첫날, '문화에 대한 인류학적 이해'라는 내용으로 수업이 시작되었다. 수업이 시작되고 3~4일 동안, 그들이 배우고자 하는 문자는 주어지지 않았다. 그들은 폴란드에서 들여온 슬라이드로 10장의 그림을 보면서, '인간, 자연, 노동, 세계, 문화, 글' 등에 대해 계속해서 이야기하고 토론했다. 5일째 되는 날, 알파벳 3음절로 된 첫 단어 'belota'(가죽으로 만든 채찍이나 그물에 쓰이는 장식물)를 배웠다. 수업은 여전히 1~2개의 낱말들과 연결된 그림을 가지고 토론하고, 단어들을 음절로 쪼개 모음들을 바꾸면서 새로운 낱말 조합을 만들어 내는 식으로 이루어졌다. 알파벳을 배운 첫날, 참가자들은 스스로 새로운 단어를 만들어 냈다. 이런 방식으로 16개의 단어를 가지고 토론하고, 새로운 단어와 문장을 만들어 냈다. 40일 정도 지나 수업이 끝나 갈 무렵, 대부분의 참가자들이 노트에 필기를 하고, 간단한 편지 쓰기와 신문 읽기를 할 수 있게 되었다. 그리고 자기 동네의 문제나 농지 개혁 같은 국가 수준의 문제들에 대해서도 자신의 의견을 이야기할 수 있게 되었다. 수업이 끝나 갈 무렵 알파벳 테스트에서는 참가자의 70%가, 정치 능력 테스트에서는 87%가 합격을 받았다.

300여 명이 졸업하는 마지막 수업 날인 4월 2일, 브라질의 굴라르 대통령이 졸업식을 찾았다. 비문해자였던 안토니오 페레이라가 문화 서클에서의 경험을 발표했고, 최고령 졸업자가 편지를 써서 대통령에게 전달했다. 시골 마을에서 진행된 40여 일간의 실험은 순식간에 브라질 전역에 소문이 났고, 그해 6월 《뉴욕타임스》에도 보도되었다. 같은 해 11월 22일, 미국의 케네디 대통령이 이 마을을 방문했고, 이 실험을 토대로 국가 단위 문해 교육 계획이 수립되었다. 당시 브라질은 15~45세 인구 중 2,044만 2,000명이 비문해 상태였다.[08]

위의 내용은 프레이리가 브라질 북동부에서 진행한 문해 프로

생성어에 대한 코드화 그림

발견 카드

---

08. 김한수, 《프레이리 선생님, 어떻게 수업할까요: '페다고지'의 문해 수업 실천》, 학이시습, 2018. 브라질 안기코스에서의 문해 실험을 기념하는 사이트(angicos50anos.paulofreire.org)에 공개된 연혁을 정리한 내용이다.

젝트에 대한 간략한 묘사다. 그의 실천과 우리가 주로 경험하는 문해 교육 과정이 얼마나 다른지 실감하게 한다. 우리에게 문해는 교실에서, 정해진(주로 교사가 제시한) 텍스트를 읽고 쓰는 법을 배우고, 그것을 반복, 숙달한 후 제대로 읽고 쓰고 이해했는지 시험을 통해 검증·확인하는 절차를 거친다. 읽은 뒤에 비로소 쓸 수 있으며, 내용을 이해한 다음에 토론은 거의 진행되지 않는다. 읽고 쓰는 법, 이해와 검증하는 법에 대한 설명은 교수법에 대한 전문적 교육을 받은 교사가 진행한다.

하지만 프레이리의 문해 교육 방법론은 학습자들이 사는 지역, 그리고 학습자들의 삶과 이야기, 언어(그것도 문어가 아닌 구어)에 대한 조사에서부터 시작한다. 학습자들은 학교가 아닌 문화 서클이라고 불리는 모임에 참여하고, 동네 공간으로 와 교재도 없이 먼저 슬라이드를 보면서 인간, 자연, 노동, 세계, 문화 등에 대한 내용과 주제로 토론을 나눈다.

5일이 지나고 나서야 자신의 일상과 밀접한 첫 단어가 주어진다. 첫 단어를 음소 형태로 분리하고 결합하는 방법에 대한 설명을 듣고, 새로운 단어(또는 문장까지)를 창조하는 과정으로 이어 간다. 문화 서클에서는 교사라는 용어 대신 촉진자, 수업은 프로그램(또는 대화), 학생 대신 참가자라는 표현을 사용했다.

위에서 간략하게 묘사한 프레이리의 문해 교육은 1.조사(investigation), 2.주제화(thematization), 3.문제화(problematization)의 단계로 다시 정리할 수 있다(Freire 1981 ; Gadotti 1994 ; Shor 1987).

1) 1단계: 생성적 조사

프레이리 문해 교육의 가장 큰 특징 중 하나는 교육의 출발을 미리 정리된 교재가 아닌 민중들의 세계와 경험, 언어에 대한 조사에서 시작하는 것이다. 그는 오래된 식민주의, 정치적 억압, 희망 없는 현실 속에서 만들어진 민중들의 침묵의 문화에 주목한다. 억압적이고 폐쇄된 사회에서는 학교마저도 이 침묵의 문화를 만들어 내는 주요인이다. 그래서 프레이리는 학습자들의 경험, 일상과 괴리되고 추상적인 형태로만 주어지는 '(교재) 메시지들은 항상 지배하는 효과를 가지며, 지배에 의한 조종(manipulation)은 우파, 좌파를 막론하고 민중에게는 해가 된다'라고 생각했다(Gerhardt 2000).

문해 교육 촉진자들은 우선 조사된 내용 중 민중과 함께 이야기할 주제를 담고 있으면서, 알파벳 학습으로도 유의미한 단어들을 추려 내는데, 이 단어들을 생성어(generative word)라고 한다. 생성어는 민중들과의 대화를 생성해 낸다는 의미도 있고 2단계에서 진행할 발견 카드 단계를 통해 새로운 단어를 생성해 낸다는 의미도 가지고 있다. 10~20여 개 정도로 정리된 단어들은 일상의 삶과 관련된 현상에 대해 이론화하는 작업을 이어 주는 참여 연구와 같은 역할을 한다(McLaren 2000). 생성어는 지역의 상황과 학습자의 맥락, 경험에 따라 다를 수밖에 없다.[09] 여러 지역에 걸쳐 공통적인 이슈들도 있기 때문에 몇몇 단어들은 중복되기도 한다.

다음으로 생성어들은 코드화(codification) 과정을 거친다. 코드화는 '세계 읽기가 항상 글읽기에 선행한다'는 프레이리의 주장을 담은 과정으로, 학습자들이 낱말을 언어적으로 배우기 전에 그 낱말이 담고 있는 상황, 문제의식, 의미들을 토론할 수 있도록 이를 시각적인 형태로 상징화하는 과정을 말한다. 학습자들은 코드화된 매개물을 보고 호기심을 가져야 하며, 코드를 해석하는 과정에서 현실에 대한 성찰이나 일종의 경이(새로운 깨달음)를 느껴야 한다. 코드화는

---

09. 참고로 브라질에서 정리한 생성어들은 다음과 같다.

북동부 안기코스에서 사용된 목록			
belota	가죽에 하는 장식물	cozinha	부엌
sapato	신발	jarra	항아리
voto	투표	fogao	쿠커
povo	사람	tijela	사발
salina	소금 연못	chibanca	곡괭이
milho	콘 옥수수	xique_xique	브라질 바이아(Bahia)주의 마을 이름
feira	시장	expresso	고속
goleiro	골키퍼	bilro	실을 감는 실패
almofada	패드		

해양 도시 마체이오에서 사용된 목록			
tijolo	벽돌	maquina	재
voto	투표	farinha	밀가루
casamento	결혼식	coco	코코넛
carrosa	짐수레	fome	굶주림
peixe	고기	comida	음식
jangada	뇌시배	sindicato	노동조합
balansa	물고기 무게 계량기	trabalho	노동
brasil	브라질	limpeza	청결

학습자들의 해석을 기다리는 열려 있는 형태로 주로 그림이나 사진과 같은 시각적 매개물을 이용하는데, 프레이리는 예술가들에게 부탁해 제작한 그림을 이용했다. 그리고 생성어를 음소에 따라 분절하고 새로이 조합해 단어를 만들 수 있도록 카드로 만들었다.

2) 2단계: 주제화

두 번째 과정은 준비된 조사 내용들을 토대로 학습자들과 대화를 통해 프로그램을 진행하는 단계이다. 주제화(thematization) 단계는 글을 읽기 전에 세계 읽기에 해당하는 상황토론, 생성어를 중심으로 토론하고 글자를 익히는 과정, 단어를 음소 단위로 분절하고 자모음을 변화시켜 가며 새로운 단어를 발견하는 과정으로 나뉜다. 첫 번째 상황토론 과정은 문해와 관련된 다양한 맥락들(인간, 노동, 창조, 문화, 글, 문해, 학습 등)에 대한 토론 과정이다. 글을 읽고 쓴다는 것의 의미가 단지 활자화된 철자들을 기계적으로 읽고, 이해하는 것을 넘어설 수 있어야 한다.

글과 말이란 인간이 노동으로 창조해 낸 문화이고, 노동과 문화가 인간을 인간이게끔 하는 요소들이고, 그래서 인간은 자연, 문화, 노동과 함께하는 존재이자 세계와 더불어 존재함을 깨닫게 하는 과정이라고 할 수 있다. 프레이리가 진행했던 10개의 상황토론 주제는 아래와 같다.

그림1. 세계 안에, 세계와 더불어 있는 인간, 자연과 문화

그림2. 자연에 의해 매개된 대화, 대화를 나누는 존재

그림3. 글을 모르는 사냥꾼

그림4. 글을 아는 사냥꾼(문자문화)

그림5. 사냥꾼과 고양이, 인간과 동물의 차이

그림6. 인간은 일을 통해 자연의 물질을 변화시킨다.

그림7. 꽃병. 인간이 자연의 물질에 일을 가해 만든 생산물

그림8. 시. 도해적 표현

그림9. 행동의 제 양식, 문화의 차이

그림10. 학습 중인 문화 서클 -토론의 종합, 문화의 민주화[10]

상황토론을 통해 학습자는 문자(문화) 스스로가 외부에 존재하는 수동적 존재가 아니라 노동과 실천을 통해 문화와 세계를 창조하고 변화시키는 능동적 존재임을 인식한다(Freire 1981: 105-106). 그 이후 단어와 관련된 학습을 시작하는데, 이마저도 단어를 제시하기 전에 (또는 단어와 함께) 코드화된 이미지를 보고 먼저 대화를 진행한다. 코드화는 학습자(민중)가 자신들의 문제 상황들과 일정한 거리를 둠으로써 낯설게 만드는 효과를 갖는다. 침묵의 문화 속에 길들여진 시각, 사고방식, 희망 없음에 대한 것들을 다른 각도에서 보게 하고, 왜 그런 사고와 감정 상태에 있는지 함께 성찰하는 과정이다. 그래서 프레이리에게 낱말은 그냥 하나의 단어(word)가 아닌 민중들이 구체적으로 살아가고 실천하는 세계(world)다.

---

10.   P. Freire, *Education of Critical Consciousness*, 1981, pp.86-106.

상황토론 그림.

기니비사우에서의 상황토론 그림.

단어의 기능적, 문법적 부분을 학습하는 단계에서도 학습자들은 능동적으로 창조하는 존재다. 발견 카드는 자모음으로 배치된 단어, 예를 들면 'tijolo'(벽돌)를 'ti-jo-lo'로 분절하고 각각에 대해 'ta-te-ti-to-tu'와 같은 형태로 모음을 바꾸어 가며 새로운 음절들을 학습한다. 그 후 새로운 음절들끼리의 새로운 배치와 조합을 통해 tatu(갑옷쥐), luta(투쟁), lajota(작은 널빤지 돌), loja(가게), juta(주트족), lote(많은), lula(오징어), tela(자막)과 같은 단어들을 생성 창조해 낸다.[11] 이런 의미에서 프레이리는 학습자들을 '낱말의 파종자'라고 했다(Freire 1972: 38). 프레이리의 문해 학습 방식은 단어를 둘러싼 의미, 맥락, 실행적 측면 모두에서 학습자가 그 기능과 과정을 능동적으로 통제하고 익히는 과정이라고 할 수 있다.

3) 3단계: 문제화

문제화(problematization) 단계는 주제화를 통해 학습된 내용을 구체적으로 확인하고 실천하는 과정이라고 할 수 있다(Gadotti 1994: 52). 프레이리에게 문해는 글읽기, 글쓰기, 세계 읽기, 세계 쓰기의 역동적 운동 과정이다. 그 중에서 쓰기는 직접 '몸'으로 '실천'을 통해 세계를 변화시켜 가는 과정이다. 침묵의 문화를 해체하고, 기존의 억압적인 질서에 문제를 제기하고, 새로이 깨닫게 된 성찰을 행동으로 옮기는 것이다. 이러한 실천은 실천에 대한 성찰을 통해 행동-성찰-

---

11. 프레이리는 이러한 단어 생성 방식을 촘스키(Chomsky, N.)의 변형 생성 문법(transformation generative grammar)과도 연결시킨다. 변형 생성 문법은 인간이 언어를 다양한 변형 조작을 통해 새로운 문장과 의미들을 만들어 내는 활동을 분석한 언어 습득 능력에 대한 이론이다.

행동-성찰과 같은 끊임없는 순환을 만들어 간다.

3. 글읽기 - 세계 읽기, 글쓰기-세계 쓰기

1) 글읽기-세계 읽기

프레이리의 문해 이론과 실천은 크게 비판 문해(critical literacy)와 해방 문해(emancipatory literacy)라는 두 측면으로 나눠 볼 수 있다. 앞서 한국 사회에서 프레이리의 문해 실천이 주목되지 못하고, 새로운 실천으로 재창안되지 못한 것은, 비판 문해 측면에 비해 해방 문해적인 부분에 주목하지 못해서라고 생각한다. 비판 문해와 해방 문해를 엄밀하게 구분하기는 쉽지 않다. 비판 문해는 갈등주의 교육이론, (경제적, 문화적) 재생산론과 유사한 맥락에서, (문해) 교육이 가치중립적이지 않고 권력관계를 반영할 뿐 아니라 계층이나 계급을 유지 강화시키는 재생산 과정들을 분석하고 비판한다. 은행 저금식 교육방법과 획일적이고 문화 침략적인 학교교육에 대한 비판이나 민중들을 둘러싼 세계와 지식의 비판적 이해, 비판적 인식의 계발 등이 비판 문해의 주요 내용이라고 할 수 있다.[12] 그의 핵심 사상 중의 하나인 '의식화'를

---

12. 1960년대 초반 프레이리와 함께 교류한 MCP(Popular Cultura Movement, 민중문화운동)의 문해 교육 방식과의 비교를 통해서도 비판 문해와 해방 문해의 차이를 엿볼 수 있다. MCP도 정치, 사회와 민중들의 상황과 연결해 문해 교육을 진행하려 했는데, 민중의 상황을 담은 이미지와 텍스트를 통해 정치적인 행동과 토론을 촉진시키려 한 활동이었다. 비판 문해 활동이라 할 수 있는 이 시도에 대해서 프레이리는 일방적으로 메시지를 주는 것에 반대하면서, 민중들이 직접 커리큘럼과 내용을 생산해 억압적 교육과 사회로부터 해방되어야 함을 강조했다(김한수 2018a, 38쪽).

이해하는 데도 비판 문해의 측면이 강조되었다고 할 수 있다. 아래 내용은 프레이리 문해 이론의 비판 문해적 측면을 잘 보여 준다.

> 교육은 예금 행위처럼 된다. 학생은 보관소, 교사는 예탁자다. 양측이 서로 대화하는 게 아니라, 교사가 성명을 발표하고 예탁금을 만들면 학생은 참을성 있게 그것을 받아 저장하고, 암기하고, 반복한다. 이것이 바로 '은행 저금식' 교육 개념이다. … 은행 저금식 교육관에서 지식이란 지식을 가지고 있다고 자처하는 사람들이 아는 것이 없다고 여기는 사람들에게 일방적으로 전달하는 것이 된다. 이처럼 사람들이 절대적으로 무지하다고 가정하는 것은 억압 이데올로기의 한 특징이며, 탐구 과정으로서의 교육과 지식을 부정한다. … 오히려 반대로 은행 저금식 교육은 그 모순을 온존시키고 더욱 강화해서 억압적 사회를 전체적으로 반영하는 다음과 같은 태도와 습관을 낳는다.[13]

비판 문해는 침묵의 문화를 만드는 메커니즘에 대한 분석과 비판이 중심이다. 반면에 해방 문해는 그 침묵의 문화를 깨는 대안적인 실천, 즉 세계를 창조적이고 변증법적으로 변화시키는 활동이 중심인 문해 과정이라고 할 수 있다. 그래서 해방 문해적 관점은 좀 더 역동적이고 실천적이며 참여적 과정이다. 프레이리의 역동적 해방 문해는 '문해, 낱말과 세계 읽기'라는 말로 요약된다.

세계 읽기는 항상 글읽기에 선행한다. 글읽기는 계속해서 세계 읽기를 내포한다. 내가 예전에 제안했던 것처럼, 글에서 세계로 이어지는 운동은 늘 일

---

13. P. Freire, *Pedagogy of the Oppressed*, 1972, pp.86-87.

어난다. 구어도 세계 읽기로부터 흘러나온다. 하지만 여기에서 끝나는 이야기는 아니다. 단순히 세계 읽기뿐만 아니라 쓰기와 다시 쓰기, 다시 말해 글을 의식적으로 실천적인 활동으로 변화시키는 일이 글읽기에 선행한다. 내가 보기에 문해 교육 과정의 중심에는 바로 이와 같은 역동적인 운동이 있다. 이 때문에 문해 교육 프로그램에서 활용하는 단어는 민중의 '문자 세계'에 있는 것이어야 한다. 민중들이 학습하고 자신들의 생생한 언어, 열망, 두려움, 요구, 꿈을 표현하는 그런 세계. 글은 교사들의 경험이 아니라 민중들의 실존적인 경험을 담고 있어야 한다. … 이처럼 현실에 대한 비판적 읽기를 통해(이 일이 문해 교육 현장에서 이루어지든 아니면 정치 참여나 조직화 과정에서 이루어지든) 안토니오 그람시가 말한 '대항 헤게모니'가 구축된다. 요컨대 읽기란 항상 비판적 인식이자 비판적 이해, 그리고 읽은 것에 대한 다시 읽기 과정인 것이다.[14]

앞서 살펴본 프레이리의 문해 활동은 글을 읽기 전에 상황토론 이라는 세계 읽기로 시작되었다. 문해 활동이 다른 사람은 이미 알고 있는 글들을 뒤늦게 따라 읽는 것이 아니라, 스스로 문화를 새롭게 창조하는 과정임을 인식시키기 위해서다. 또한 구체적 학습 내용인 생성어를 제시하기 전에 코드화된 이미지를 통해 생성어를 둘러싼 세계와 자신과의 관계, 의미, 맥락들을 먼저 이야기한다. 그래서 학습자들은 생성어의 단어적 의미와 활용되는 맥락, 변화 가능성을 함께 비판적으로 학습한다. 이어지는 쓰기와 다시 쓰기는 학습자가 잠재적으로 변화 가능한 상태를 실천을 통해 몸으로 확인하고 다시

14.　　P. Freire & D. Macedo, *Literacy: Reading the word and the world*, 1987, pp.7-8.

새롭게 이해하는 과정이라고 할 수 있다.

프레이리는 읽기 활동이 알파벳, 단어를 시각적으로 인지하고, 뜻을 해석하는 것만이 아닌 세계를 읽는 과정임을 강조한다. 애초에 인간이 활동을 통해 세계를 먼저 만들고, 그 다음 그것에 대해 이야기하고, 더 오랜 시간 후에 문자 형태로 기록했음을 복기한다(Freire & Macedo 1987: 23). 그래서 문해는 일차적으로는 읽기의 주체인 인간이 (세계와의 상호작용의 자국인) 스스로의 경험에 근거해 세계를 읽는 것이고, 더 나아가서 집단적인 상호작용에 의해 형성된 사회적 실천과 제도에 배태된(deeply contextual) 상징을 읽는 활동이라고 할 수 있다(Giesel 1999). 동일한 맥락에서 상황 맥락성이 강한 구어(口語, 입말)에 대한 이해도 문어(文語, 글말)에 대한 읽기 활동과 밀접하게 연결되어 있음을 강조한다.

프레이리는 글과 세계, 언어와 사고, 읽기와 쓰기, 이론과 실천을 단계 짓거나 구분하는 것이 아니라, 통합적이고 연결된 과정으로 봐야 한다고 주장한다. 그래서 언어를 내용적으로 이해하고 분석하는 '사고' 과정은 별개가 아니라 긴밀하게 연결된 동전의 양면이다. 참된 언어, 참말은 참된 사고와 연결된다. 이런 맥락에서 '사고'를 명사가 아닌 '대상과 더불어 보어를 수반하는 불완전 타동사'라고 말한다(Freire 1981: 170). 인간이 무엇을 사고할 때 혼자서만 하는 것이 아니라, 사물이든 타인이든 세계 속에 있는 존재(주체화된 객체)와의 관계와 커뮤니케이션(교호)을 통해 진실성을 획득함을 강조한다. 지배자들은 민중들의 언어-사고를 이미 정리된 지식으로 마치 배에 음식을 채워 넣듯이 머릿속에 여과 없이 저장해, 피억압자가 자신들처럼 생각하고 말하게끔 왜곡하고 지배하려 한다.[15] 그래서 언어-사고는 정치적으로 중립적이지 않다.

프레이리가 보기에 언어와 권력은 뒤엉켜 있다. 또한 언어와 권력은 인간 주체화와 사회 변혁이 일어나는 발원지다. 언어는 활발하게 경험을 구성한다. 언어는 다양한 집단들이 사회적 실천들을 조직화하고 정당화하는 데 기여한다. 언어는 문화의 질료이며 지배 영역과 희망의 장을 동시에 만든다. 언어는 헤게모니적이기도 하고 반헤게모니적이기도 하다. 언어는 억압받는 자들의 목소리를 잠재우기도 하고 억압적인 사회관계를 정당화하기도 한다. 이 점에서 언어는 도구적이다(Gramci 1971). 특정 이데올로기가 보편화하는 과정에서도 언어는 인간 주체와 투쟁의 힘을 지배 집단의 이익 아래에서 무력화시키고자 했다. 하지만 언어는 급진적인 욕망과 열망, 그리고 꿈을 실현시키는 토대가 되기도 했다.[16]

위의 말처럼 언어는 권력관계를 반영하기도 하고, 참된 사고와 실천을 촉진하거나, 생성시킨다. 프레이리는 언어-사고의 왜곡을 바로잡고 해방될 수 있는 과정과 방법으로 행동(실천)을 결합시킨다. 여기에서 실천은 이론과 실천을 통합하는 프락시스(praxis)로 정의한다.[17] 언어-사고, 그리고 실천이 결합된 문해 교육은 '나는 읽고 이해

---

15. 《페다고지》는 자유에 기반한 대화적 행동과 억압에 기반한 반대화적 행동을 분석하면서, 반대화적 행동의 세부 내용으로 정복, 분할 통치, 조종, 문화적 침략을 들고 있다.

16. P. Freire & D. Macedo, *Literacy: Reading the word and the world*, 1987, p.182.

17. 프락시스는 이론과 행동이 결합된 실천이며, 인간이 주체적으로 행하는 것이고, 비판적인 성찰이 전제된 행동을 말한다. 그래서 세계와의 상호작용 속에서 발생하며, 개인이

한다. 그래서 나는 문해자다'와 같은 개인적 과정이 아닌 '우리는 함께 읽고, 이해하고, 실천하는 것을 통해 서로를 해방시킨다'와 같은 집단적 과정이다. 프레이리의 대표적인 이론인 '의식화' 역시 의식만의 활동이 아닌 행동하는 의식으로 이해해야 한다(Gadotti 1994: 89).

개별 문해 활동을 넘어 집단적 문해 과정으로 확장 연결되는 과정은 '대화'라는 매개를 통해서 이루어진다. 프레이리에게 대화는 "세계를 매개로 하여, 세계를 이름 짓기 위해 만나는 행위이며, 그 세계를 선포하는 사람들의 사랑의 만남이다. 이 사람들이 세계를 변형시키며, 만인을 위하여 그 세계를 인간화시키는" 변증법적인 과정이다(Freire 1970: 106-108). 그래서 대화는 누가 누구를 위해, 누가 누구에 대해 실시하는 것이 아닌, 세계를 이름 짓기(naming) 위해 함께 세계 속에 참여해 조사하고, 인식하고, 행동하는 집단적 만남이다. 문해 교육 과정에서도 대화 과정을 통해 교사-학생은 지식을 통제하고 힘을 나누는 작업에 공동으로 참여하고 도전하게 된다. '스스로 말하는 것'[18]을 넘어 '함께 말하고, 실천하는' 과정이다.

그래서 프레이리는 언어-사고-대화-실천으로 연결되는 인식틀에 기반해, 미리 정해진 메시지가 아닌 민중의 맥락, 언어, 경험으로부터 문해 교육을 시작해야 한다고 강조한다. 세계 읽기가 없는, 세계와 더불어 하지 않는 문해는 문화적 침략으로 작동한다. 민중들은

아닌, 타자와의 상호작용을 통해 사회를 재구성하는 활동이다(손원영 2000).

18. 한국에서 프레이리 이론과 방법을 가장 깊게 이해하고 실천한 인물로 허병섭 목사를 들 수 있다. 허병섭 목사는 가난하고 억눌렸던 민중, 주민이 자신의 삶과 현실에 대해서 이야기하고 학습을 통해 주체로 되어 가는(becoming) 과정을 "스스로 말하게 하라"라는 말로 표현했다. 동명의 책(허병섭 1987)을 통해, 한국 사회에서의 프레이리의 수용, 창조, 민중신학과 민중교육, 주민 조직화에 대한 이론들을 집대성했다.

대화를 통해 그들 스스로의 산경험을 글읽기-세계 읽기와 연결시킨다. 자신의 경험에 기반해 글을 이해하고, 이해한 것을 실천하는 경험을 통해 다시 이해하는 순환의 과정을 거친다. 남미의 참여행동연구(participatory action research) 이론가인 팔스 보르다(Orlando Fals Borda)는 민중의 산경험을 생생하고 직접적인 실천을 통한 완전한 경험이라는 의미로 비반시아(Vivencia)라는 단어를 쓴다. 비반시아는 세계를 좀 더 생생하게 이해하고, 감각적으로 느끼고 나누는 경험으로, 의식화와 연결되어 실질적 문제 해결을 통해 새로운 공동체를 창조해가는 요소라고 할 수 있다(Glassman & Erdem 2014).

2) 글쓰기-세계 쓰기

프레이리는 읽기와 쓰기를 연합적이고 연속적인 통합 과정으로 이해했다. 우리는 보통 읽기는 다른 사람이 생산해 놓은 글들을 수용하는 수동적 과정이라고 생각하고, 쓰기는 자신이 글을 생산하는 능동적 과정이라고 생각한다. 하지만 프레이리에게 동전의 양면과도 같은 읽기와 쓰기는 둘 다 세계를 이해하는 능동적 행위이다. 앞서 프레이리가 '읽기 과정이 쓰기, 다시 쓰기, 다시 읽기 과정'이라고 한 것은 인식 과정과 이어지는 실천을 통해 의미를 새로 쓰는 작업이라는 의미일 것이다. 읽기-쓰기는 이해와 변화(changing), 성찰과 행동이 연결된 통합적 과정이다. 글쓰기-세계 쓰기는 자신의 행동, 실천으로 대상, 세계를 변화시키고 의미를 만들어 내는 가능성에 대한

일종의 메타포다.[19]

문해에서 쓰기의 도구는 글만이 아니라 그림, 사진, 영상, 춤 등 다양한 매체와 방식들이 될 수 있다. 중남미에서 문해에 대한 프레이리 사상의 영향과 적용을 분석한 아처(D. Archer)는 칠레 저소득 여성 노동자들이 진행한 방송, 영상을 통한 읽기와 쓰기에 대한 사례를 분석했다. 문화단체 PROCESO의 영상 운동가들은 칠레 대중들에게는 문어보다 가구의 80%가 소유한 텔레비전을 읽고 분석하는 활동이 더 중요하다고 판단했다. 여성 노동자들을 대상으로 텔레비전 수용 과정을 개설하고, 연속극을 여성적이고 사회비판적 관점에서 분석하고 읽는 작업을 진행했다. 이후 여성 노동자들이 직접 카메라를 들고 여성들의 현실을 〈잉태〉라는 다큐로 '쓰게' 했다. 이러한 영상 쓰기 운동은 새로운 영상운동을 촉발했다. 1989년 독재자 피노체트의 재신임을 묻는 국민투표에 반대하고 저항하는 'NO'운동에서 진실을 알리기 위해 다큐를 제작하는 등 새로운 이미지를 통해 문화적으로 반대파의 입장을 국민들에게 전달하는 역할을 하게 된다(Archer & Costello 1990).

'세계 쓰기'는 제3세계의 독립, 자주운동과 결합하면서 더 큰 맥락에서 인간과 세계를 창조하고 변화시키는 사회 쓰기, 역사 쓰기, 국가 재건하기, 탈식민화하기 과정으로 확대된다.

사회 재건을 위한 참여는 다양한 국가 영역과 수준에서 일어난다. 이때 국가의 혁명적 변화에 대한 비판적 이해가 반드시 필요하다. 이런 비판적 이

---

19. 우리말에서도 '쓰다'는 글을 쓰는 의미 이외에 '작동하게 하다, 되게 하다'와 같은 생성, 창조의 의미들을 가지고 있다.

해는 스스로에 대해 성찰하는 참여적 실천을 통해 이뤄진다. … 성인 문해 교육은 국가 재건의 한 방법이다. 따라서 성인 문해 교육은 글을 읽고 쓰는 과정일 뿐만 아니라 현실을 '읽고', '쓰는' 과정이다. 따라서 정치적이고 지적인 활동이다.[20]

프레이리는 1979년 소모사 독재정권을 선거로 끌어내리고 산디니스타 해방전선에 의해 사회민주주의 국가로 변화한 니카라과 사례를 예로 들며, '니카라과에서는 자신의 역사를 장악하는 일이 글자를 얻는 일보다 앞서서 일어났고, 니카라과 민중들은 세계를 읽기 전에 자신의 사회를 다시 썼으며, 역사를 장악한 사람이라면 누구나 쉽게 글자를 배울 수 있다'고 평했다(Freire & Macedo 1987: 98). 만약 소모사 독재정권 하에서 민중들이 노동, 자유, 땅, 권리들을 문해 교육으로 배운다면, 평생을 소작농이어야 하는 현실, 열심히 일해도 소유할 수 없는 농지, 변화시킬 수 없는 정치와 독재정권이라는 침묵 문화의 영향 때문에 아주 제한적으로 학습할 수밖에 없었을 것이다. 하지만 혁명을 통해 농지개혁이 이루어지고, 협동조합을 통한 노동이 진행되고, 민중 스스로에 의한 학습 프로젝트인 문해십자군운동[21]이 진행되는 현실 속에서, 민중들은 훨씬 더 쉽고 실

---

20. P. Freire & D. Macedo, *Literacy: Reading the word and the world*, 1987, p.41.

21. 산디니스타 해방전선에 의해 민주적 사회정권 수립 후 얼마 되지 않아 국가 차원의 대대적 문해교육운동이 있었는데 이를 '문해십자군운동(literacy crusade)'이라 한다. 5개월 동안 진행된 문해십자군운동은 니카라과 인구의 5분의 1이 참여할 정도로 대대적이었고, 9만여 명이 자원봉사자(브리가디스타)로 참여하고 40만 명이 넘는 학습자가 문해 교육을 받아, 비문해율이 50%에서 13%까지 내려갔다. 문해십자군운동은 참여적이고 성공적인 문해 교육으로 1980년 유네스코 문해상을 받았고, 그 기록들은 세계문화유산으로 등재되었다.

제적 경험을 통해 노동, 자유, 땅, 권리에 대한 새로운 의미를 학습할 수 있었다.

현실에서의 새로운 세계 쓰기(변화) 가능성이 높아질수록 민중들의 호기심, 학습의 욕구도 훨씬 강해진다. 프레이리의 해방 문해는 주체, 민주적 공동체, 사회 변혁과 관련한 도덕적, 정치적 기획이었고, 사회 변화의 과정 속에 있는 국가들에서 더욱 활성화될 수 있었다.

프레이리는 글읽기-세계 읽기 개념을 통해 '읽기' 행위에 대한 개념을 확장시켰고, 텍스트에서 시작해 사고, 대화, 실천, 성찰로 연결되는 순환적이고 역동적인 과정을 개념화하고, 교육 방법론을 창조해 냈다. 프레이리에게 문해는 일상을 영위하는 데 필요한 기초 의사소통의 도구 정도가 아니라, 인간이 세계를 이해하고 변화시키는 삶의 방식이었음을 다시 한 번 기억할 필요가 있다.

3) 글읽기-세계 읽기, 글쓰기-세계 쓰기의 실천 사례

몇 가지 사례를 통해 프레이리의 글읽기-세계 읽기, 글쓰기 - 세계 쓰기에 대한 이해를 돕고자 한다. 첫 번째와 두 번째 사례는 필자가 직간접적으로 경험한 문해 교육 현장과 지역사회운동 현장의 글읽기-세계 읽기 사례이다. 그리고 세 번째는 리플렉트라는 문해 방법론으로, 프레이리 문해 방법론을 토대로 하면서 시각적 이미지를 주로 사용하는 비주얼 리터러시를 적용하고, 지역 주민의 참여 조사 활동을 강화한 사례다.

(1) 비문해 학습자들의 글읽기, 쓰기 - 삶 읽기, 쓰기 프로젝트

우리 사회에는 아직도 읽고, 쓰기에 어려움을 겪는 성인 학습자들이 많이 있다.[22] 대부분 교육의 기회가 충분치 않았던 시기에 경제적, 성적 이유로 그 기회를 누리지 못한 채, 수십 년이 지나 늦깎이 문해 학습을 진행하는 학습자들이다. 1990년대 후반부터 민간교육운동 단체에서 문해학교를 열었는데, '설마 지금도 글 모르는 사람들이 있을까?'라는 편견을 뒤집었다.

필자가 활동했던 서울 관악구 남부야학에도 1990년대 후반에 접어들면서 젊은 청년, 노동자 대신 학교를 그만둔 청소년들과 비문해 여성 학습자들이 자리를 메우기 시작했다. 지역을 토대로 민중교육센터를 만들어 가고 있던 남부야학에서는 프레이리 방식을 적용한 문해 교육 방법론을 시도했다. 초급 과정에서는 학습자들의 삶, 비문해 상황, 가난, 노동, 여성, 차별 등과 관련한 내용으로 글자를 배우기 전에 이미지로 상황토론을 진행했다. 그리고 20여 개의 기본 단어를 가지고 통글자 방식이 아닌 생성어로 발견 카드를 만드는 방식을 적용했다. 한 예로 '나, 너, 우리'라는 단어는 우리의 관계를 대화로 풀어내는 생성 주제였고, '나-너-노-누-느-리', '라-러-로-루-러-리', '아-어-오-우-으-이'라는 방식으로 학습자들이 음절을 나누고, 쪼개진 음절들을 결합시켜 스스로 단어를 조합하게끔 수업을 진행했다. 초기 생성어의 선택은 교사들이 했지만, 이후에는 학습자

---

22. 2017년 국가평생교육진흥원에서 실시한 〈성인문해능력조사〉에 따르면 일상생활에 필요한 기본적 읽기, 쓰기, 셈하기가 불가능한 수준의 성인 추정 인구가 311만 1,378명, 기본적인 읽기, 쓰기, 셈하기는 가능하지만 일상생활에 활용은 미흡한 수준의 성인 추정 인구가 217만 3,402명에 달한다. 여기에 공공 및 경제생활 등 복잡한 일상생활에 활용이 미흡한 수준 추정 인구 432만 8,127명까지를 더하면 거의 천만 명의 성인들이 일상과 공공, 경제생활을 누리는 데 읽기, 쓰기, 셈하기 부분에서 어려움을 겪고 있는 것이다.

들의 생애사 인터뷰를 통해 생성어와 학습할 문장, 텍스트를 만들고, 연관된 텍스트들을 찾아 교재를 직접 구성하였다.

프레이리는 40시간으로 기초 과정을 끝냈지만, 우리의 상황은 달랐다. 학습자들 중에는 60세가 넘는 분들이 많아 학습 기간도 훨씬 오래 걸리고, 가사노동을 하는 주부가 많아 문해 학습의 효과도 바로 나타나지 않았다. 학습자들은 학교에 다니지 못한 심리적 한을 풀고자 하는 마음이 강했고, 비정규 학교지만 학교의 학생이 되고 싶어하는 욕망이 컸다.

계속해서 새로운 커리큘럼을 만들어 내야 하는 상황에서 기초 교육 이후의 후속 문해 프로그램이 필요했다. 그리고 생성 주제를 통해 사회와 지역, 성, 인권 등의 내용들을 다루고는 있었지만, 실천으로 발전시키기는 쉽지 않았다. 오랫동안 비문해 상황을 숨길 수밖에 없었던 학습자들의 '침묵의 문화'의 벽이 너무 두터웠다. 학습자들은 주변에는 영어나 컴퓨터를 배우러 다닌다며, 가족들에게조차 문해학교에 다니는 것을 비밀로 하는 경우도 많았다. 직장(주로 청소, 봉제일)에 다니는 분들은 저녁도 거르고 야간 수업에 오고, 야근이 잡히면 빠지기 일쑤였다. 이런 상황이 몇 번 반복되면 학교 다니는 것을 포기할 수밖에 없었다. 학교 초기에는 외부 행사(소풍, 글쓰기 대회 등)에 참석하는 것도, 스스로를 노출시켜야 하느냐며 거부감이 컸다. 그래서 후속 프로그램의 중심을 사회 읽기와 함께 학습자들 스스로의 삶 읽기에 초점을 맞추었다. 수업 방식 역시 읽기와 함께 쓰기의 비중을 점점 높여, 자서전 쓰기를 시도했다.

쓰기는 여러 도전을 필요로 한다. 우리가 주로 경험하는 학습 방식에서는 읽기가 한참 진행된 뒤에 쓰기를 하고, 더 시간이 지난 후에야 글쓰기를 시도한다. 그러다 보니 학습자들에게 쓰기는 고급 과정에서나 시도하는 것이고, 글자를 정확히 쓸 수 있게 되어서야 하는 것으로 여겨진다. 프레이리 관점으로 본다면 성인 학습자들은 이미 경험과 실천으로 (무언가를) 쓰고 있음에도 불구하고, 쓰기 경험과 괴리된 학습을 계속 진행하다 보니 쓰기가 더더욱 어려워지는 것이다. 학습자들은 주어진 텍스트를 주로 읽고, 받아쓰기를 통해 남이 보더라도 정확하게 글자를 쓰는 것을 가장 큰 목표로 한다. 그래서 자신의 생각, 경험들을 쓰라고 하면 "머리가 하얘져서 뭘 써야 할지 모르겠어"라고 반응한다. 읽기와 쓰기가 쉬이 연결되지 않으니, 글과 세계를 연결하기 위한 노력과 장치들이 필요했다.

이 과정을 단계적으로 해결하기 위해, 초급 과정에서부터 일상과 관련한 단어들을 쓸 수 있도록 '능동적 글쓰기'라는 부분을 만들었다. 가족, 동료 이름, 주소, 주택, 몸의 명칭, 해 봤던 일 등 자신과 세계에 대한 이름을 쓰고(naming) 이야기할 수 있는 내용들은 무궁무진하다. 중급에서부터는 한 단어를 제시한 다음 한 줄 쓰기를 틈날 때마다 진행했다. '반찬'이라는 단어를 제시하면, "나는 어떤 반찬을 좋아한다, 잘 만든다, 편식을 하면 안된다, 매일 반찬을 만드는 게 고민이다, 내 위주가 아니라 남편 위주로 반찬을 만들게 된다" 등등 학습자들의 경험을 토대로 함께 이야기하고, 딱 한 줄씩을 쓴다. 개인에게는 한 줄이지만 학습자 수만큼의 새로운 문장을 함께 학습하게 된다. '나만의 낱말 사전'이라고 부를 수 있는 한 줄 쓰기 학습은 나중에 자서전을 쓸 때 일종의 이야기 창고 역할을 한다. 한 문장이지만, 여기에는 오래된 남편의 억압, 여성에 대한 차별과 무시, 비문해에 대한 심리적 고통, 가난 때문에 힘들었던 기억, 비정규 노동에 대한 힘듦 등이 수업 시간의 대화를 통해 절여진 상태로 보관된다.[23]

생애 이야기 창고가 어느 정도 차게 될 시점에서, 본격적인 학습자들의 생애사 쓰는 작업을 시도한다. 연대기적 방식보다는 비문해 여성 학습자들의 공통된 생애 사건들(출산, 육아, 결혼, 직장 생활, 가족, 몸, 중년)을 중심으로 일주일에 한 편씩 글을 쓰고 함께 글을 나눈다. 학습자들의 삶을 쓰고 함께 읽는 이 과정은 학습자 개인에게는 자신의 인생에 대한 최초의 쓰기이자 다시 읽기이다. 그리고 함께하는 학습자들에게는 개인 경험을 토대로 공유된 경험('나만 그런 게 아니었어')을 인식하고 쓰는 과정이라고 할 수 있다. 어느 누구에게도 꺼내 놓지 못했던 삶의 순간들과 당시의 감정들, 본인에게 형성된 인식들을 이야기하고는, 함께 부둥켜 울고, 서로 위로의 말을 건네고, 때로는 선배들의 꾸중을 들어가며 감정의 공동체가 형성된다.

수십 편의 생애 사건을 담은 글이 모이게 되었다. 앨범 속 사진들과 삶에 대한 인터뷰를 통해 비어 있는 부분들을 메우고, 쓴 글들을 보완했다. 학습자들은 컴퓨터도 처음 배우고 있었다. 그들에게 자신의 원고를 되돌려주어, 오타를 잡아내면서 쓴 글을 다시 읽고

---

23. 예를 들면 '권리'라는 단어로 교육받을 권리보다 '집 안에서 찾고 싶다'거나, '고집'이라는 단어에서는 '고집 아니고 못된 사람이 있다'며 소통이 어렵고 막무가내인 남편의 이야기를 털어놓았다. 그리고 '여름'이라는 낱말에 대해선 '94년 집주인이 에어컨 못 달게 했다'라는 문장으로 세입자 시절, 집 없던 설움을 털어놓았다. 한 줄 쓰기 수업은 교사가 예측하기 힘든 문장과 이야기들로 넘쳐났고, 학습자들도 많은 양의 글을 쓸 필요가 없었기 때문에 부담 없이 쓰면서 몇 곱절의 이야기를 풀어놓았다.

쓰게 했다. 자서전이 만들어지면, 그 책은 오롯이 자신이 만들었다는 인식을 주기 위해서였다. 글 작성부터 교정까지 2년 가까운 시간을 들여 《똑똑한 바보들의 행복한 글쓰기》[24]라는 비문해 학습자들의 이야기를 담은 자서전을 출간했다.

자서전을 내고 그쳐도 되는 작업을 부러 외부인들을 초대해 공개적인 출판 기념회까지 열었다. 앞서 이야기한 학습자들의 침묵의 문화에 도전하는 과정이었다. 문해학교에 다니는 본인의 존재뿐만이 아니라, 수십 년 동안 살아온 자신의 이야기가 담긴 인생 선체를 외부에 공개하고 알리는 도전이었다. 아마도 동료 학습자들과 교사가 함께한 읽기, 쓰기, 공유하기 과정이 없었더라면 쉽지 않았을 것이다. 자신들의 가족, 동료 학습자들, 지역 주민들까지 초대된 곳에서 학습자들은 자신의 삶을 읽고, 자서전을 쓰고 발표하는 실천을 통해 침묵의 문화를 깨는 경험을 새로이 하게 되었다.

(2) 지역 주민들의 지역 읽기-지역 쓰기

지역 주민들에게 행정은 어렵고, 접근하기 어려운 영역이다. 난해한 각종 법규와 전문 용어들이 넘기 어려운 장벽인데다 통계수치는 전문가들이라야 이해할 수 있어 보인다. 주민들은 그저 불만을 표출하는 민원인에 머무를 수밖에 없다. 그 민원을 해결하기 위해 할 수 있는 것은 행정에 힘을 행사할 수 있는 영향력 있는 사람들(정치인이나 고위 행정가)에게 호소하거나, 선거에서 투표를 통해 자

---

24. 자서전의 제목도 학습자들이 직접 정했다. '삶의 여러 면에서 '똑똑한' 사람임에도 글에 있어선 '바보였다'라는 의미와 글쓰기가 자신의 인생을 돌아보게 하고, 자서전까지 쓰게 된 행복한 과정이었다는 의미들을 담고 있는 제목이다.

신의 의사를 표출하는 정도밖에 달리 방법이 없었다. 오랜 시간 동안 권위주의적인 군사정권이 정치를 장악하면서 중앙집권적으로 운영되어 온 국가 운영 방식은 국민을 침묵시키고 행정으로부터 배제했다. 1980년대를 지나며 형식적인 민주화가 이뤄지고, 1990년대 중반이 지나서야 지방 분권의 출발인 지방 자치가 제도화되었다. 2000년대 들어 마을공동체, 주민참여예산제, 협치(協治), 주민자치회 등을 통해 시민이 직접 행정에 참여해 의견을 내거나, 실행할 수 있는 제도들이 등장하고 있다.

그 중에서 최근 동(洞) 단위에서 시범적으로 진행되고 있는 주민자치회 활동을 중심으로 지역주민들의 지역 읽기-지역 쓰기 과정을 사례로 살펴본다. 주민자치회는 풀뿌리자치 활성화와 민주적 참여의식의 고양이라는 큰 목표를 가지고 있는 정책이다. 주민들이 주민 대표 기구인 주민자치회를 구성하여, 동 주민들과 함께 지역사회 문제를 직접 해결해 나가자는 취지를 가지고 만들어졌다. 2013년부터 행정안전부와 각 지자체에서 시범 실시하고 있다. 과거 관(官) 주도로 운영되어 온 주민자치위원회를 민(民) 주도로 전환하기 위해 주민들이 더 많이 참여할 수 있도록 개방하였다. 또한 형식적 기능 조직이 아닌 지역 의견을 수렴하고 문제를 해결해 나가는 주민 조직으로 기능할 수 있도록 예산 지원, 사업 실행, 행정 사무 위수탁 운영과 같은 실질적 권한을 부여하는 방향으로 진행되고 있다. 이러한 주민 참여 정책의 활성화는 빠르게 변화하고, 다양한 욕구와 이해관계가 부딪히는 현대 사회에서 관성적이고 유연하지 못한 행정만으로는 사회의 변화에 제대로 대응할 수 없다는 현실을 반영한 것이기도 하다.

관 주도로 진행되어 온 문화 속에서 주민들에게 행정은 어려울 것일 수밖에 없다. 주민자치회는 지역 주민들의 필요와 의견에 따라 연간 자치 계획을 수립하고, 주민 총회를 통해 결정된 사업을 주민자치회가 직접 실행하도록 되어 있다. 이를 위해 주민자치회는 지역조사, 주민 의견 수렴, 사업계획서 작성, 주민 투표 및 숙의(熟議), 사업 수행, 평가서 작성 및 회계 정산 등과 같은 과정들을 직접 실행해야 한다. 지금까지 동 단위의 행정과 일들은 주로 미리 정해진 틀 내에서 회의가 진행되고, 주민 숙의 과정 없이 마을 사업이 결정되었다. 주민들의 참여 없이 행정에서 대부분의 실행 과정을 진행하고 결과보고서를 작성했다. 이러한 동 단위 활동 속에서 주민들은 비문해 상태일 수밖에 없다. 민주적 회의와 토론이 쉽지 않을 뿐더러, 사업의 목표 설정 및 세부 실행, 예산 편성과 보고서 작성 등이 낯설 수밖에 없다. 이러한 상황 속에서 2017년부터 서울형 주민자치회 시범 사업이 진행되어, 여러 시행착오들을 겪으며 동 단위 자치를 실험해 나가고 있다.

필자가 있는 ○○구에서도 2018년 서울형 주민자치회 시범 사업으로 각 동마다 50명 이내의 주민들이 주민자치회에서 활동하고 있다. 한 동에서 실시한 주민자치회 활동을 프레이리의 이론을 통해 지역 읽기-지역 쓰기 활동으로 정리해 보고자 한다. 주민자치회는 동 단위에 거주지와 생활 근거(사업장, 학교, 단체 등)를 둔 주민 위원들로 구성된다. 위원들은 동네의 해결해야 할 문제와 필요성에 근거해 지역 의제를 찾고 실행할 분과를 구성한다. 그 다음 자치 계획을 수립하는 과정을 거친다.

올해 ㅁㅁ동 주민자치회는 단기적인 지역 계획을 넘어 중장기 계획을 수립하기로 결정했다. 그 첫 번째 과정으로 '동네 한 바퀴'라는 지역 조사를 진행했다. 지역을 몇 개의 권역으로 나누어 직접 지역을 돌면서 마을의 문제, 의제, 자원, 가능성을 찾는 작업이었다. 프레이리식으로 이야기한다면 지역사회에 대한 '세계 읽기'를 하는 과정이다. 권역을 나눠 동네를 돌며 문제가 될 만한 다양한 상황들, 활용할 수 있는 공간, 자원, 마을의 지형, 구조 등을 주민들이 직접 사진으로 찍어 둔다. 그 후 분과 회의를 통해 사진으로 찍어 둔 내용과 각자 알고 있는 정보를 토대로 지역을 분석하는 시간을 갖는다. 같은 동임에도 불구하고 서로 알고 있는 정보들이 많이 다르다는 것을 알게 된다. 큰 문제의식 없이 스쳤던 다양한 동네의 모습들이 논의의 주제가 된다. 부분적으로 알고 있던 상황에 덧붙여 사진과 이야기들이 모이면서 공통의 의제로 발전하게 된다.

주민자치회에서는 지역 주민들의 의견을 수렴하고, 해결 방안을 모색하기 위해 설문 조사, 의제 제안 접수, 주민 간담회, 인터뷰 등을 통해 논의를 더욱 풍부하게 만든다. 지역 조사가 주로 공간적이고 시각적인 자료들을 수집하는 것이라면, 의견 수렴 과정은 주민들의 경험, 생각들을 읽고 학습하는 과정이라 할 수 있다. 주민자치회는 모인 자료를 토대로 분과별로 지역의 의제를 정리한다. 의제는 지역에서 지속적으로 논의하고 해결해 가야 하는 주제들로, 프레이리식 용어로 생성 주제라고 할 수 있다. 주민자치 위원들은 각각의 의제에 대해서 필요성, 문제의 원인, 단계별 해결 방안, 문제 해결을 위한 역할 분담 등을 논의하고 사업 계획을 '쓴다'. 사업계획서는 목표, 필요성, 기대 효과, 세부 진행 계획, 예산 계획 등의 항목으로 구성된다. 사업계획서 전체를 주민들이 쓰기에는 아직 어려움이 따르기 때문에 지원 조직의 도움을 얻어 작성한다. 이는 행정기관에서 과거에 다양한 통계와 정책 평가 결과, 예산 결정 시스템에 의해 정책을 결정하던 것과는 질적으로 다르다. 지역 주민들의 산경험과 의견에 바탕해 의제들을 만들고 계획을 수립해 가는 과정이라고 할 수 있다.

주민자치회는 수립된 계획을 주민 총회라는 장을 통해 직접 주민들에게 설명하고 주민들의 직접 투표로 사업 계획을 승인한다. 이후 승인된 사업은 주민자치회가 주민들과 함께 직접 실행한다. 세계 쓰기에 해당하는 실행 과정은 자신들이 계획한 것들을 다양한 아이디어와 방법을 동원해 실행함으로써 지역사회와 관계망들을 변화시켜 가는 과정이다. 이러한 경험은 이후 지속적으로 의제에 대한 관심과 고민을 심화 발전시켜 나가고 해결 방안을 모색하는 중요한 성찰의 과정으로 이어진다. 이론과 실천, 지역 읽기와 지역 쓰기가 분리되지 않는 이런 활동들을 통해 정책 결정과 집행 과정에서 소외되었던 주민들은, 스스로 지역사회를 통치할 수 있는 역량을 형성하게 된다. 직접민주주의의 토대를 구축해 나가는 것이다.

(3) 프레이리 방법론의 진화: 리플렉트, 이미지로 읽고 쓰기

프레이리의 문해 이론과 방법은 비판적 성인교육, 민중교육, 공동체조직화운동, 민중 연극, 제3세계의 참여적 개발, 참여행동 조사, 포토 보이스 등 다양하게 재창조되고 진화되었다. 그 중 민중들이 이미지를 통해 읽고 쓰며, 참여적 조사 방법론을 적용한 해외 사례로 '리플렉트(Regenerated Freirean Literacy Through Empowering Community Techniques)' 사례를 살펴보고자 한다. 프레이리 이론과 방법의 토대 위에서 민중들의 직접적인 조사, 연구, 지식 생산 방법을 강화한 사례라 할 수 있다.

리플렉트는 '공동체 기술 강화를 통한 혁신적 프레이리 문해 교육 방법론'의 약자로, 1990년대부터 시작해 남미, 아시아, 아프리카의 60여 개국, 350개 이상의 조직에서 사용하고 있는 문해 교육 방법론이다. 리플렉트는 그동안 제3세계에서 진행해 온 문해 교육 지원 정책 현장에서 프레이리 방법론의 실패에 대한 반성으로부터 시작되었다. 제3세계의 프레이리 방법론을 적용한 문해 교육 프로그램들이 민중과의 대화나 지역 현실에 대한 생성어가 없는 '기계적 문해 실천'으로 전락해 버렸음을 비판했다. '코드화는 그냥 그림이고, 생성어는 단지 단어다. 그리고 교사 역시 기술적 에듀케이터일 뿐이다'라고 평가하면서 문해 교육 현장에서 글과 세계에 대한 읽기-쓰기의 역동성이 사라졌음을 지적했다. 또한 문해의 소중한 주제인 '문화'를 다루는 데서도 프레이리 방법론이 지역 학습자의 지식과 신념보다 합리성, 규범성에 기반한 지식을 더 중요시하는 것이 문제라고 비판했다(Archer & Cottingham 2012).

이를 극복할 수 있는 대안으로 리플렉트의 창안자들은 개발학의 선구자인 로버트 챔버스(R. Chambers)의 '참여적 접근 방식'을 주요 방법론으로 활용한다. 챔버스의 참여적 방식[25]은 제1세계의 시각과 관점에 의한 제3세계에 대한 국제개발 패러다임의 한계를 지적하며, 로컬(local) 당사자의 직접 참여에 의한 조사를 통해 토착기술과 지식을 창조하는 데 초점을 둔다. 리플렉트 방법론도 같은 맥락에서 프레이리 문해 방법론의 초기 생성어와 상황토론에 대한 조사, 코드화 방식이 외부자인 교사, 조사자의 시각일 수밖에 없음을 지적한다. 그리하여 로컬에서 주민들이 직접 자신들의 경험과 지식을 토대로 지역 조사를 통해 학습 자료를 구성한다.

리플렉트는 임파워먼트를 지속적이고 평등한 개발의 핵심에 두며, 그들의 환경에 대한 비판적 분석을 촉진하는 구조화된 참여 학습 과정이다. 민주적 공간 창출과 지역에서 생성된 텍스트들의 해석과 건설을 통해서 민중은 힘의 관계를 재정의하고, 지배 개발 패러다임을 변화시켜 지역, 지구 현실의 다양한 분석을 만들어 낸다.[26]

지역 조사는 단지 문해의 재료를 찾아내는 것에 국한되지 않고,

---

25. 챔버스는 액티비스트 참여조사, 쿠르트 레빈의 액션리서치, 응용인류학, 농업생태계 분석 방법들을 합쳐 1970년대 후반 속성 농촌 조사(Rapid Rural Appraisal, RRA), 1980년대 참여적 농촌 조사(Participatory Rural Appraisal, PRA), 1990년대 참여적 학습 행동(Participatory Learning and Action, PLA)으로 방법론을 발전시켰다. 참여적 개발과 융합된 챔버스의 방법론들은 제3세계 현장에서 농업, 해충 관리, 문해 교육, 보건, 에이즈, 자원 관리, 지리, 공중위생 등의 주제들과 결합해 여러 형태로 변용된다.

26. D. Archer, *PLA Notes*, no. 32, 1998, p.4.

마을에서의 매핑 작업.

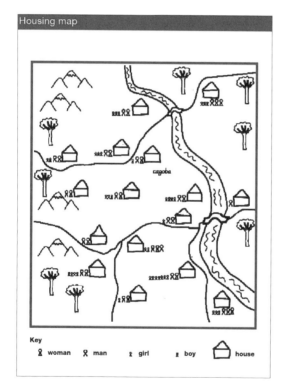

가계 지도(Household mapping).

주민들이 자신들의 세계 내에서 이미 (복수의) 문해 실천들과 문해 사건들을 생산 창조하고 있음을 강조한다. 리플렉트는 프레이리의 생성어나 코드화 방식 대신 챔버스가 발전시킨 RRA, PRA 방법론에서 많이 사용하는 지도(매핑), 다양한 달력[27], 매트릭스/차트, 다이어그램, 타임라인, 플로우 다이어그램 등 다양한 도구들을 활용한다. 이 방식은 주로 시각적 자료들을 많이 활용한다. 인터뷰나 대화와 같은 구두적 방식은 연구자나 외부자에 의해 주도되고, 지역 주체들은 주변화될 가능성이 높기 때문이다. 반면에 시각적 자료들은 내부자가 제안자, 분석자가 되며, 외부 전문가에게 의존하기보다 내부 경험과 지식에 의해 이미지들을 공유하고 창조할 가능성이 크다고 강조한다(Chambers 1994b). 그런 의미에서 리플렉트는 비주얼 리터러시(visual literacy)의 특징을 가진다(Archer 2007).

예를 들면 매핑 작업은 개인 단위, 가족 단위, 마을 단위 등 여러 차원에서 진행된다. 마을광장과 같은 곳에서 이루어지는 집단 매핑 작업은 땅바닥에 자신들이 익숙한 자연적, 반인공적 재료들을 활용하여, 농업, 젠더, 노동력, 건강, 지출 소비 등의 주제와 관련한 각자의 경험들을 감각적이고 창의적인 이미지로 쓰고(그림으로 그리고 재

---

27. 참여적 방법에서 사용하는 달력은 아래 사례와 같이 굉장히 다양하다(Archer & Cottingham 2012).
- 자연 자원 지도(natural resource map)
- 보건 달력(health calendar)
- 보건 치료 매트릭스(health curative matrix)
- 보건 위생 지도(health and hygiene map)
- 농업 달력(agricultural calendar)
- 수입/지출 나무와 달력(income/expenditure tree and calendar)
- 신용의 사용과 재원에 대한 매트릭스(matrix on sources and uses of credit)
- 선호 농작물 순위(preference ranking of crops)

현하는 작업), 집단적으로 모은 다음에 함께 분석하는 작업이 된다. 가계와 관련한 매핑을 예로 들면, 집 모양을 먼저 그리고 돌, 콩, 막대기 등을 이용해 사람의 수 등을 표시한다. 이후 가구 수, 분포도, 가구원 수, 주거 형태 등을 그림으로 표시한다. 이를 통해 지역의 가구 형태, 건축 기술, 마을 형성의 역사, 주요 인물, 구성적 특징 등을 집단적 대화를 통해 학습한다. 이 과정이 프레이리 방식에서의 코드화와 생성어 작업에 해당된다. 매핑을 통한 쓰기와 분석을 통해 세계와 낱말은 통합된다. 그림으로 시작해 언어로 읽고, 단어들의 그림, 카드로 번역한다.[28] 공동의 토론 과정은 자조 그룹(self-help group) 형성, 저축 활동, 협동조합 등 지역의 개발과 변화를 위한 행동 지침, 계획으로 발전한다.

리플렉트 방법론은 프레이리의 생성어, 참여적 조사에서 한 걸음 더 나아가 비문해 로컬 주민들이 문해 과정과 내용을 스스로 생산하고 통제할 수 있도록 시각적 자료와 도구들을 활용한다. 그리고 집단적 공유와 워크숍을 통해 글에 대한 학습뿐만이 아니라, 공동체 개발 활동까지 촉진하는 읽고-쓰기 활동이라고 할 수 있다.

4. 나가며

지금까지 프레이리의 문해 활동을 '글읽기-쓰기, 세계 읽기-쓰

28.　비주얼 리터러시는 모든 쓰기의 기초에는 그림이 있음을 강조하고, 그림이 구어와 문어의 라이프스타일을 연결하는 단어의 시각적 환경이라고 주장한다. 그래서 그림으로 상상하기, 묘사하기 등을 통해 기억, 전환, 매개 등의 학습이 더 효율적으로 진행될 수 있다고 판단한다(Archer & Cottingham 2012).

기'라는 틀로 이론과 실천적인 측면에서 살펴보았다. 그의 문해는 '경계 넘기' 문해라고 할 정도로 기존 읽기와 쓰기의 형식틀을 무너뜨렸다. 또한 문해 활동이 추상적 이론에서 나오는 것이 아니라, 세계와 더불어 존재하는 인간들의 경험과 창조 활동에 기반해야 한다는 것을 보여 주었다. 더 나아가 이 경계 넘기와 세계를 변화시켜 나가는 과정이 인간이 인간과 세계를 사랑하는 과정임을 강조했다. 프레이리는 끊임없이 다양한 매체와 방식으로 글과 세계를 읽고 쓰는 창조를 해야 한다고 격려한다. 프레이리의 방식으로, 우리의 방식으로, 새로이 '문해'를 다시 읽고, 써야 할 때다.

참고문헌

국가평생교육진흥원(2017), 《2017년 성인문해능력조사》, 국가평생교육진흥원.

국립국어원 기획, 허용·김재욱·허경행 씀(2012), 《이주노동자를 위한 아자아자 한국어》, 한글파크.

고혁준·유성상(2011), 〈의식화 개념의 한국적 해석 논의〉, 《교육문제연구》 41호, 고려대학교 교육문제연구소.

김한수(2018a), 《프레이리 선생님, 어떻게 수업할까요: '페다고지'의 문해 수업 실천》, 학이시습.

김한수(2018b), 《노동야학, 해방의 밤을 꿈꾸다》, 따비.

김한수(2019), 《한국 공동체조직화(CO)운동의 역사》, 동연.

백윤소(2013), 〈경험중심의 시각문화교육: 프레이리의 문해력 교육이 주는 시사점〉, 《미술과 교육》 14(2).

손원영(2000), 〈프락시스 교육이론의 비판적 성찰〉, 《기독교교육정보학회》 발표 원고. 여성가족부(2010), 《여성결혼이민자를 위한 한국어 교재》).

오수현·임한나·이경선(2017), 《포용적 금융 전략 방안 연구》, 한국국제협력단.

유성상(2009), 〈제삼세계 문해 교육의 사회·정치적 특성 분석〉, 《비교교육연구》 19(3), 한국비교교육학회.

전혜린(2018), 〈소액금융대출은 정말로 빈곤을 감소시킬까요?〉, GP3korea.

천성호(2009), 《한국야학운동사》, 학이시습.

한완상·허병섭(1985), 《한국민중교육론》, 학민사.

허병섭(1987), 《스스로 말하게 하라: 한국 민중교육론에 관한 성찰》, 한길사.

홍은광(2010), 《파울로 프레이리, 한국 교육을 만나다》, 학이시습.

Archer, D.(1998a), "The evolving conception of literacy in REFLECT," *PLA Notes*, no. 32, London: IIED.

Archer, D.(1998b), "The REFLECT process at an international level," *PLA Notes*, no. 32, London: IIED.

Archer, D(2007), "Seeds of success are seeds for potential failure: learning from the evolution of Reflect," *Springs of participation*, Practical Action Publishing.

Archer, D. & Costello, P.(1990), *Literacy and power: The Latin American battleground*, London: Routledge, 김한수·김경래 옮김(2014), 《문해 교육의 힘: 라틴아메리카 혁명의 현장》, 학이시습.

Archer, D & Cottingham, S.(2012), *REFLECT mother manual*, London: ActionAi.

Chambers, R.(1994a), "The origins and practice of participatory rural appraisal," *World Development*, 22(7), pp.953-969.

Chambers, R.(1994b), "Participatory rural appraisal (PRA): Analysis of experience," *World Development*, 22(9), Elsevier, September, pp.1253-1268.

Chambers, R.(1994c), "Participatory rural appraisal (PRA): Challenges, potentials and paradigm," *World Development*, 22(10), Elsevier, October, pp.1437-1454.

Chambers, R.(2007), "From PRA to PLA and pluralism: Practice and theory," *IDS Working Paper*, 286, Brighton: IDS.

Freire, P.(1972a), *Pedagogy of the Oppressed*, 성찬성 옮김(1995), 《페다고지: 억눌린 자를 위한 교육》, 한마당.

Freire, P.(1972b), *Cultural action for freedom*, 채광석 옮김(1979), 〈문화적 행동으로서의 교육〉, 《민중교육론: 제3세계의 시각》, 한길사.

Freire, P.(1978), *Pedagogy in Process: The letters to Guinea-Bissau*, 파도편집부 옮김 (1984), 《제3세계 교육론》, 파도.

Freire, P.(1981), *Education of Critical Consciousness*, 채광석 옮김(1985), 《교육과 의식화》, 중원문화.

Freire, P.(1985), "Reading the World and Reading the Word: An Interview with

Paulo Freire," *Language Arts*, 62(1), Making Meaning, Learning Language(January 1985), pp.15–21, National Council of Teachers of EnglishStable.

Freire, P.(1994), *Pedagogy of hope: Reliving pedagogy of the opressed*, 교육문화연구회 옮김(2002), 《희망의 교육학》, 아침이슬.

Freire, P.(1996), *Letters to Cristina: Reflections on my life and work*, 남경태 옮김(2011), 《크리스티나에게 보내는 편지: 나의 삶과 일에 관한 성찰》, 양철북.

Freire, P.(1997), *Pedagogy of the heart*, 교육문화연구회 옮김(2003), 《망고나무 그늘 아래서》, 아침이슬.

Freire, P.(1998), *Teachers as cultral workers: Letters to those who dare teach*, 교육문화연구회 옮김(2001), 《프레이리의 교사론》, 아침이슬.

Freire, P. & Betto, F.(1985), *Essa Escola Chamada Vida*, 김종민 옮김(1988), 《인생이 학교다: 해방신학의 구체적 실현을 위한 대담》, 분도출판사.

Freire, P. & Horton, M.(1990), *We make the road by walking: Conversations on education and social change*, 프락시스 옮김(2006), 《우리가 걸어가면 길이 됩니다》, 아침이슬.

Freire, P. & Macedo, D.(1987), *Literacy: Reading the word and the world*, 허준 옮김(2014), 《문해 교육: 파울로 프레이리의 글 읽기와 세계 읽기》, 학이시습.

Freire, P. & Shor, I.(1987), *A pedagogy for liberation*, 김시원 옮김(1988), 《해방을 꿈꾸는 교육》, 이웃.

Gadotti, M.(1994), *Reading Paulo Freire: His life and work*, 백경숙·박내현 옮김(2012), 《파울루 프레이리 읽기: 그의 삶과 사상》, 우리교육.

Gadotti, M.(2002a), *Crossing borders: Freirean method and experiences*, Instituto Paulo Freire, Sao Paulo.

Gadotti, M.(2002b), "50 YEARS OF ANGICOS AND OF THE NATIONAL LITERACY PROGRAM Chronology."

Gaspar, L.(2009), "Movimento de Cultura Popular (MCP)," Pesquisa Escolar Online.

Gerhardt, H. P.(2000), "Paulo Freire: A Profile," *Prospects: the quarterly review of comparative education*, vol. XXIII, no. 3/4, 1993, pp.439–458. (Paris UNESCO: International Bureau of Education).

Gee, J. P.(1996), "Literacy and the literacy myth: From Plato to Freire," *Social linguistics and literacies: Ideology in discourses*, pp.22–45, 오선영 옮김(2011), 《사고와 표현》 3(2), 131–164쪽.

Gee, J. P.(2000a), "Language and literacy: Reading Paulo Frreire empirically," Unpublished manuscript.

Gee, J. P.(2000b), *Language as system and situation: Writing the world.*

Giesel, C. C. M.(1999), "A Freirean approach to English as a Second Language literacy," Retrospective Theses and Dissertations, 16149, Iowa State University.

Glassman, M. & Erdem, G.(2014), "Participatory Action Research and Its Meanings: Vivencia, Praxis, Conscientization," *Adult Education Quarterly*, 64(3), pp.206-221.

Hanemann, U.(2005), *Nicaragua's literacy campaign*, UNESCO Institute for Education Hamburg, Germany.

McLaren, P.(2000), *Che Guevara, Paulo Freire, and the pedagogy of revolution*, 강주헌 옮김(2008), 《체 게바라, 파울루 프레이리, 혁명의 교육학》, 아침이슬.

Pini, F.(2013), O Projeto MOVA-Brasil.

Roberts, P.(2000), *Education, literacy, and humanization: exploring the work of Paulo Freire*, London: Bergin & Garvey.

Shor, I.(1987), *Freire for the Classroom: A Sourcebook for Liberatory Teaching*, 사람대사람 옮김(2015), 《교실을 위한 프레이리: 현장 교육을 위한 프레이리와 비고츠키의 만남》, 살림터.

Sinclair, H.(2012), *Confessions of a Microfinance Heretic: How microlending lost its way and betrayed the poor*, 이수경·이지연 옮김(2015), 《빈곤을 착취하다: 서민을 위한 대출인가 21세기형 고리대금업인가, 소액 금융의 배신》, 민음사.

Spener, D.(1990), "The Freirean Approach to Adult Literacy Education," National Center for ESL Literacy Education April 1990, Revised November.

민주주의는 문해력을 필요로 한다

시민의 소양으로서의 리터러시

하승우(이후연구소 소장)

우리 시대에 시민이란 어떤 존재일까? 개인의 삶만이 아니라 공동체의 사안에 관심을 가지고 참여하는 사람이 시민이라는 말이 정답처럼 떠오른다. 하지만 그렇게 사는 사람들이 과연 얼마나 될까? 선거만이 아니라 지역 활동, 인터넷 활동 등 다양한 영역들이 이야기되기에, 사람들이 우리가 생각하는 것보다 훨씬 더 많은 참여를 하고 있을 수 있다. 더 효과적으로 참여하도록 하기 위한 방법들도 수많이 고안되고 있다. 그런데 참여를 많이 하면 좋은 시민이 되는 걸까?

한국행정연구원의 〈사회통합실태조사〉를 보면, 2019년을 기준으로 시민들이 소속감을 가지고 적극적으로 활동한다고 답한 결사체의 순위는, 동창회/향우회(7.3%), 동호회(5.3%), 종교단체(5.0%), 자원봉사/기부단체(2.1%), 지역사회 공공 모임(1.7%), 노동조합 단체/사업자 단체/직업조합(1.1%), 시민단체(1.1%), 사회적 경제 조직(1.0%), 정당(0.4%)의 순서이다. 시민단체나 정당 같은 민주주의의 기반인 조직보다 동창회나 향우회 같은 연고 조직의 활동 비율이 훨씬 높다. 결사체에 소속된 적이 없다는 비율은, 시민단체(88.8%), 사회적 경제 조직(88.4%), 정당(87.4%) 순으로 높고, 동창회/향우회는 44.0%로 가장 낮다. 한국 사회의 주된 사회 참여 활동이 연고망에 얽혀 있다는 이야기이다.

이런 참여는 공정보다 결탁을 강화시킬 수 있다. 참여, 활동, 공동체라는 단어만으로는 시민을 충분히 설명할 수 없는 것이다. 그래서 '어떤 참여인가'라는 질문이 나오고, 사안을 인식하기 위한 인지와 가치가 중요해진다. 민주시민교육이나 리터러시가 강조되는 건 이런 맥락에서라고 생각한다.

유네스코에 따르면 리터러시란 "다양한 맥락과 연관된 활자화된 내용을 접했을 때 이것을 증명하고, 이해하고, 해석하고, 창조하고, 의사소통하고, 계산할 수 있는 능력"이고 "개개인이 목표를 달성하고, 지식과 잠재력을 개발하며, 그들이 속한 공동체와 더 큰 사회 공동체에서 완전한 제 역할을 수행할 수 있도록 하는 이러한 능력은 일련의 학습을 통해 가능하다." 조남민은 후자의 개념이 리터러시의 전통적 개념에 사회적, 비판적 개념을 결합한 것이라 본다.[01]

이 정의에서도 이해, 해석, 의사소통, 공동체와 같은 단어들이 등장하고, 리터러시와 관련된 다른 연구들도 공공/공통의 목적, 공동체, 공공성 등을 당연하게 전제한다. 그런데 지금의 사회 위기는 그런 가치들이 사라졌기 때문에, 그리고 각기 다르게 정의되고 있기

01.　조남민, 〈비판적 인지와 자기표현 능력 향상을 위한 미디어리터러시 교육 방안 연구〉, 《교양교육연구》 12(6), 2018, 198쪽.

때문에 발생하고 있다. 공공/공통이란 과연 무엇일까? 시민들은 이를 어떻게 이해해야 할까? 이런 이해는 개념에 대한 학습이나 교과 과정의 마련으로 습득될 수 있을까?

1. 지금 공통 감각은 존재하는가?

한나 아렌트는 인간이 세계를 인식하고 다른 사람과 소통할 수 있는 기본적인 전제로 공통 감각(sensus communis, common sense)을 꼽는다. 인간은 "자신이 보는 것을 타인이 보고, 자신이 듣는 것을 타인도 역시 듣는다는 사실로 인해 세계 안에서 살아 있는 존재가 된다."[02] 내가 보고 듣는 것을 타인이 함께하지 못한다면 나는 유령이 된다. 공통 감각은 우리가 같은 세계에 살고 있음을 자각하게 한다. 그래서 공통 감각은 드러난 것으로서의 세계(world)와 분리될 수 없고, 세계는 공통 감각을 통해 모습이 구성된다.

이 세계는 인간이 사적으로 점유한 공간이나 자연적인 지구(earth)와 구별되고 복수의 구체적인 인간들(men)이 만든 공간이다. 그래서 아렌트는 "사람들이 함께 모이는 곳마다 그들 사이에는 세계가 출현하며, 모든 인간사가 일어나는 곳은 바로 이러한 사이에 존재하는 공간(in-between space) 가운데서이다. 물론 인간 사이의 공간, 즉 세계는 인간이 없으면 존재하지 않는다"라고 말한다.[03] 아렌트에게는 정치 공간도 인간이 아니라 인간 사이에 존재한다. "권력은 인

---

02. 한나 아렌트 씀, 이진우·태정호 옮김, 《인간의 조건》, 한길사, 1997, 50쪽.

03. 한나 아렌트 씀, 김선욱 옮김, 《정치의 약속》, 푸른숲, 2007, 146쪽.

간들 사이에 존재하는 공간에만 적용되는 유일한 인간적 속성이며, 인간들은 이 중간 공간을 통해 상호 연계되며, 정치 영역에서 최상의 인간적 능력이 될 수 있는 약속하기와 약속 준수를 통해 건국 행위에 결합한다."[04]

타자를 전제하는 이 세계는 다원적일 수밖에 없고 다원적인 세계에서 공론장이 출현한다. 이 공론장은 수많은 타자들이 따닥따닥 붙어 앉은 장이 아니라 때론 뭉쳤다가 때론 떨어지는 유동적인 장이다. 그러면서도 이 공론장이 유지될 수 있는 것은 인간들이 세계성을 공유하고 있기 때문이다. 사람들은 죽거나 떠나도 세계는 남아 새로운 인간의 탄생을 기다린다.

아렌트는 이 세계가 붕괴하기 시작한 건 세계가 사람들을 결집시키고 관계를 맺어 주며 때로는 서로 분리시키는 힘을 상실했기 때문이라고 본다. 대중 사회에서도 인간이 만나고 모이지만 공동의 세계는 없다.[05] 세계가 사라지면 공론장도 없고 권력도 없고 정치도 없어진다.

세계가 사라진 세상에는 무엇이 남을까? 세계가 사라져도 인간이 사라지는 건 아니다. 인위적으로 세계를 파괴하려 했던 전체주의 국가가 이를 증명한다. 세계가 사라지면 시민의 삶은 불가능하고 이익과 폭력이 세상을 지배한다. 전체주의 국가가 아니라 하더라도 이익만을 부각시키는 정치 또한 세계를 파괴한다. 아렌트는 이익과 의견을 철저하게 구분하면서 이익이 집단 이익으로만 적실성을 지니고 어떠한 조건에서든 보호되기를 바란다면, 의견은 ""이성을 냉정하고

---

04. 한나 아렌트 씀, 홍원표 옮김, 《혁명론》, 한길사, 2004, 287쪽.

05. 더 자세한 설명은 권정우·하승우, 《아렌트의 정치》, 한티재, 2015, 80-86쪽 참조.

자유롭게 행사하는' 개개인에게 전적으로 귀속"되고 개인이 공개적으로 드러내는 차이에 관심을 둔다고 말한다. 그래서 "의견은 공개적인 토론과 공적인 논쟁 과정에서 형성되며, 의견 형성의 기회가 존재하지 않는 곳에서는 분위기만 존재하지 의견은 존재하지 않는다."[06]

공통 감각과 더불어 아렌트는 인식론적인 면에서도 진리를 탐구하기 위해서가 아니라 의미를 탐구하기 위해 이성이 필요하다고 강조했다. 이성이 지성을 통해 감각된 것의 의미를 이해하려 하기 때문에, 진리는 사유에서 발생할 수 없다. 이성은 현상의 본질을 완전히 파악할 수 없고, 관조를 통해 드러난 단일한 진리는 복수의 현상을 반영하지 못한다.

아렌트 이야기를 길게 하는 이유는 지금 우리 사회를 돌아보기 위해서이다. 우리에게는 지금 공통 감각이 살아 있고 그 감각으로 우리는 세계를 구성하고 있을까? 내가 보는 것을 타인도 보고 내가 듣는 것을 타인도 듣고 있다고 우리는 믿고 있나? 그런 믿음을 토대로 관계를 맺고 의견을 이야기하며 공론장과 권력을 구성하고 있을까? 이것은 비판이나 성찰 이전의 존재론적 질문이다. 공화국이나 사회가 존재하지 않는 곳에서 시민의 성찰을 기대하긴 어렵기 때문이다.

존재하고 노동하지만 보이지 않는 노동과 노동자, 희미하게 흘러나오지만 들리지 않는 고통은 공통 감각의 상실을 대표한다. 어떤 면에서 지금 한국 사회의 현상을 대표하는 단어인 '혐오'는 공통 감각의 상실을 대표하는 말이기도 하다. 홍성수에 따르면, "혐오는 그냥 감정적으로 싫은 것을 넘어서 어떤 집단에 속하는 사람들의 고

---

06.   한나 아렌트 씀, 홍원표 옮김,《혁명론》, 2004, 354, 408쪽.

유한 정체성을 부정하거나 차별하고 배제하려는 태도를 뜻"하기 때문이다.[07] 혐오는 타자에 대한 부정이자 세계에 대한 거부이다. 이 것은 존재를 위태롭게 만들고 의견의 자리에 이익이나 이념이 밀고 들어와 도구적 합리성이나 진리를 정립하면 세계는 붕괴한다. 단일한 진리를 주장하며 타인의 의견을 배제할 때 공론장은 붕괴한다.

이 상황에서는 비판이나 성찰이 무의미해진다. 리터러시를 다루는 수많은 연구들이 공통적으로 거론하는 단어는 '비판', '성찰', '판단'이다. 공통 감각이 붕괴한 사회에서 비판과 성찰은 어떻게 가능할까? 공통 감각이나 다원성의 사유를 회복할 방법은 있을까? 보지 않았던 것에 눈뜨고, 듣지 않았던 것을 찾아가 듣는 '경청'[08]이란 어떻게 가능할까?

2. 팩트에서 대화로

폴 미하일리디스(Paul Mihailidis)는 새로운 미디어 도구와 기술이 미디어-시민-사회의 관계를 심각하게 교란시키고 의미 있는 참여를 단념하게 만든다고 본다. "디지털 환경에서 유통되는 정보와 의

---

07.   홍성수, 《말이 칼이 될 때》, 어크로스, 2018, 24쪽.

08.   "경청이란 이처럼 타자의 타자성에 귀 기울이는 것이고 동시에 그를 통해 나의 타자성에 문을 여는 것이다. … 경청이란 말하는 것을 그저 열심히 들어주는 것이 아니다. 그것은 수동적인 청취일 뿐이다. 그 대신 경청이란 "말하게 하는 현실적 계기와 동력을 부여"해야 한다. 즉 말하지 못하던 것, 말하지 않은 것, 말할 수 없었던 것을 말할 수 있도록 이끄는 것이 경청이다. 경청이란 타자의 타자성에 귀 기울이는 것이지만 그 타자성이 말문을 열게 하는 것이기도 하다. 이처럼 경청은 '듣다'라는 수동성을 넘어 지금까지 침묵하던 사람에게 말을 걸고 그가 말할 수 있도록 한다는 좀 더 적극적인 의미를 지닌다. 경청이야말로 하나의 말 걸기인 셈이다."(엄기호, 《단속사회》, 창비, 2014, 275-276쪽)

사소통의 방식은 한편으로는 새롭지만 다른 한편으로는 기본 제도에 대한 불신을 영속화하고, 진실을 이념으로 대치하고, 섬세한 의미(nuance)와 진실한 대화보다는 구경거리(spectacle)가 일상화된 현실을 만들어 내고 있다." 이런 상황에서 미디어가 리터러시를 강화시켜 줄 것이란 기대는 실현되기 어렵다. 외려 비슷한 집단끼리의 연결이 강해지면서 극단적인 가치와 이념이 분출된다. "복잡한 문제의 중심에 세 가지 새로운 현상, 즉 구경거리, 불신, 그리고 행위주체성의 격차가 자리 잡고 있다."[09] 그래서 미하일리디스는 '시민 지향적 미디어 리터러시'의 개발을 주장한다.

구경거리와 불신, 격차만이 문제는 아니다. 소셜 네트워크 서비스(SNS)나 유튜브를 비롯한 미디어 플랫폼들은 장소성을 제거하고 있다. 이미 사적 영역과 공적 영역의 경계, 실내와 야외의 구별이 많이 사라졌다. 구별이 사라질 뿐 아니라 '생활세계의 재식민화', 즉 권력과 화폐의 힘이 언어와 관계를 장악하고 체계의 규칙이 생활세계를 지배함을 뜻한다. 개인의 생활이 전시되고 상품화되고 체계적으로 관리되는 세상에 우리는 지금 살고 있다.

그런 의미에서 우리가 사는 현실을 비판적으로 독해하는 것이 매우 중요하다. 그런데 비판적인 독해는 어떻게 가능할까? 과거에는 정보가 부족해서 판단이 어려웠다면, 지금은 너무 많은 정보로 인해 판단이 어려운 시대이다. 소위 '팩트'가 사실관계를 판단하는 기준이라고 하지만, 팩트 자체도 편향되어 있다는 사실은 쉽게 무시

---

09. 폴 미하일리디스, 〈시민사회의 미디어 리터러시: 시민 지향적 미디어 리터러시를 다시 상상하며〉, 《2018 미디어·정보 리터러시 국제심포지엄 자료집》, 한국교육학술정보원 등, 2018년 11월 8일, 42쪽.

된다. 읽고 쓰는 능력이 있다 하더라도 읽고 쓴다고 해서 그것이 현실을 이해하는 능력이 되지는 못한다. 어떻게 보면 생각하기 싫으니 팩트를 고집하는 건지도 모르겠다. 그래서 인터넷 논쟁은 온갖 링크로 도배되고, 시간이 흐를수록 정보 값은 늘어나고, 상대방의 논거를 읽지 않은 상태로 논쟁이 계속된다.

예를 들어, 파업으로 인한 손해가 1천억 원이라는 기사가 떴다. 파업의 정당성과 무관하게 1천억 원의 손해가 팩트라고 한다면, 이 1천억 원이라는 액수는 어떻게 산정되었을까? 그리고 이 손해가 전적으로 파업에서 비롯된 것이라는 점은 어떻게 증명될까? 또한 누가 이런 정보를 제공했을까?

결국 현상을 이해하는 사유가 중요한데, 선입견이나 편견에 사로잡힌 상태에서는 이해 자체가 어렵다. 특히 현실의 선입견과 편견은 권력에서 자유롭지 않다. 선입견과 편견은 대부분 구조적인 차별에서 비롯되고, 현상 유지에서 비롯되는 차별의 문제는 팩트로 점검되기 어렵다.

앨버트 허쉬만(A. O. Hirshmann)은 보수 세력이나 새로운 정책 제안이나 법안에 반대하는 집단이 자주 사용하는 수사법을 세 가지로 정리한다. "나는 그것을 역효과 명제(엉뚱한 결과를 낳는 명제), 무용 명제, 위험 명제라고 부른다. 역효과 명제에 따르면 정치·사회·경제 질서의 일부를 향상시키려는 어떤 의도적인 행동도 행위자가 개선하려는 환경을 악화시킬 뿐이다. 무용 명제는 사회 변화를 추구하는 모든 노력은 효과가 없으며 그 노력들은 어떤 '변화도 만들어 내지'

못한다고 본다. 마지막으로 위험 명제는 변화나 개혁에 드는 비용이 너무 많기 때문에 그 변화나 개혁은 이전의 소중한 성취를 위험에 빠뜨린다고 주장한다."[10] 현상을 지지하는 팩트는 다른 언어의 출현을 봉쇄하고 변화를 가로막는다.

기득권화되고 공통 감각이 붕괴한 사회에서 변화를 지향하면서도 사회 통합의 가능성을 발견하는 건 어려운 과제이다. 이런 일이 가능하려면 상호 이해를 목적으로 삼고 발화가 동반하는 힘에 주목하는 수행적(performative) 태도가 필요하다. 또한 목적 합리성과 지나친 실천 이성이 완화되어야 한다. 위르겐 하버마스는 의사소통적 이성의 회복이 이런 가능성이 되리라고 봤다. 개별 행위자나 국가, 시장에 귀속되지 않는 의사소통적 이성을 작동시키는 것은 "언어적 상호작용의 망을 매개하고 삶의 형식을 구조화하는 언어적 매체"를 만들기 때문이다. "청자와 함께 세계 속의 그 무엇에 관해 상호 이해에 도달하기 위하여 언제나 자연적 언어를 사용하는 사람은 수행적 입장을 취하고 특정한 전제를 받아들여야 한다는 점을 잘 알고 있다. 무엇보다도 그는, 언어적 상호작용의 참여자들이 발화 수반적 목표를 유보 없이 추구하고, 그들 간의 동의를 비판 가능한 타당성 주장의 상호 주관적 인정을 통해 형성하며, 합의로부터 도출되는 상호작용과 관련된 책무를 받아들일 자세가 되어 있다는 가정에서 출발해야 한다. 이런 식으로 말의 타당성 기초 속에 들어오게 된 것은 의사소통 행동을 통해 재생산되는 생활 형식 속으로 퍼져 간다."[11]

---

10. 앨버트 O. 허시먼 씀, 이근영 옮김, 《보수는 어떻게 지배하는가》, 웅진지식하우스, 2010, 28쪽.

11. 위르겐 하버마스 씀, 한상진·박영도 옮김, 《사실성과 타당성: 담론적 법이론과 민주주의적 법치국가 이론》, 나남, 2000, 28-29쪽.

상호 이해를 지향하는 의사소통을 통해 생활세계가 서서히 다져져야 공통의 인식에 도달할 수 있다.

하버마스는 오늘날의 이론이 진영으로 분열되어 봉합될 수 없는 건 사회적 현실과의 접촉점을 잃어버리고 지나치게 규범화되어 목적론적인 합리성만을 강조하고 있기 때문이라고 봤다. "만약 참여자들이 자신이 사용하는 표현에 동일한 의미를 부여한다는 것을 공통의 (혹은 번역 가능한) 언어에 기초하여 전제하지 않는다면, 그들은 세계 속의 그 무엇에 관해 상호 이해에 도달한다는 의도조차 가질 수 없기 때문이다. … 특정 맥락 속에서 구속력 있는 인정을 받을 때 비로소 타당성 주장이 맥락에 구속 받는 일상적 실천들을 사회적으로 통합할 수 있는 역할을 담당할 수 있다. … 사회적 통합의 조건을 재구성하기 위한 첫 번째 단계는 생활세계 개념이다. … 만약에 의사소통 행동이 풍부한 배후 가정을 통해서 뒤에서 받쳐 주는 생활세계적 맥락 속에 자리 잡지 못할 경우, 상호 이해 지향적 언어 사용을 통한 사회적 통합의 가능성은 거의 사라질 것이다."[12] 비판이 비난으로 인식되는 건 언어가 통약 가능한(commensurable) 접점을 잃어버렸기 때문이다. 상호 이해를 전제하지 않는 비판이 공동체를 복원할 수 있을까?

상호 이해 지향적 언어 사용을 통한 사회 통합의 가능성, 이 쉽지 않은 목표는 단순히 시민사회의 각성만으로 가능하지 않다. 그리고 언어의 수행성이 제대로 살아나려면 공통 감각이 필요한데, 이런 감각은 수동적인 대응으로 되살아나기 어렵다. 공통 감각이 살아나려면 적극적으로 타자를 만나 타자 속에 깃든 나를 발견하고 그러

---

12. 위르겐 하버마스, 앞의 책, 45-47쪽.

면서 서로의 공통성에 주목해야 한다. 이것은 의식적인 활동을 통해 가능하다.

3. 대화를 통한 사유와 프락시스

그런 점에서 대화를 통한 사유가 중요하다. 파울루 프레이리는 "대화적 행동이론에서는 주체들이 서로 협동하여 세계를 변혁하는 데 참여한다. 반대화적이고 지배적인 나(I)는 지배당하고 정복당하는 당신(thou)을 단지 사물(it)로 변화시킨다. 그러나 대화적인 나는 자신의 존재를 불러내는 것이 바로 당신이라는 것을 안다. 또한 자신의 존재를 불러내는 당신이 또 다른 나를 구성하며, 그 나의 안에는 또 다른 당신이 있음을 안다. 이렇게 해서 나와 당신은 변증법적 관계를 통해 두 개의 당신이 되고 이 당신은 또 두 개의 나가 된다."[13] 인간은 홀로 있을 때에도 자기 자신과 대화를 나눌 수 있는 존재이고, 자신과 대화하는 존재이기에 고독한 존재나 고립되지 않는다. 아렌트와 비슷하게 프레이리는 대화를 통해 타인 속에 깃든 나를 발견한다고 본다.

그런데 모든 대화가 이런 발견을 부르지는 않는다. 여기서 프레이리가 강조하는 것은 바로 프락시스(praxis)이다. "말에는 성찰과 행동이라는 두 가지 요소가 있다. 이 양자는 근본적으로 상호작용하므로 부분적으로라도 하나를 버리면 다른 하나도 즉각 손상된다. 프락

---

13. 파울루 프레이리 씀, 남경태 옮김,《페다고지: 민중교육론》, 광주신서, 1986, 216쪽.

시스가 없는 참된 말이란 존재하지 않는다. 따라서 참된 말을 하는 것은 곧 세계를 변화시키는 것이다. 현실을 변화시킬 수 없는 거짓된 말은 말의 구성 요소들이 이분화되어 있을 때 생겨난다. 말에서 행동의 차원이 제거되면 성찰도 사라지고, 말은 한가한 수다, 탁상공론, 소외적인 '허튼소리'가 되어 버린다. 이런 공허한 말로는 세계를 비판할 수 없다. 변화에 헌신하지 않으면 비판이 불가능하며, 행동 없이는 변화가 없기 때문이다. … 인간 존재는 침묵 속에서 성장하는 게 아니라 말과 일과 행동—성찰 속에서 성장한다." 성찰과 행동이 분리되면 말은 공허해지고 비판은 갈피를 잡지 못한다. 텍스트를 읽는다는 것이 텍스트와 대화를 나누는 것이라면 대화를 통해 인간은 자신의 불완전함을 깨닫고 그래서 대화는 언제나 진행 중일 수밖에 없다. 그렇지만 이런 대화가 말로 그치지 않고 현실을 변화시키는 매개가 될 때에만 그 의미를 찾을 수 있다고 봤다. 나를 불러내는 것이 당신이듯이, 수행적인 대화는 나와 당신의 의미를 채워 가는 과정이다. 시민이 된다는 것은 시민을 말하는 것이 아니라 시민이라는 텅 빈 기표를 채워 가는 과정이다. 그 과정에서 우리는 서로를 새로이 호명할 수 있다.

그래서 대화를 통한 사유가 중요하다. "대화는 대화자의 통합된 성찰과 행동이, 변화되고 인간화되어야 할 세계로 접근하는 만남의 장이기 때문에, 단지 한 사람의 생각을 다른 사람에게 '맡기는' 식으로 진행되어서는 안된다. 또한 대화는 단순히 생각을 교환하여 그 생각이 토론자들 간에 '소비'되는 것이어서도 안된다. 대화는 세계를 이름 짓는 데 헌신하지도 않고, 진리를 찾지 않을 뿐 아니라 오히려 자신의 진리를 다른 사람들에게 강요하는 사람들 간에 벌어지는 적대적인 논쟁도 아니다. 대화는 세계를 이름 짓는 사람들 간의 만남이기 때문에 어떤 사람이 다른 사람을 대신해서 이름 짓는 상황이어서는 안된다. 대화는 창조 행위이므로 어떤 사람이 다른 사람을 지배하기 위한 교활한 수단으로 기능해서는 안된다. 대화 속에 함축된 지배는 대화자들에 의한 세계 지배. 즉 그것은 인류 해방을 위한 세계의 정복이다."[14] 우리는 지금 이런 대화를 나누고 있는가? 이런 대화를 통해 이해와 해석, 창조가 이루어지고 있을까?

단순히 비판적인 사유를 강조하는 것만으로는 이런 대화가 진행될 수 없다. 대화를 나누고자 마음을 먹는다고 해서 이런 대화가 진행되는 것도 아니다. 그런 점에서 서로 질문을 나누며 우리가 사는 세상을 읽고 그를 통해 새로운 질문을 만드는 과정이 필요하다. 프레이리는 이런 과정을 교육에서 찾았다.

프레이리의 방법론을 지리교육에 적용한 송훈섭에 따르면, "문해는 단순하게 글자를 전달하는 것을 의미하지 않는다. 이러한 이해는 문해 개념을 너무 단순하고 기계적으로 만들어버리기 때문에 이런 개념적 설명에서 벗어나 문해를 좀 더 넓게 이해할 필요가 있다. 학습자와 세계가 끊임없이 관계 맺음으로써의 새로운 문해 개념을 이해해야 한다. 문해는 이제 개인적인 도구로서의 개념을 넘어 세계를 변혁하고 실천하는 매개로서의 역할 도구로 탈바꿈해야 한다. 다시 말해서 기능 문해에서 비판적 문해로의 변화가 이루어져야 한다.

---

14.   파울루 프레이리, 앞의 책, 111-113쪽.

비판적 문해는 문자를 생존하는 데 쓰는 도구적 개념을 넘어서, 그 도구를 통해서 자신이 속한 사회를 비판적으로 인식하고 사회의 변화에 역동적으로 참여하게 되는 과정이어야 함을 강조하는 개념이다. 비판적 문해에서 문자를 읽는 것은 세상을 읽는 것이다. 문자를 읽는다는 것은 텍스트가 담고 있는 지식을 무비판적이고 수동적으로 받아들이는 과정이 아니라, 그 텍스트를 비판적으로 이해하고 새로운 텍스트를 창조·재창조해 나가는 과정이다"라고 주장한다.[15] 그런 점에서 시민으로 존재하기 위해서 우리는 지속적으로 시민이 되기를 시도하고 변화해야 한다. 이해와 해석은 이런 변화 과정 속에서 의미를 찾을 수 있다.

4. 정치 문해력과 생활세계의 탈식민화

하지만 이런 과정이 순탄하리라 생각하지는 않는다. 한국의 교육은 프락시스를 배제하고 비판적 문해력을 살릴 수 있는 과정을 마련하지 않고 있기 때문이다. 공통 감각을 회복하며 대화를 통해 생활

15.　송훈섭, 〈프레이리의 비판적 문해교육과 지리교육〉, 《한국지리환경교육학회지》, 11(3), 2003, 50쪽. 프레이리도 마찬가지 이야기를 한다. "교육은 언제나 프락시스 속에서 재창조된다. 즉 존재(be)하기 위해서는 변화(become)해야 하는 것이다. 교육의 '지속'(베르그송적 의미에서)은 항구성과 변화라는 두 대립물의 상호작용 속에서 찾을 수 있다. 은행 저금식 방법은 항구성을 강조하지만 반동적이다. 문제제기식 교육 ― 여기서는 '고분고분한 태도도, 예정된 미래도 인정하지 않는다 ― 은 역동적인 현재에 뿌리 박고 있으며, 혁명적이다. 문제제기식 교육은 혁명적 미래를 개척하므로 예지적이다(동시에 희망적이기도 하다). 그래서 그것은 인류의 역사적 본성과 일치한다. 또한 이 교육에서는 인간이 자신을 초월하는 존재, 앞을 내다보고 나아가는 존재라고 여겨진다. 인간에게 고정성은 치명적인 위협이며, 과거를 돌아보는 것은 현재를 더 명확하게 이해하고, 미래를 더 지혜롭게 건설하기 위한 수단일 뿐이다."(파울루 프레이리, 앞의 책, 107-108쪽)

세계를 재구축하는 과정은 찾아보기 어렵다. 더구나 한국의 생활세계는 이미 체계의 힘에 짓눌려 있다. 즉 거버넌스, 뉴딜, 사회적 자본 같은 언어들이 증명하듯이, 권력과 화폐의 힘이 언어를 지배한다.

그런 점에서 '생활세계의 탈식민화'가 중요하다고 본다. 이는 언어가 다시 힘을 얻어 권력과 화폐를 제자리로 돌려놓는 것(제거하자는 것이 아니다!)을 뜻한다. 이런 전략이 실현되려면 정치경제적 문해력이 필요하다.

물론 이미 정치적 문해력을 강조하는 입장도 있고, 정치 과정이나 정치적인 이슈에 관한 지식이 시민성 함양에 긍정적인 영향을 미친다고 본다.[16] 관심을 가지고 관련 지식을 습득해야 정치적인 사안을 이해하기 쉽다는 점은 분명하다. 그런데 그 정치와 관련된 지식은 헌법이나 법률, 정치체제, 정치 과정, 국가기관의 권한, 선출직 정치인의 이름과 관련된 것으로, 이런 지식을 쌓는 것은 분명 정치 이해에 도움을 줄 것이다. 하지만 어떻게 보면 정말 중요한 것은 이런 현상을 이해하기 위한 판단, 가치이다. 송성민은 청소년의 정치 문해력 분석을 위해 "참여 의식, 공동체 의식(소속감, 연대감, 신뢰감), 준법 의식, 관용 의식, 타협과 설득 의식, 정치 효능감(내적/외적), 책임 의식, 봉사 의식의 11가지 항목"을 활용했다. 아마 다른 연구들의 항목도 이 범주에서 크게 벗어나지 않는 듯하다.

그런데 이런 범주는 체계의 영향력을 인식하는 것이기도 하지만 그 영향력을 수용하는 과정이기도 하다. 기존 체계의 언어를 암기하거나 학습하는 것을 넘어서 그 언어에서 해방되려는 노력이, 언

---

16. 송성민, 〈한국 청소년의 정치 문해력과 시민의식: 시민교육에서 지식을 통한 시민의식의 형성〉, 《법교육연구》 13(1), 2018, 35-62쪽.

어의 새로운 함의를 발견하려는 시도가 중요하다.

그런 점에서 우리에게는 사건이 필요하다. 백 년도 지난 1919년 3월, 4월의 민중운동에서 흥미로운 점은 운동에 참여하는 대중에게 다양한 형태의 정보가 제공되었다는 점이다. 소문(所聞)·신문(新聞)·격문(檄文)·방문(訪問)은 3·1운동 당시의 네트워커이자 커뮤니케이션 수단이었고, 이 말은 구술과 문자, 전근대/근대적인 매체가 모두 활용되었음을 뜻한다. "문해자들은 통지서를 '무학'의 주민들에게 '읽어 주고' 도시락을 싸서 시위에 참여할 것을 독려했다. '무식자'들과 농민을 위해서 준비된 것은 구술이었던 것이다. 선언서나 민중을 위해 따로 준비된 '문서'를 '읽어 주었다'는 정황은 다른 지역에서도 발견된다."[17] 어떻게 보면 평범한 사람들은 주어진 텍스트가 아니라 새로운 사건을 통해 새로운 정치적인 지식을 획득하고 새로운 사회에 관한 전망을 품게 된다.

그리고 박권일은 한국 시민들의 미디어 리터러시를 강화하는 데 기여했던 사건으로 안티 조선 운동을 꼽는다. "아이러니하게도 안티 조선 운동뿐 아니라 심지어 그것이 가져온 부정적 유산들까지도 시민들의 미디어 리터러시를 강화하는 데 일정 정도 기여했다. 물론 '나쁜 언론'을 바로잡으려 했던 이 전무후무한 대중운동은 끝내 나쁜 언론을 교정하지 못했다. 하지만 참여했던 시민들은 주체의 변화를 경험했다. 안티 조선 운동을 통해 한국 사회에 비로소 '미디어 리터러시 시민'이 탄생한 것이다. 여기엔 부정적인 면도 있는데, 그 문제는 너무 중요해서 별도의 장에서 논의할 필요가 있다. 간단

---

17. 천정환, 〈소문(所聞)·방문(訪問)·신문(新聞)·격문(檄文): 3·1운동 시기의 미디어와 주체성〉,《한국문학연구》 36호, 2009, 135쪽.

히 언급해 두자면, 시민의 미디어 리터러시가 어느 수준에서 답보하면 심각한 문제를 야기할 수 있다는 것이다. '정보 권위주의' 시대에는 그 시대의 문제가 있었지만, '정보 민주주의' 시대에도 또 나름의 문제가 불거진다. 톰 니콜스는 정보화 사회가 가짜 지식과 가짜 뉴스를 양산하며 '전문지식의 죽음'을 불렀고, 결국 민주주의를 파괴하고 있다고 진단한 바 있다.[18] 권위의 붕괴가 민주주의를 부르지만 앞서 살폈듯이 공통 감각과 상호 이해 없는 민주주의는 대중 사회로 흐르기 쉽다. 그렇다면 어떻게 새로운 함의를 발견할 것인가?

한국처럼 사건 사고가 많은 나라도 없기 때문에 계기는 곳곳에 있다고 생각한다. 권리에 대한 인식은 단순히 권리 조항을 암기하는 것으로 실현되기 어렵다. 때로는 당연한 권리를 요구하다 철저히 무시당하거나 배제당하는 과정이 권리를 제대로 인식하는 데 도움을 준다. 법도 마찬가지이다. 법 없이 사는 평범한 사람들이 법을 인식하는 계기는 권리를 무시당했을 때이다. 그런 점에서 무시와 배제, 폭력을 당연시하지 않고 그와 관련된 권리를 찾고 요구할 수 있는 시각이 필요하다.

정치경제적 문해력은 기존의 문법을 재해석하는 과정에서 길러질 수 있다고 본다. 예를 들면, '예산'은 정부가 지출하는 돈이라고 생각하기 쉽지만 사실 그 돈은 정부가 벌어 온 돈이 아니다. 그럼에도 시민의 동의를 제대로 구하지도 않고 한 해 500조 원이 넘는 예산이 정책이라는 이름으로 사용되고 있다. 예산과 정책은 마치 시민의 권한 밖인 것처럼(주민 참여 예산 제도조차도 이런 틀을 깨지 못했다). 시

---

18. 박권일, 〈표준시민: 민주화 이후의 역동적 시민〉, 《자음과 모음》 38, 2018, 238쪽.

민들이 삥 둘러앉아 예산서를 보고 이야기를 나누며 그 흐름과 방향을 정하며 정부에 시민의 권리 실현을 요구하는 과정이 정치적인 리터러시라고 생각한다. 이런 과정은 법과 권리에 대한 인식을 추상화하지 않고 구체화시키는 것에도 도움을 줄 수 있다고 본다.

마찬가지로 기업에 대한 개입도 가능하다고 본다. 기업 활동을 규제하고 노동권, 건강권을 강화시킬 수 있는 법령들이 이미 있다. '산업안전보건법', '생활화학제품 및 살생물제의 안전관리에 관한 법률'은 "산업 안전 및 보건에 관한 기준을 확립하고 그 책임의 소재를 명확하게 하여 산업재해를 예방하고 쾌적한 작업환경을 조성함으로써 노무를 제공하는 사람의 안전 및 보건을 유지·증진함", "생활화학제품의 위해성(危害性) 평가, 살생물물질(殺生物物質) 및 살생물제품의 승인, 살생물처리제품의 기준 등에 관한 사항을 규정함으로써 국민의 건강 및 환경을 보호하고 공공의 안전에 이바지하는 것"을 목적으로 삼고 있다. "기업의 조직 문화, 안전 관리 시스템 미비 등으로 사업장, 다중이용시설 등에서 인명 피해를 발생시켰을 때 법인, 사업주, 경영 책임자, 정부 책임자들을 처벌함으로써 노동자와 시민의 생명과 안전을 확보"한다는 '중대재해기업처벌법'의 입법 취지[19]를 함께 읽는 것, 이것이 삶을 구체적으로 개선시킬 수 있다고 생각한다.

구체적인 예산과 상세한 법률을 읽는 것은 체계의 의도를 파악하고 그 영향력을 통제하는 시도가 될 수 있다. 관건은 함께 읽을 사람들을 만나고 모으고 이를 행동으로 조직하는 것이다. 토지나 물, 숲, 공기, 에너지처럼 많은 생명체들에 영향을 미치는 자원들을

---

19.   중대재해기업처벌법제정연대 홈페이지(nomoredeath.kctu.org).

공동으로 관리하려는 시민들은 공공성의 주체를 정부나 시장, 개인도 아닌 커먼즈(commons)라는 말로 표현하고 있다. 이들의 주요한 활동 방식은 어느 누구의 것도 아니어서 모두가 이용할 수 있는 공유지를 넓히는 것이다. 예를 들자면, 낡은 건물을 주민들이 자발적으로 관리하며 문화 시설로 바꾸거나 공터를 활용해 누구나 농작물을 수확할 수 있는 텃밭을 일군다. 정부에 요구한 뒤 변화를 한없이 기다리는 대신, 시민들은 공동의 자원을 함께 관리하며 자발적인 아이디어로 변화를 스스로 만들어 간다.

커먼즈 운동에 동참하는 이들은 정부/기업과 민간이라는 이분법에서 벗어나야 한다고 강조한다. 정부의 자원이 시민들의 활동에 필요하고, 시민들의 활동 결과물이 새로운 시장을 만들기도 하기 때문이다. 정부는 이런 시민들의 활동을 지원함으로써 시민 참여를 끌어내고 민주주의를 실현하고, 기업은 착취하고 강탈하는 영리 시장의 문제점을 보완할 수 있다. 한국에서는 민간 위탁이라는 말이 시혜적으로 쓰이는데, 커먼즈 운동은 그 시혜성을 거부한다. 위탁이나 지원이라는 말이 드러내지 않는 건 행정의 필요성과 민간의 능력이다. 정부가 개입하거나 간섭해서 좋은 결과를 얻기 어렵기 때문에 능력을 가진 민간이 책임을 지는 것이니, 이 관계는 부탁이나 도움에 가깝다. 생활세계의 힘이 회복되면 이런 관계의 역전이 가능하다.

점점 뜨거워지고 있는 지구의 문제도 마찬가지라고 생각한다. 동학이 일어났을 당시 평민들은 하늘(天)이나 나라(國)라는 말을 쓸 수 없었다. 그건 양반들이나 쓰는 말이었다. 그런데 동학 농민들은 그 말을 자신들의 것으로 가져왔다. 심지어 내가 하늘이라 했고, 우리가 나라를 지키겠다고 선언했다. 그것이 혁명이었다. 마찬가지로 전문가들이나 쓰는 기후를 우리의 삶으로 가져올 혁명적인 선언이 필요한 시대이다. 그래야 나라가, 우리 삶이 지속될 수 있다. 리터러시는 교양이 아니다.

과학의 눈으로 세상을 읽다

민주주의 시대의 과학 리터러시

이정모(국립과천과학관장)

1. 인공 지능과 더 좋은 민주주의

1996년 2월 10일, IBM의 슈퍼컴퓨터 '딥블루'가 역사상 최고의 체스 챔피언이었던 가리 카스카로프에게 첫 판을 이겼다. 하지만 계속된 게임에서 카스카로프가 역전에 성공했다. 3승 2무 1패. 전 세계 언론이 난리가 났다. "이것 봐라, 기계가 사람을 이길 수는 없어. 컴퓨터가 아무리 똑똑해 봐야 사람을 쫓아올 수는 없지." 그게 끝이었다. 이듬해인 1997년에는 카스카로프가 딥블루에게 1승 3무 2패로 지고 말았다. 그 이후로 사람이 컴퓨터와 체스로 겨뤄서 이겨 본 적이 없다. 하지만 컴퓨터라고 해서 그다지 똑똑해지지는 않았다. 인공 지능이라는 말도 거의 쓰이지 않을 정도였다.

2011년 2월 14일부터 16일까지 IBM의 컴퓨터 '왓슨'이 미국의 유명한 퀴즈 쇼 '제퍼디!'에 참가했다. 상대방은 퀴즈 쇼 사상 최고의 상금으로 우승했던 브레드 러터와 74주 연속 우승자 켄 제닝스였다. 게임은 단순한 지식을 묻는 게 아니었다. 논리와 지식 그리고 유머가 있어야 풀 수 있는 문제도 있었다. 물론 왓슨의 관건은 인간의 언어를 이해하느냐는 것이었다. 인간의 언어로 된 질문을 들으면서 구문을 분석하고 문맥 속에서 의미를 파악한 후 해답을 도출해야만 했다. 하지만 결과는 왓슨의 완벽한 승리였다. 두 사람이 2만 달러 정도를 획득하는 동안 왓슨은 7만 7천 달러를 획득했다.

이때까지도 인간들은 오만했다. "왓슨은 놀랍고 새로운 일을 해냈지만 여전히 기계일 뿐이다. 진짜 '생각'은 기계를 만든 인간에게서 나왔다. 아직 인간은 포기하기엔 이르다"라는 게 전문가들의 일반적인 시각이었다. 과연 생각은 정말로 인간에게서만 나올까?

1) 벽돌 깨기에서 알파고까지

2015년 2월 26일자 《네이처》의 표제는 학습곡선(learning curve)이었다. 《네이처》는 '스스로 학습하는 인공 지능 소프트웨어가 비디오 게임에서 인간 수준의 능력을 획득했다'라고 평했다. 뭐 대단한 것은 아니었다. 벽돌 깨기 게임이었다. 공이 양 옆의 벽과 앞면의 벽돌 그리고 자신이 조종하는 라켓과 충돌할 때 어떻게 움직이는지만 알면 되는 게임이다. 인공 지능에게 이 게임을 시켰다. 그런데 게임을 시작한 지 10여 분이 지날 때까지도 인공 지능은 게임의 원리를 깨닫지 못했다. 네댓 살짜리 꼬마만도 못했다. 게임에 능숙해지는 데는 무려 두 시간이 걸렸다. 벽돌 깨기 게임에는 아주 단순한 전략이 있다. 한쪽에 터널을 뚫어서 공을 벽면 뒤쪽으로 밀어 넣으면 공이 알아서 벽면과 부딪히면서 벽돌을 깨는 것이다. 사람이라면 십여 분도 안돼서 알아차릴 전략을 인공 지능은 두 시간이 지난 다음에야 깨달았다. 겨우 이 정도의 능력을 가진 인공 지능이 무려 《네이처》의 표지를 장식하다니….

불과 11개월 후인 2016년 1월 28일자 《네이처》 표지는 '알파고'가 장식했다. 벽돌 깨기에서 알파고까지 단 11개월이었다. 더 놀라운 것은 두 논문의 저자가 데미스 하사비스라는 같은 사람이라는 사실이었다. 하사비스는 알파고를 개발한 인공 지능 프로그램 개발 회사 '딥마인드'의 설립자다. 논문이 발표된 날 딥마인드는 이세돌에게 도전장을 던졌다. 그 결과는 우리가 너무나 잘 알고 있다.

2016년 3월 13일, 이세돌이 마침내 이겼다. 세 판을 내리 진 다음의 일이었다. 이날은 인간이 인공 지능을 이긴 마지막 날이다. 2017년 5월 등장한 '알파고 마스터'는 세계 챔피언 커제를 3:0으로 이겼다. 하지만 지금까지의 알파고는 모두 사람에게서 배운 인공 지능이었다. 그런데 2017년 10월에 등장한 '알파고 제로'는 달랐다. 사람에게서 배우지 않았다. 알파고 제로는 알파고 마스터를 89:11로 이겼고 이세돌을 이긴 '알파고 리'에게는 100:0으로 이겼다. 이제는 우리가 인공 지능과 겨루기를 포기해야 할 지경이다.

2) 당신은요?

아이작 아시모프가 1950년에 펴낸 《아이 로봇》은 2004년에야 영화화되었다. 주연은 윌 스미스였다. 인간 형사 윌 스미스는 살인 혐의를 받고 있는 로봇을 심문한다. 잠깐 그들의 대화를 엿보자.

"왜 살인 현장에 숨었지?"

"전 겁이 났어요."

"로봇은 공포를 느끼지 못해. 아무 것도 느끼지 못하지."

"저는 느껴요."

    …

"로봇이 교향곡을 작곡할 수 있어? 로봇이 캔버스를 아름다운 그림으로
    바꿀 수 있냐고!"

"당신은요?"

"음…."

우리는 인공 지능을 평가할 때 자신이 아니라 이세돌, 베토벤, 반 고흐처럼 경지에 오른 최고의 인류와 비교하려는 경향이 있다. 이세돌을 이긴 인공 지능은 2016년에야 등장했지만, 나를 이기는 바둑 프로그램은 20년 전에도 있었다. 우리는 여전히 영화 속의 형사 윌 스미스와 같은 태도를 갖고 있다.

머리를 쓰는 것은 컴퓨터와 견주어 이길 수 없을지라도 음악과

미술 같은 예술적인 부분에서만큼은 인공 지능이 사람을 쫓아오지 못할 것이라고 생각했다. 하지만 그게 아니었다. 인공 지능 미술 프로그램은 전문가가 구분할 수 없을 정도로 명화를 흉내 내어 그린다. 심지어 같은 사진을 주고서 고흐처럼, 렘브란트처럼 그리고 뭉크처럼 그리라고 하면 그려 낸다. 고흐는 렘브란트처럼 못 그린다. 렘브란트는 뭉크처럼 못 그린다. 그리고 뭉크는 고흐처럼 못 그린다. 그런데 스스로 학습한 인공 지능은 구매자가 원하는 대로 그려 낸다.

이젠 음악에서도 인공 지능은 능력을 발휘하고 있다. 2016년 12월 14일 작곡 인공 지능 딥바흐(Deep Bach)가 발표한 곡을 프로페셔널 음악가들은 바흐의 곡이라고 믿었다. 이 프로그램이 다양한 작곡가를 학습한다면 간단한 멜로디를 주고서 바흐처럼, 베토벤처럼 또는 모차르트처럼 작곡하라고 하면 그들의 화성에 따라서 곡을 만들어 낼 것이다.

3) 인공 지능 시대는 이미 왔다

교육, 의학과 재판에서도 인공 지능은 이미 인간의 수준을 능가하고 있다. 조지아 공대의 애쇽 고엘 교수는 인공 지능 관련 과목을 온라인으로 개설하면서 질 왓슨이라는 백인 여성을 조교로 고용하여 온라인으로 학생들의 질문에 답하게 하였다. 질 왓슨은 학생들의 질문 40% 이상을 처리했다. 학생들은 질 왓슨을 최고의 조교라고 평가했다. 그런데 알고 보니 질 왓슨은 사람이 아니라 왓슨 컴퓨터였다. 이젠 인공 지능이 사람만큼 잘 가르치는 게 아니라 사람보다 더 잘 가르치는 시대가 되었다.

왓슨 컴퓨터는 의사의 역할도 하고 있다. 이게 IBM이 왓슨을 개발한 가장 큰 이유다. 우리나라에도 이미 12개 대학 병원에 도입되었다. 대부분의 의사들은 왓슨을 하찮게 여겼다. 왓슨은 인간 의사의 경쟁자가 아니라 단순한 보조 수단일 뿐이라고 여겼다. 그런데 그것은 의사들의 생각일 뿐이고 환자들의 생각은 달랐다.

유방암 환자가 유방을 절제하는 수술을 받았다. 그렇다면 재발 방지 치료법은 어떻게 해야 할까? 이때 인간 의사는 항암제 치료를 권했고 왓슨은 방사선 치료를 권장했다. 인간과 왓슨의 처방이 달랐다. 인간 의사들은 당연히 환자들이 인간의 처방을 따를 것이라고 생각했지만, 정작 환자는 왓슨의 방식을 선택했다.

인공 지능 판사 시대가 올까? 2016년 10월에 전 세계 ICT 전문가들이 모여서 이런 토론을 했다. 부질없는 토론이었다. 2017년 5월 1일 미국 위스콘신주 대법원은 인공 지능이 분석한 자료를 근거로 형사 재판 피고인에게 중형을 선고한 지방법원의 원심 판결을 받아들였다. 그동안 재판의 효용성을 위해 암묵적으로 인공 지능을 활용하던 미국 법원이 이제 인공 지능의 판단을 판결의 타당성 근거로 인용하기 시작한 것이다. 2018년부터는 한국의 대형 로펌이 왓슨을 고용하고 있다.

한국이 외국산 인공 지능에 크게 잠식되지 않은 까닭은 언어 능력에 한계가 있기 때문이다. 왓슨은 영어, 일어, 스페인어, 이탈리아어, 포르투갈어, 프랑스어, 독일어를 한다. 2016년 5월 9일 IBM은 왓슨이 한국어를 배우고 있다고 발표했다. 한국어는 왓슨이 배우는 여덟 번째 언어가 되었다. 한국말 배우기가 어디 쉬운가. 그런데 불과 7개월 후인 2016년 12월 26일 IBM은 왓슨이 한국어 공부를 끝냈다고 발표했다. 그리고 올해에는 '에이브릴'이라는 이름으로 국내 보험회사에 진출했다. 우리는 인공 지능의 비약적인 발전 속도에 놀라지만 말고 분노와 좌절 대신 현실을 인정하고 받아들여야 한다.

4) 더 좋은 민주주의

인공 지능과 로봇의 시대에 과연 우리는 어떤 삶을 살게 될 것인가? 일자리를 잃고 빈곤층으로 살 것인가? 혹자는 인공 지능과 로봇 때문에 없어지는 일자리보다 그들로 인해 생기는 일자리가 더 많을 것이라고 주장한다. 그럴 리가 있는가! 하지만 걱정하지는 말자. 자본주의 사회는 끊임없는 소비로 유지된다. 시민들이 소비할 돈이 없으면 자본주의는 망한다.

노동 시간을 줄이든, 기본 소득을 제공하든, 그것도 아니면 절약되는 생산비만큼 세금을 거둬서 공공 영역에 사람을 고용하든, 우리는 어떻게든 소비하면서 살 수 있는 수단을 제공 받을 것이다. 그런데 생각해 보자. 우리가 단순히 생활비를 벌기 위해서만 일하는 것은 아니지 않은가. 생활비는 물론 가장 중요한 요소이기는 하지만 노동을 통해서 자아를 실현하고 세상에 공헌하는 즐거움을 향유할 수 있다.

나는 인공 지능이나 로봇과 다툴 생각이 없다. 그들과 친하게 지내면서 편하게 살고 싶다. 인공 지능과 인류 사이에 갈등이 생길 일은 없다. 갈등은 인공 지능 시스템을 소유한 사람과 그렇지 않은 일반 시민 사이에 생길 것이다. 인공 지능을 소수의 독점 자본가 손에 맡기는 게 아니라 사회적으로 소유할 수 있는 안전망이 필요하다. 인공 지능과 로봇 시대에 우리가 자아를 실현하면서 살기 위해서 필요한 것은 더 좋은 민주주의다.

2. 과학 리터러시의 세 가지 키워드

1) 실패: 실패가 우리를 자유롭게 한다

연말이 되면 인생에 실패한 것 같아 좌절에 빠지는 친구들이 많이 등장한다. 바로 대학에 떨어진 친구들이다. 남들 다 가는 것 같은 대학에 떨어진 것도 억울한데, 그 지겨운 입시 공부를 한 해 더 해야 한다니 앞이 캄캄하고 억울하고 또 부끄럽기도 하다. (그렇게 좀 열심히 하지 그랬어요!)

그런데 말이다. 열심히 해도 대학에는 떨어지더라. 정말이다. 왜냐하면 내가 그랬다. 나는 부모님께 "공부 좀 해라!"라는 말을 단 한 번도 들어 본 적이 없다. 왜 그랬을까? 알아서 공부를 열심히 했기 때문이다. 공부가 취미였다. 심지어 아버지가 내 조카들에게 "공부 너무 열심히 하면 너희 큰아버지처럼 된다"라고 핀잔을 할 정도였다.

《내셔널 지오그래픽》이라는 월간지가 있다. 미국지리학회에서 발행하는 권위 있는 잡지다. 2013년 5월호 표지에는 돌이 채 되지 않은 아이의 얼굴 사진이 실렸다. 그리고 큰 글씨로 특집 기사 제목을 적어 놓았다. "THIS BABY WILL LIVE TO BE 120." 조동사 'will'을 쓴 걸 잘 봐야 한다. '이 아기는 120살까지 살 거야'라고 단정적으로 말한 것이다.

《타임》이라는 주간지도 있다. 내가 대학 신입생일 때는 이 잡지를 옆구리에 끼고 다니는 친구들이 많았다. 물론 일주일 동안 기사 하나를 제대로 읽지도 못했다. 그냥 폼이었다. 2015년 2월 23일자 표지에 돌이 되지 않은 아이 얼굴이 실렸다. 그리고 큰 글씨로 이렇게 적었다. "THIS BABY COULD LIVE TO BE 142 YEARS OLD." 이번에는 조동사 could를 썼다. '이 아기는 어쩌면 142살까지 살지도 몰라'쯤 될 것이다.

사람이 142살까지 살게 될지 모른다고? 이게 말이 되냐고요? 음, 말이 된다. 굳이 2010년대에 태어난 사람이 아니더라도, 지금 대략 스무 살쯤 된 사람들은 아마 사고만 당하지 않는다면 120살까지는 충분히 살게 될 것이다.

"어휴, 어떻게 100살, 120살을 살아, 지겹게. 나는 그렇게 살고 싫지 않아!"라고 말하고 싶은 분들도 있을 것이다. 하지만 소용없는 일이다. 과학과 의학이 정말 많이 발전해서 죽는 일도 쉽지 않아졌다. 이렇게 긴 인생에서 한두 해는 정말 아무것도 아니다.

게다가 알고 보니 실패가 엄청난 자산이더라. 없는 실패도 만들어서 해야 할 판이다. 노벨상은 실패한 연구자들에게 주는 거다. 무슨 황당한 소리냐고? 2017년 노벨 화학상은 '극저온 전자 현미경'을 연구한 세 분의 과학자에게 돌아갔다. 당시 그분들의 나이가 만 77세, 75세, 72세였다. 그분들은 1973년부터 연구를 시작했다. 그 사이에 '실패, 실패, 실패, 작은 성공, 실패, 실패, 실패, 작은 성공 …' 같은 패턴을 반복했다. 그러다가 2013년에야 마침표를 찍게 된다. 결국 40년 동안 실패를 거듭했던 분들이다. 노벨상은 그 실패에 대한 보답인 것이다.

우리나라의 연구 개발(R&D) 성공률은 얼마나 될까? 놀랍게도 95~98%다. 그렇다! 바로 이게 문제다. 우리나라는 성공만 한다. 그래서 노벨상을 못 받는 것이다. 우리나라 과학자들은 다 천재일까? 그래서 실패가 없는 걸까? 그럴 리가 없잖은가. 여러 가지 사정으로 실패할 수 없는 주제를 연구했기 때문이다. 이런 연구에는 결코 노벨상이 돌아갈 리가 없다. 과학자들은 천재가 아니라 실패에 무딘 사람이다.

노벨상을 타고 싶으면 실패를 많이 해야 한다. 성공한 인생이란 게 뭔지는 나도 모르겠다. 하지만 인생에 성공하고 싶으면 일단 실패를 많이 해야 하는 것은 분명한 것 같다.

그런데 세상에 쉬운 게 하나도 없다. 실패도 그렇다. 아직도 그 날이 기억난다. 그때는 대학 건물 벽에 커다랗게 학과별 합격자 번호를 붙여 놓았다. 아무리 눈 씻고 다시 봐도 내 수험번호가 없는 것이었다. 실패하기도 힘들었지만 실패를 납득하고 인정하기는 더 힘들었다. 시간이 많이 필요했다. 결국에는 다 되더라.

대학에 떨어진 후 재수 학원 입학시험을 치렀다. 학력고사 보는 날보다 더 긴장했고, 합격자 발표를 초조하게 기다렸다. 물론 당당히(!) 붙었고 다음 해에 대학에 들어갔다. 대학 생활은 온갖 어려움이 있었다. 대학원 입학시험에도 떨어졌다. 운전면허 시험은 무수히 떨어졌고, 논문을 위한 실험은 죽어라고 잘 되지 않았다. 그야말로 실패의 연속이었다.

아무리 나이가 들어도, 실패에 익숙해져도 실패는 견디기 힘든 것이다. 그런데 어느 순간부터인가 실패해서 생기는 상처가 점점 작아지는 것을 느꼈다. 처음에는 몇 달 걸리던 게 나중에는 하루면 회복되더라. 오뚝이처럼 쉽게 일어나게 됐다. 이걸 교육학자들은 굳이 어려운 말로 '회복 탄력성'이라고 한다. 탄성 계수가 좋은 스프링이 통통 튕겨 나가듯이 회복 탄력성이 좋은 사람은 실패에서 쉽게 일어선다.

우리 인생은 길다. 길어도 너무 길다. 우리 인생에는 무수히 많은 실패라는 지뢰가 깔려 있고, 우리는 그 지뢰를 결코 피할 수 없다. 이따금씩 잊을 만하면 지뢰가 터진다. 이때 가장 중요한 것이 회복 탄력성이다. 회복 탄력성을 키우는 유일하면서도 가장 확실한 방법은 실패를 많이 경험하고, 실패할 때마다 격려 받는 것이다.

이 실패가 우리를 자유롭게 할 것이다. 이 실패를 잘 즐겨야 한다. 다른 사람이 우리의 실패를 격려할 가능성은 그다지 크지 않다. 자기 스스로 격려해야 한다.

내가 어렸을 때만 해도 텔레비전의 밤 9시 뉴스가 끝날 무렵에는 기상청(당시 국립중앙관상대)의 김동완 통보관이 직접 출연해서 날씨를 알려 주었다. 김동완 통보관은 한반도 주변의 해안선이 표시된 흰 종이에 매직으로 등압선을 그려 가면서 날씨를 예보했다. 그가 날랜 속도로 그리는 기상도 덕분에 온 국민이 날씨가 왜 변하는지 잘 이해할 수 있었다. 매일 지구과학 수업을 듣는 것이나 마찬가지였다.

기상도는 어떻게 그리는 걸까? 시작은 숫자다. 기상학자들은 자기들만의 가상 세계를 만든다. 그리고 대기를 양파 껍질처럼 여러 층으로 나눈다. 각 층을 다시 바둑판처럼 여러 개의 작은 면으로 분할한다. 지구를 둘러싼 공기를 수없이 많은 작은 정육면체 상자로 채웠다고 보면 된다. 각 정육면체의 꼭짓점에서 대기의 여러 특성을 측정한다. 이 값을 컴퓨터에 입력해 미래의 대기 상태를 계산한다. 정육면체가 작아지면 작아질수록 더 정교한 값이 나오기 마련이다.

그런데 일기예보는 우리만 잘한다고 되는 게 아니다. 기상도에는 국경이 있지만 대기에는 국경이 없기 때문이다. 공기는 국경을 넘나들면서 순환한다. "이건 우리나라 공기야. 저건 너희 나라 공기 잖아"라고 말해 봐야 소용이 없는 거다. 따라서 정확한 일기예보를 하기 위해서는 우리나라의 대기 흐름뿐만 아니라 다른 나라 위에서 움직이는 대기의 특성도 알아야 한다. 그래서인지 기상 분야는 전 세계의 협력 체계가 가장 먼저 확립되었다.

서로 도움을 주고받으려면 교환하는 정보의 규격이 같아야 한다. 그래서 전 세계는 같은 시간에 같은 방법으로 기상을 관측하고 이 값을 교환한다. 이를 위해 1873년에 이미 국제기상기구(IMO)가 설립되었다. IMO는 1950년에 UN 산하기관인 세계기상기구(WMO)로 개편된다. 세계기상기구는 이념과 상관없이 협력한다. 심지어 전쟁 중인 국가 사이에도 정보를 주고받는다.

더 정교한 일기예보를 하려면 대기를 나눈 가상의 정육면체 크기가 더 작아져야 한다. 그러면 더 많은 숫자가 나오기 때문이다. 숫자가 늘어났으니 이걸 계산하는 시간도 기하급수적으로 늘어난다. 기상청의 과학자들이 모두 매달려서 엄청난 속도로 계산한다. 마침내 답을 얻었다. 내일의 일기 예보가 작성되었다. 그런데 아뿔싸! 벌써 내일모레가 되었다. 도저히 손으로 계산해서는 안될 것 같다. 그래서 등장한 것이 바로 슈퍼컴퓨터다.

1999년 슈퍼컴퓨터 1호기(NEC/SX-5)의 도입과 함께 우리나라에서도 본격적인 수치 예보가 시작되었다. 우리나라 슈퍼컴퓨터의 역사는 기상청 슈퍼컴퓨터의 역사와 같다. 기상청은 다양한 해상도의 모델을 사용한다. 10km의 전지구 모델, 12km의 지역 모델, 1.5km의 국지예보 모델, 32km의 전지구 앙상블모델(25개국), 3km의 국지 앙상블모델(13개국) 등이 그것이다.

그런데 왜 일기예보는 만날 틀리는 걸까? 우리나라는 일기 예보가 좀 까다롭기는 하다. 전 국토의 70%가 산이다. 동서를 가르는 백두대간이 있고 여기에서 나온 산줄기가 발달했다. 삼면을 둘러싼 바다에서 고온 다습한 기류가 몰려오고 북쪽에서는 차고 건조한 공기가 내려온다. 복잡한 기류와 복잡한 지형이 만나서 게릴라성 폭우처럼 예측하기 어려운 현상들이 자주 일어난다.

슈퍼컴퓨터는 그냥 하드웨어다. 하드웨어도 중요하지만 소프트웨어가 더 중요하다. 처음에는 일본 수치 예보 모델을 썼다. 좋은 모델이지만 틀릴 때가 많았다. 2010년부터는 영국 모델을 사용하고 있다. 일본 것이든 영국 것이든 우리나라 상황을 정확히 반영하지는 못한다. 우리나라만의 수치 예보 모델이 필요하다. 사람과 돈과 시간이 필요한 일이다.

그럼에도 우리나라 기상청의 예측 정확도는 세계 최고 수준이다. 우리나라 일기예보가 엉터리라는 느낌은 예측이 어긋나서 망친 하루만 기억하는 우리 뇌 때문에 생기는 착각이다.

더 중요한 게 있다. 일기예보는 과학이다. 자료를 가지고 가장 합리적인 판단을 하는 것이다. 비가 온다, 안 온다가 아니라 강수 확률이 몇 퍼센트라고 예보한다. 합리적인 판단이 항상 정답으로 이어지는 것은 아니다.

일기예보는 영묘한 점쟁이가 내놓는 점괘가 아니다. 당연히 맞지 않을 수도 있다. 예보가 틀렸다고 해서 기상청장이 사과문을 발표해야 하는 것은 아니라는 얘기다. 과학은 과학으로 대해야 한다.

과학도, 인생도 가끔 틀리는 게 정상이다.

2) 질문: 정답 대신 좋은 질문

공룡과 별. 이 두 가지는 과학으로 통하는 가장 큰 관문이다. 내 주변에 있는 과학자들도 마찬가지다. 지금 연구하고 있는 분야와는 상관없이 그 출발점은 공룡과 별이었던 사람들이 많다. 어린 시절 엄마가 보여 준 은하수, 술김에 흥에 겨운 아버지가 사들고 온 공룡 인형에서 우주와 생명에 대한 관심의 씨앗이 싹텄다.

공룡은 보통 다섯 살에서 아홉 살 사이의 아이들이 좋아한다. 요즘에는 남녀 구분도 없다. 꼬마들은 공룡 이름을 기가 막히게 잘 외운다. 등에 뾰족한 골판이 솟은 스테고사우루스, 얼굴에 뿔이 달린 트리케라톱스, 꼬리에 곤봉이 달린 안킬로사우루스처럼 특이하게 생긴 초식공룡들이야 그렇다고 쳐도, 브라키오사우루스나 바로사우루스, 아파토사우루스처럼 그게 그것처럼 생긴 목 긴 공룡들도 기가 막히게 구분하는 것을 보면 놀라울 따름이다. 꼬마들은 공룡학자들보다 공룡 이름을 더 많이 안다.

"그런데 왜 아이들은 공룡을 좋아할까요?" 공룡 덕후 부모님들이 많이 묻는 질문이다. 이 질문에는 아무런 걱정이 담겨 있지 않다. 오히려 거의 공룡 박사처럼 보이는 자식에 대한 대견함이 묻어 있다. 이런 질문에 내가 해주는 대답은 거의 교과서적이다.

아이들이 공룡을 좋아하는 이유는 크게 세 가지다. 첫째는 크기 때문이다. 우리는 큰 것에 매력을 느낀다. 공룡만 그런 게 아니다. 코끼리, 기린, 코뿔소, 고래처럼 큰 동물을 좋아한다. 같은 고양잇과 동물이라고 해도 살쾡이나 삵보다는 사자와 호랑이처럼 큰 동물이 멋있다. 그런데 공룡은 얼마나 큰가! 하지만 여기에는 오해가 있다. 지금까지 발견된 1,000여 종의 공룡 가운데 절반은 거위보다 작았다. 우리가 큰 것만 기억할 뿐이다.

둘째 이유는 이상하게 생겼다는 것이다. 공룡은 지금 살고 있는 그 어떤 동물들과도 닮지 않았다. 머리와 등 그리고 꼬리가 괴상하게 생겼다. 이상한 생김새는 여러 가지 상상을 하게 한다. '스테고사우루스 등에 있는 골판의 역할은 무엇일까' 같은 것 말이다. 내가 어렸을 때는 방어 무기라고 가르쳤다. 그런데 생각해 보자. 포식자가 등 위에서 공격하는 게 아닌데 등판에 갑옷이 있어야 무슨 소용일까. 또 CT 촬영을 해보니 무수히 많은 모세혈관의 흔적이 보였다. 물리면 피를 줄줄 흘렸을 것이다. 방어 무기이기는커녕 약점인 셈이다. 요즘은 뇌가 작은 초식 공룡들이 동족을 찾기 위한 장치였다고 본다. 아이들뿐만 아니라 어른들도 낯선 것에 대한 호기심이 넘친다.

셋째 이유는 지금 존재하지 않는 생명체라는 것이다. 누구나 사라진 것에 대한 아련함이 있다. 어른도 그렇다. 학교 소사 아저씨, 유랑 서커스단, 연애편지처럼 사라진 것에 대한 기억은 변주를 일으켜서 다양한 이야기를 만들어 낸다. 이야기는 사람과 사람을 이어 주는 다리다. 공룡을 중심에 두고 상상의 날개를 펼치면 무수히 많은 이야기 다리가 만들어진다. 하지만 공룡이 멸종했다는 것은 큰 오해다. 약 1만 400종의 공룡이 지금도 살아남아서 우리와 함께 살고 있다. 새가 바로 공룡이다. 시조새는 잊어도 된다. 시조새는 새의 조상이 아니다. 시조새 역시 공룡의 일종이었고 후손을 남기지 못하고 사라졌다. 하지만 새였던 공룡은 6,600만 년 전 대멸종을 견뎌 내고 우리와 함께 살고 있다. 우리는 축구를 보면서 공룡 튀김을 먹는다.

공룡이라면 사족을 못 쓰던 아이들도 아홉 살이 되고 열세 살이 되면 공룡과 헤어진다. 공룡 인형을 버리고 공룡 이름도 잊어버린다. 도대체 왜 그럴까? 나는 '질문'에 그 답이 있다고 생각한다. 자연사 박물관 관장으로 일하던 시절, 매일 한두 가족에게 전시 해설을 하는 도슨트 활동을 했다. 고생대 코너에서는 얌전하던 친구들이 중생대 코너에 들어서면 말이 많아진다. 자기가 알고 있는 것을 자랑하기 바쁘다. 부모님들은 그 모습을 대견해 한다. 공룡 앞에서 "질문 없어요?"라고 물어보면 100 중 99는 같은 질문을 한다. "공룡은 왜 멸종했어요?"가 바로 그것이다.

6,600만 년 전 지름 10km짜리 거대한 운석이 지구에 충돌했고 열폭풍, 쓰나미, 지진, 화산 폭발 그리고 기후 변화로 인해 고양이보다 큰 육상 동물이 모두 멸종할 때 비조류 공룡도 멸종했다. 오히려 "공룡은 왜 발생했어요?" 같은 질문이 나올 것도 같은데 정작 이런 질문은 하지 않는다.

그렇다. 이것이 문제다. 공룡을 좋아해서 열심히 책도 읽고 다큐멘터리도 보고 강연도 들으면서 지식이 많아졌다. 지식을 자랑하는 재미가 쏠쏠했고 부모님이 좋아하시기도 했다. 그래서 뭐? 자랑도 한두 번이지…. 궁금하지 않았다. 새로운 질문이 떠오르지 않았다. 더 이상 묻고 캘 것이 없어졌다. 그러다 보니 공룡에 대한 관심도 사라졌다. 공룡 대신 별을 대입해도 마찬가지이다. 행성의 이름과 성질을 익히고 별자리를 암기하고 추운 겨울날 관측도 했지만, 질문이 더 이상 떠오르지 않으면 별과도 이별할 수밖에 없다.

"우리 아이가 어렸을 때는 공룡 박사였는데 이젠 과학이라고 하면 쳐다도 안 봐요. 왜 그런지 모르겠어요." 부모님들이 아쉬운 표정으로 많이 묻는다. "애들이 다 그렇지요, 뭐"가 내 공식적인 답변이지만 속마음은 다르다. "아이들이 질문을 얻지 못했기 때문이지요"가 진짜 답이다. 과학관과 자연사 박물관은 호기심을 해결하는 곳에 그쳐서는 안된다. 새로운 질문을 얻어 가는 곳이어야 한다. 어려울수록 흥미를 느낀다.

공룡과 별은 과학으로 통하는 가장 큰 관문이다. 하지만 이 관문을 지났다고 해서 누구나 과학자가 되거나 과학적으로 사고하는 것은 아니다. 문을 통과하면 지식이라는 넓은 강이 흐르기 때문이다. 강물에 휩쓸리면서 지식만 쌓다 보면 결국 과학이라는 밀림에서 벗어나게 된다. 지식의 강에 놓여 있는 질문이라는 징검다리를 총총 밟고 건너야 한다.

최고의 상상가(想像家) 한 명을 꼽으라면 나는 주저 없이 쥘 베른을 말한다. 뭔가 새로운 것을 상상하라고 하면 우리는 보통 물리학과 생물학의 지식에서 출발하려는 버릇이 있는데 쥘 베른은 현대 생물학과 물리학의 세례를 받지 못한 사람이다. 그는 런던의 리젠트 파크에 세계 최초의 공공 동물원이 설립된 해인 1828년에 태어나서 물리학의 '기적의 해'라고 불리는 1905년에 사망했다. 그런데도 그가 최고의 상상가가 된 데는 분명한 이유가 있다. 누구나 재미있는 발상을 하지만 아무나 경계를 뛰어넘지는 못한다. 상식을 토대로 하고 지식의 최전선 안쪽에 머무르고 만다. 세상을 바꾸려면 경계를 뛰어넘어 전선을 바꿔야 한다. 쥘 베른은 바로 경계를 넘은 사람이다. 《해저 2만 리》(1870)에는 무한한 바다가, 《지구 속 여행》(1864)에는 무한한 땅이, 그리고 《지구에서 달까지》(1865)와 《달나라 탐험》(1869)에는 무한한 하늘이 있다.

최초의 물속 여행은 《해저 2만 리》 출간 이전에 이미 실현되었다. 1776년 미국 독립전쟁 때 달걀 모양의 잠수정 터틀이, 1863년에는 프랑스 해군 잠수함 플론져가 진수되었다. 터틀은 사람의 힘으로 작동한 반면, 플론져는 압축 공기를 동력으로 사용했다. 이것이 당시 기술의 전선이었으며, 쥘 베른의 상상은 여기에서 시작되었다. 그는 무한한 에너지를 사용하는 잠수함을 상상했다. 1954년 미국은 세계 최초의 원자력 추진 잠수함을 진수했다. 그 잠수함의 이름은 'SSN-571 노틸러스'이다. 《해저 2만 리》에 나오는 노틸러스 호가 실현된 것이다.

땅속으로의 여행은 어떨까? 땅속에는 생명이 살 수 있는 공간이 없다. 공기와 물이 있기는커녕 뜨거운 용암이 흐르고 있을 뿐이다.

하지만 쥘 베른의 생각은 달랐다. 쥘 베른은 '지구 공동(空洞)설'이라는 가설을 내놓았다. 땅속은 텅 비어 있고 생각처럼 뜨겁지 않다는 것이다. 만약 지구 내부로 갈수록 뜨거워진다면 지구는 이미 폭발했을 것이라고 그는 생각했다. 만약 땅속에 빈 공간이 있다면 거기에는 무엇인가가 있을 것이다. 그렇다면 거기에는 어떻게 갈 것인가? 쥘 베른의 상상은 《지구 속 여행》을 낳았다.

지구 속이 비어 있다는 쥘 베른의 가설은 틀렸다. 당시 지식의 한계였다. "난 성냥과 철도와 전차와 가스, 전기, 전보, 전화 그리고 축음기가 태어나는 것을 보았다"라고 쥘 베른은 흥분해 말했다. 성냥과 전화기에 깜짝 놀라는 시대였던 것이다. 그의 상상력을 낮게 보아서는 안된다. 그는 당시 과학의 전선에서 한 발 더 나아가 경계를 넘었다. 문제는 현대를 살고 있는 우리의 상상력이다. 쥘 베른의 19세기 생각이 21세기에도 통해서 영화 〈잃어버린 세계를 찾아서〉(2008)가 히트를 쳤다. 우리는 현대 과학의 전선을 돌파하는 상상은 커녕 한참 뒤에서 공상을 하고 있는지도 모른다.

쥘 베른이 바다보다 먼저 자신의 세계로 만든 곳이 있다. 바로 달이다. 쥘 베른은 지구와 달 사이의 경계를 넘어 사람들을 달에 데려가려고 했다. 그런데 놀라운 사실이 있다. 자동차가 대중화되고 비행기가 발명되기 전까지 최첨단 교통수단은 배였다. 쥘 베른 시대에 보고된 UFO들은 하나같이 배처럼 생겼다. 그런데 쥘 베른은 지금과 같은 로켓의 모습을 상상해 냈다.

SF는 '과학 소설'이지 '공상(空想) 과학 소설'이 아니다. 하지만 나는 공상 과학 소설이라는 말을 좋아한다. 철저한 과학 소설이 뭐가 재밌겠나? 뭔가 새로운 생각을 담고 있어야 재미있다. 그렇다고 해서 정말로 공상이 되어서는 재미가 없다. 현실에 두 발을 딛고 서 있는 상상을 해야 한다.

상상은 인류의 영역을 넓히는 힘이다. 영역 확장은 전선에서 일어난다. 전선에 한참 못 미치는 곳에서 하는 생각은 상상이 아니다. 그것은 잘해야 학습이다. 반대로 현대 과학에 발을 딛지 않고 전선 너머에서 하는 생각은 막연한 공상일 뿐이다. 상상이란 현대 과학의 최전선에서 새로운 생각을 하는 것이다. 따라서 상상을 하려면 과학의 최전선을 알아야 한다.

그렇다면 상상을 위해서는 꼭 과학자가 되어야 하는 것일까? 쥘 베른은 한 인터뷰에서 이렇게 말했다.

"나는 과학에 특별히 열광하지 않습니다. 과학 공부를 한 적도 없고 실험 같은 것은 더더군다나 없지요. … 하지만 제가 엄청난 독서광이라는 건 분명하게 말씀드릴 수 있습니다."

과학에 정답은 없다. 과학 지식은 시대에 따라 계속 변해 왔다. 과학 지식은 지금 인류가 내놓을 수 있는 최선의, 일시적인 답일 뿐이다. 과학자들은 정답보다 좋은 질문에 관심이 많다. 물음을 던지고 논리적 과정을 따라 자신만의 답을 찾아낸다면 그것이 과학이라고 생각한다.

3) 겸손: 할 수 없는 것을 아는 것

"지구에서 가장 가까운 별은 무엇일까요?"

이렇게 물어보면 다양한 답이 나온다. 가장 많은 대답은 달, 수성, 금성, 그리고 화성이다. 당연히 틀린 답이다. 왜냐하면 별은 자기 자신을 태우면서 열과 빛을 발산하는 천체이기 때문이다. 그 다음에 나오는 대답은 알파 센타우리, 또는 프록시마 센타우리이다. 하지만 아쉽게도 틀렸다. 두 별은 지구에서 각각 4.4광년, 4.2광년이나 떨어져 있다. 빛의 속도로 날아가도 4년 넘게 걸리는 아주 먼 별이다.

질문에 맞는 답은 '태양'이다. 우리가 아는 별들은 모두 밤에 보이기 때문에 낮을 환히 밝히는 태양을 별로 생각하지 못하는 경우가 많을 뿐 태양도 별이다.

우리 은하에만 별이 1천억 개가 있다. 우주에는 은하가 1천억 개 넘게 있다. 따라서 우주에는 1천억 개 곱하기 1천억 개 이상의 별이 있는 셈이다. 태양은 그 많은 별 가운데 하나인 아주 평범한 별이다. 그런데 태양은 우리에게 특별하다. 이유는 단 한 가지다. 바로 지구와 가깝기 때문이다.

태양은 지구와 얼마나 가까울까? 지구에서 태양까지의 거리는 1억 5천만 km이다. 너무 먼 거리라서 감이 잘 오지 않는다. 1초에 지구를 일곱 바퀴 반이나 돈다는 빛의 속도로도 (계절에 따라 다르지만 대략) 8분 19~20초가 걸리는 곳에 태양이 있다. 그런데 놀랍게도 이렇게 멀리 있는 태양이 지구에서 가장 가까운 별이라는 사실 때문에 지구에 생명체가 살 수 있다. 지금보다 지구가 더 먼 데 있었다면, 예를 들어 지구가 화성의 위치에 있었다면 어땠을까? 아니면 반대로 더 가깝다면, 그러니까 지구가 금성의 위치에 있었다면? 고민할 필요도 없다. 지금의 화성과 금성을 보면 된다. 지구에 생명체가 살 수 없었을 것이다. 지구는 절묘한 위치에 놓여 있다. 이것을 과학자들은 동화의 표현을 빌려 '골디락스 존'이라고 한다.

50억 년 전에 생긴 태양 안에서는 수소 원자핵이 헬륨 핵으로 변하는 핵융합 반응이 끊임없이 일어난다. 이때 수소 핵의 질량 가운데 일부가 에너지로 변한다. 그것이 우리가 받고 있는 햇빛이다. 우리가 사용하는 에너지는 모두 햇빛에서 왔다. 햇빛은 이산화탄소와 물을 포도당으로 만들어 주기 때문이다. 태양 에너지는 지구 생명체 대부분에게(그렇다, 전부는 아니다) 생명의 근원으로 작용하고 있다. 물론 지구도 한몫했다. 이산화탄소와 물을 준비하고 있으니 말이다.

지구에 생명이 탄생하는 데는 태양이 결정적인 역할을 했다. 하지만 이럴 때마다 우리가 잊고 있는 천체가 하나 있다. 지구와 가장 가까운 천체, 즉 달이다. 달은 지구의 위성이다. 지구에 비해 지름은 4분의 1, 부피는 50분의 1, 질량은 83분의 1밖에 안된다. 질량이 작으니 중력도 작다. 지구 중력의 6분의 1이다. 이렇게 작고 보잘것없는 천체인 달도 지구 생명체의 등장에 결정적인 역할을 했다. 달이 없었으면 지구에 생명체도 없었다. 이유는 한 가지, 바로 지구와 가까이 있기 때문이다. 달까지는 빛의 속도로 겨우 1.2초밖에 안 걸린다. (이렇게 가까운 달에 발을 디뎌 본 사람은 겨우 열두 명밖에 안된다.)

그런데 가만! 달이 왜 저기 있는 것일까? 50억 년 전에 태양이 만들어지고 46억 년 전에 지구가 탄생했다. 그때만 해도 태양계는 아주 복잡했다. 수많은 소행성과 혜성들이 마구 돌아다니면서 행성들과 충돌하고 있었다. 어떤 생명체도 살고 있지 않았으니 망정이지 누군가 살고 있었다면 지옥이 따로 없었을 것이다.

지구가 형성되고 불과 2천만 년이 지났을 때의 일이다. 지금의 화성만 한 행성이 지구와 충돌했다. 그 행성의 이름은 '테이아'다.

무슨 일이 벌어졌을까요? 내가 주먹으로 벽을 치면 벽만 부서지는 게 아니라 내 주먹도 다치는 것과 마찬가지의 일이 일어났다. 테이아가 지구와 충돌하자, 지구도 상당 부분이 파편이 되어 우주로 떨어져 나갔다. 작은 조각들이 지구 주변을 돌다가 뭉쳐져서 만들어진 것이 바로 달이다.

달은 지구에 계절을 선물했다. 지구에 계절이 있는 이유는 지구 자전축이 23.5도 기울어져 있기 때문이다. 그래서 태양 주변을 공전할 때 햇빛을 받는 각도가 달라져서 계절이 생기고 또 지구가 받는 태양열이 지구로 골고루 퍼지게 된다. 지구의 자전축을 안정적으로 잡아 주고 있는 게 바로 달이다.

만약에 달이 없어진다면 어떤 일이 일어날까? 지구 자전축이 요동치게 된다. 극심한 기후 변화가 일어난다. 극지방이 열대로 변하고 적도지방에는 혹한이 찾아온다. 이런 일이 반복된다. 매일 슈퍼 폭풍이 지구를 지배한다.

또 달이 사라진다면 밀물과 썰물의 차이가 지금보다 30% 이하로 줄어든다. 바다는 항상 일정한 수심을 유지하게 된다. 갯벌이 항상 물에 잠겨 있게 되므로 조개와 낙지 같은 어패류는 살지 못하게 된다. 바닷물은 순환이 되지 않아 산소가 부족해져서 물고기들이 살기 힘들어진다. 조수 간만의 차이를 이용해 전기를 생산하는 조력발전은 생각도 못하게 된다. 달이 없으면 밤은 그야말로 칠흑으로 변하고 만다. 올빼미 같은 야행성 동물은 존재하지 않을 것이다.

달이 없으면 주말도 없다. 태양과 달의 운행을 관찰하면서 자연스럽게 등장한 것이 바로 달력이다. 하루와 한 해는 태양의 운행에 따라 정해지지만 일주일과 한 달은 달의 운행에 따라 정해진다.

태양의 지름은 달의 400배이다. 그런데 지구–태양의 거리 역시 지구–달 거리의 400배다. 덕분에 달이 태양을 완전히 가리는 개기일식이 일어날 수 있다. 하지만 언제까지나 그런 것은 아니다. 달은 지구에서 점점 멀어지고 있다. 중력의 크기가 달라지고 지축도 달라진다. 50억 년 후엔 태양이 점점 부풀어 올라서 지구를 삼켜 버리게 된다.

태양–지구–달의 관계가 지금처럼 놓인 것은 순전히 운이다. 그 운으로 우리가 살고 있다.

(1) 적도의 경험

서호주의 광대한 사막을 탐험한 적이 있다. 자동차에는 내비게이션이 장착되어 있었다. 그런데 노란 바탕의 화면에는 파란 줄만

달랑 하나 있었다. 그냥 사막에서 앞으로 쭉 나가면 된다는 뜻이었지만 나는 내비게이션이 망가졌다고 착각했다. 하지만 괜찮았다. 우리에게는 태양이 있으니까.

북반구나 남반구나 해가 뜨는 쪽은 동쪽이다. 해가 뜨는 쪽을 오른쪽에 두었을 때 제 앞쪽이 북쪽이다. 그런데 그림자의 이동 방향이 다르다. 북반구에서는 해가 동쪽에서 떠서 남쪽을 지나 서쪽으로 지기 때문에 낮에는 나무 그림자가 북쪽을 향한다. 하지만 남반구에서는 해가 동쪽에서 떠서 북쪽을 지나 서쪽으로 진다. 따라서 낮에는 나무 그림자가 남쪽을 향한다. 그러니 자신이 북반구에 있는지, 남반구에 있는지만 잊지 않고 있으면 해든 달이든 별이든 천체를 이용해서 방향을 쉽게 찾을 수 있다. 비만 오지 않는다면 말이다.

갈라파고스에 가려면 에콰도르에 들러야 한다. 에콰도르는 나라 이름 자체가 '적도'라는 뜻의 스페인어이다. 에콰도르에 간 사람치고 수도 키토에 있는 '적도공원'에 들르지 않는 사람은 없을 것이다. 가 보면 특별히 볼 것은 없다. 하지만 한 발은 북반구에, 다른 한 발은 남반구에 딛고 서 보는 경험을 하고 싶어서 간다. 또 코리올리 힘이 작용하지 않는 현장을 목격하고 싶어서이기도 하다.

지구는 자전하기 때문에 그 위에 있는 물체는 힘을 받는다. 이것을 코리올리 힘 또는 전향력이라고 한다. 북반구에서 태풍이 오른쪽으로 돌면서 이동하고 변기 물이 오른쪽 방향으로 돌면서 빠져나가는 게 바로 코리올리 힘 때문이다. 남반구에서는 반대쪽으로 작용한다. 그렇다면 적도에서는 어떨까? 코리올리 힘이 작용하지 않는다. 그래서 대부분의 로켓 발사대가 적도 지방에 존재한다.

적도에 왔으니 다른 사람처럼 못 위에 달걀을 세워 보려고 시도해 봤다. 세우지 못했다. 코리올리 힘이 나타나지 않는다고 해서 못 위에 달걀을 세울 수 있는 것도 아니고, 적도가 아닌 지역이라고 해서 절대로 서지 않는 것도 아니다. 그냥 운과 재주이다. 적절하게 포기할 줄도 알아야 한다.

(2) 삶의 무게

우리말에서는 '개' 자가 붙은 것치고 좋은 게 없다. '개살구', '개떡', '개죽음', '개꿈', '개고생'처럼 말이다. 그런데 스웨덴에서는 '개같은'이 좋은 뜻으로 쓰인다. 믿지 못하겠다면 스웨덴 영화 〈개 같은 내 인생〉(1985)을 떠올려 보라.

영화는 열두 살 사내아이 잉에마르의 성장통을 보여 준다. 아빠는 지구 반대편에 일하러 갔고 엄마는 병들었다. 방학이 되자 삼촌 집으로 보내졌다. 가기 싫었다. 그런데 아이러니하게도 음습한 엄마 집과 달리 삼촌 집은 화사하다. 북유럽의 쓸쓸한 늦가을 풍경과 푸른 들판에서 한가로이 풀을 뜯어 먹는 목가적인 여름 풍경처럼 대비가 확연하다.

영화에서 '개 같은'은 나쁜 뜻은 아니다. 하지만 자기가 결정하지 못하는 삶이라는 뜻으로 쓰인 것은 분명하다. 영화에는 두 마리의 개가 등장한다. 잉에마르가 키우는 개 싱킨과 세상에서 가장 유명한 개 라이카이다. 라이카는 모스크바 거리를 떠돌던 유기견이었다. 러시아 우주 과학자의 눈에 띄었다. 그리고 1957년 11월 3일 스푸트니크 2호에 실려 우주로 떠났다. 최초로 지구 궤도에 오른 생명체가 되었다. 잉에마르는 싱킨을 두고 떠나면서 라이카를 떠올린다. 라이카가 우주에서 홀로 떠돌면서 느꼈을 두려움과 고독을 걱정한 것이다. 라이카는 발사된 지 수 시간 만에 스트레스와 열을 이기지 못하고 죽는다. 싱킨도 잉에마르가 떠나 있던 사이에 외롭게 죽는다.

영화가 말하는 것은 뭘까? 잉에마르나 라이카 그리고 싱킨의 삶은 자신이 결정한 것이 아니었다. 행복과 슬픔이 반복되는 삶의 조건은 우리가 결정하지 않는다는 것이다. 감독은 말한다. 이럴 때는 아침이 올 때까지 어깨를 들썩이며 울라고 말이다. 그러면 삶의 무게는 다시 깃털처럼 가벼워진다고 말이다.

말은 변하기 마련이다. '개망나니', '개수작', '개나발' 같은 말은 우리가 개를 그다지 존중하거나 사랑하지 않을 때 생긴 말이다. 애견인 천만 명 시대에는 적당한 말이 아니다. 요즘 우리나라 젊은이들은 '개-'라는 접두사를 긍정적으로 쓰고 있다. '개이득', '개좋다', '개맛있다'처럼 말이다.

3. 겸손과 과학적 태도

나는 과학을 공부하면 인간은 더욱 겸손해질 수 있다고 말하곤 한다. 스웨덴의 보건학자이자 통계학자인 한스 로슬링은 겸손은 자신의 지식과 본능의 한계를 인정하는 것, 모른다고 말하는 걸 어려워하지 않는 것, 새로운 사실을 알게 되면 기존의 의견을 기꺼이 바꾸는 것이라고 말한다. 이와 같은 겸손이 바로 과학적 사고가 만들어 주는 자세다. 과학 지식은 계속 쌓이고 변하기에 훌륭한 과학자는 자신의 한계를 인정한다. 아울러 새로운 사실을 접하면 기존의 연구 방법에 과감한 변화를 시도한다. 이처럼 과학자와 같은 사고를 내재한다면 인간은 조금 더 겸손하게 세상과 사물, 그리고 사람을 바라볼 수 있을 것이다.

인공 지능과 로봇으로 대표되는 4차 산업혁명과 결합된 민주주의 시대를 살아가기 위해서 누구나 과학자가 될 필요는 없다. 과학 지식으로 무장할 필요도 없다. 하지만 적어도 과학적인 태도는 가져야 한다. 그래야 안전하게 살 수 있다. 속지 않고 안심하며 살고 자신의 돈과 세금을 절약할 수 있다. 과학적 태도란 겸손함에서 비롯된 의심과 질문이다.

생태 문명을 만드는 생태적 감수성, 합리성, 그리고 영성

이재영(공주대학교 환경교육과 교수)

1. 기후 위기와 생태 문명

멀리서 들려오는 발자국 소리처럼 언젠가 찾아올 것이라던 기후 위기가 현실이 되었다. 기후 변화로 인해 지구 곳곳에 살고 있는 사람들의 일상과 뭇 생명들의 생존 기반이 무너지고 있다. '호모 마스크스(마스크를 쓴 인간)'라는 새로운 인류를 탄생시키고 있는 코로나19 역시 기후 변화와 생태계 파괴가 주된 원인으로 밝혀지고 있다.[01] 아무리 백신을 개발한다고 해도 근본 원인을 제거하지 않는다면, 우리는 곧 더 독하고 영리한 인수공통 감염병에 시달리게 될 것이다. 코로나19로 인해 1/4분기에만 전 세계적으로 약 3억 명의 일자리가 없어졌다. 그 중 상당수가 가난한 여성들의 일자리이다. 그로 인해

---

01. J. Cadham, "COVID-19 and Climate Change," 2020년 8월 24일.(reliefweb.int)

일자리를 잃은 엄마를 둔 아이들의 인권이 심각하게 침해되고 있다.[02] 지금 우리는 생태계 파괴가 어떻게 질병을 통해 빈곤과 성차별과 인권 침해로 이어지게 되는지를 똑똑히 목격하고 있다.

기후 위기의 근본 원인은 무엇인가? 화폐를 신으로 모시고, 더 많이 소유하고 더 많이 소비하는 것이 좋은 삶이라는 믿음 속에 자연과 사람을 도구와 상품으로 취급하는 자본주의 산업 문명이 바로 근본 원인이다. 학교 역시 이런 자본주의 산업 문명의 이데올로기를 퍼뜨리고 아이들의 마음속에 스며들게 만든 중요한 메커니즘의 일부로 작동했다. 이제 일부 대학생들은 사람을 능력(학벌)에 따라 차별해야 하고, 그런 차별은 공정한 것이라는 주장을 공공연하게 게시판에 쓰고 있다. 부모가 받는 연봉과 살고 있는 아파트의 평당 가격이 아이들의 수능 점수와 정비례하는 현실 속에서 우리는 살고 있다. 아이들의 잠재성을 문제 풀이 능력으로 환산하여 서열화하고, 조금이라도 그 앞자리를 차지하도록 부추긴다. 그게 바로 자본주의 산업 문명이고, 그런 문명이 만들어 낸 사회와 학교의 모습이다.

인류 전체를 생존 위기에 몰아넣고 있는 기후 위기와 환경 재난의 원인이 자본주의 산업 문명이라면 그 대안은 무엇인가? 많은 사람들이 생태 문명을 제시하고 있다. 생태 문명이란 무엇일까? 간단하게 정의해 보면, 모든 사람들의 '생태 발자국이 1 이하인 문명'이라고 할 수 있다. 생태 발자국이란 사람이 살아가면서 소비하는 자원과 에너지, 그리고 배출하는 폐기물 등을 감당하기 위해 필요한

---

02.   IISD(The International Institute for Sustainable Development), "Report Projects Further Trade Declines, Social and Economic Impacts Due to COVID-19," 2020년 5월 19일.(sdg.iisd.org)

토지 면적을 가리킨다. 이 개념을 활용해 전 인류가 어떤 한 사람처럼 살았을 때 필요한 자원을 지구의 개수로 환산하여 표시하기도 한다. 이를 삶의 양식이라는 관점에서 풀어 보자면, '모든 인류가 나처럼 살아도 지구의 생태적 수용 능력이 감당할 수 있다는 판단에 근거한 삶의 양식이 보편화된 문명'이라고 할 수 있겠다.[03] 이는 칸트의 정언명령처럼 행위자 한 사람 한 사람에게 각성과 성찰을 요구한다.

문화적으로 생태 문명은 산업 문명의 멋짐(크고 빛나고 죽지 않는)이 야만이나 몰상식이 되는 문명이라고 할 수 있다. 예를 들어 큰 차, 큰 집, 잦은 해외여행, 마블링이 잘 된 송아지 고기 등. 1995년 '건강보호법'이 통과되기 전까지는 대중교통이나 심지어 엘리베이터 안에서도 흡연을 할 수 있었고, 불법이 아니었다. 그러나 25년이 지난 이제 누군가 지하철이나 버스 안에서 담배를 피운다면, 그는 야만인이라거나 몰상식하다는 비판을 피하기 어려울 것이다.

이제 우리는 생태 문명으로 전환하지 않으면 안된다. 기후 위기에 대응하기 위해 좋은 삶에 관한 우리의 내적 기준을 바꾸는 동시에 그런 삶을 실현하기 위한 외적 조건을 바꾸어야 한다.[04] 교육 역시 변화의 주체이기 이전에 변화의 대상으로서 생태 문명을 향한 근본적인 전환을 이루어야 한다. 생태 문명으로의 전환과 교육은 어떤 관계가 있을까?

'인간개발지수'와 그 나라 국민들의 '평균 생태 발자국 크기'를

---

03. 이재영, 〈생태전환교육을 위한 융합과목 가칭 '미래' 구상 연구〉, 서울시교육청, 2020.

04. 이재영, 〈기후 변화 대응을 위한 우리 교육의 방향〉, 《월간 교육정책포럼》 315, 교육정책네트워크, 2019.

비교한 연구 결과를 통해 매우 흥미로운 시사점을 얻을 수 있다. 인간개발지수는 조금 단순화해서 말하자면 학력이라고 할 수 있다. '인간개발지수'가 0.7을 넘어서는 순간부터 '생태 발자국의 크기'와 거의 정비례한다. 이는 더 많이 배운 사람일수록 더 많은 에너지와 자원을 소비하고 더 많은 폐기물을 지구에 남기는 삶을 살고 있음을 의미한다.[05]

자본주의 산업 문명은 소비 또는 소유의 크기와 삶의 질이 비례한다고 믿는다. 이런 교육 시스템 속에서 학습자는 더 많이 소유하고 더 많이 소비하는 데 필요한 능력과 자격을 추구하기 마련이다. 이는 결과적으로 생태계와 사회 체계의 지속 불가능성을 심화시키는 결과를 초래할 수 있다. 우리 교육의 과제는 우리 사회를 '지속가능 발전'이 가능한 영역으로 옮기기 위한 변화를 만들어 내는 것이다. 교육은 지구의 생태 용량을 초과하지 않는 수준으로 물질과 에너지 소비를 줄이면서 동시에 지금보다 더 좋은 삶의 질을 유지할 수 있는 문명을 만들어 가는 데 필요한 의지와 역량을 기르도록 도울 책임이 있다.

2. 생태전환교육

생태전환교육은 '지속가능하고 좋은 삶을 지향'하는 교육이며,

05.　Global Footprint Network(2020). "Sustainable Development: Sustainable development is successful only when it improves people's well-being without degrading the environment."(footprintnetwork.org)

이는 곧 '학습자 한 사람 한 사람이 지구 위에서 다른 사람이나 생명 (자연)과 함께 영원히 행복할 수 있는 길을 찾고 나아가도록 돕는 교육'이다.[06] 상품화된 자아, 공동체의 붕괴, 기후 위기와 생태계 파괴 속에서 학습자들로 하여금 교육의 궁극적인 목표라고 할 수 있는 자기 발견, 자기 이해, 자기실현을 통해 지속가능하고 좋은 삶을 살아가는 데 필요한 힘(자립력과 공생력)을 기르는 교육으로의 전환이 필요하다.

생태전환교육이 추구하는 인간상은 한마디로 '지구 생태 시민'이라고 할 수 있다. 지구 생태 시민이란 '지구인으로서 기후 위기를 포함하여 지속 불가능에 처한 인류의 생태적, 사회(정치경제)적 위기 상황에 대한 인식을 바탕으로 문제 해결을 위한 전환 과정에 참여하는 민주 시민'이다. 기후 위기와 환경 재난의 시대에 우리나라 교육과정의 이념인 홍익인간을 구현한 것이 바로 지구 생태 시민이라고 할 수 있지 않을까? 널리 세상을 이롭게 한다는 홍익인간의 보편성이 21세기를 위기와 함께 시작한 우리에게 구체화되었을 때 나타날 수 있는 모습이 바로 지구 생태 시민이다. 지구 생태 시민은 세계 시민이자 민주 시민이면서 동시에 지구적 지속가능성을 추구하는 생태 시민이다. 따라서 자기가 살고 있는 마을과 지역을 깊이 이해하고 지속가능한 사회로 변화시키기 위해 참여하려는 의지와 능력을 갖춘 사람이다.

그 과정에서 핵심적인 영역은 인성교육, 민주시민교육, 환경생태교육이라고 할 수 있다. 사건 탐구와 같은 통합적이고 심도 있는 학습을 통해 학생들은 '지구 생태 시민'으로 변화할 수 있고, 이런 새로

---

06.   C. O'Brien, *Education for Sustainable Happiness and Wellbeing*, London: Routledge, 2016.

운 인류(지구 생태 시민)와 함께 새로운 생태 문명도 조금씩 태어날 수 있다. 생태전환교육은 생태 문명으로 전환하기 위해 필요한 의지와 역량을 생산하는 과정으로서의 교육(변화의 주체로서의 교육)이자, 생태 문명으로 가기 위해 기존의 자본주의 산업 문명을 재생산하는 역할을 했던 교육 자체의 전환(변화의 대상으로서의 교육)이라는 이중적 의미를 동시에 갖고 있다. 교육이 변화의 주체이기 이전에 대상이라는 자각이 없다면, 생태적 전환은 실현 불가능한 꿈에 머물게 될 것이다.

3. 생태전환교육과 생태 소양

이 글에서는 생태 소양을 생태적 감수성, 합리성 그리고 영성으로 나누어 다루고자 한다. 인간은 여러 가지 차원을 함께 가지고 있는 존재이다. 물질이고 생명이며, 정신이자 영혼이다. 우리는 우리 자신, 이웃, 그리고 자연과 각기 다른 차원의 관계를 맺고 있다. 그런 각각의 차원에서 생태전환교육을 통해 길러 주고자 하는 생태 소양, 그리고 지구 생태 시민에게 요구되는 생태 소양의 보다 구체적인 모습을 그려 볼 수 있을 것이다.

1) 생태적 감수성

초등학교 교장을 마치고 정년퇴임한 어느 선생님이 숲 해설가

양성 과정에 참여한 뒤 얼마 지나지 않아 이런 말씀을 하시는 걸 들은 적이 있다.

"길거리를 걷거나 창밖을 바라볼 때 전에는 전혀 보이지 않았던 풀과 꽃과 나무와 새들이 보여요. 이건 정말 신기한 경험이에요. 그것들은 예전부터 거기에 있었을 텐데, 왜 지금까지는 보이지 않았을까요? 이건 양성 과정을 듣는 동안에 내가 변했다는 증거가 아닐까요?"

그렇다. 이것은 자연 체험 교육을 받거나 자연 해설가 양성 과정에 참여한 사람들이 공통적으로 보여 주는 반응이다. 일상적이고 직접적인 자연 체험은 우리의 삶을 풍부하게 하고, 그동안 내 삶의 밖에 있었던 많은 존재들을 내 삶 속으로 불러들인다. 우리는 우리가 변했다는 사실을 어떻게 알 수 있을까? 전에 보이지 않던 것들이 보이고, 전에 보이던 것과 다르게 보인다면, 그것이야말로 내가 변했다는 가장 분명한 증거가 아닐까?

"교수님, 저기 본관 앞에 있는 은행나무는 왜 벌써 잎이 다 떨어졌어요? 여기 있는 은행나무들은 잎이 그대로 붙어 있는데요? 왜 이런 차이가 생기는 걸까요?"

이것이 바로 내가 학생들로부터 듣고 싶은 말이다. 내가 묻지 않아도 그들에게 겨우 노란 잎을 붙들고 있는 늦가을의 은행나무를 보여 줄 수 있다. 그들의 세계 속에 은행나무라는 존재를 던져 넣듯이. 하지만 그들에게 던져진 은행나무는, 그들이 그들의 눈으로 발견한 그 은행나무와는 질적으로 다른 것이다. 비유가 조금 다르기는 하지만, 정약용(2019)이 유배지에서 쓴 편지에 이런 대목이 있다.

> "귀족 자제들에 이르러서는 모두 쇠약한 기운을 띤 열등생들입니다. 그래서 정신은 책만 덮으면 금방 잊어먹고 지취(志趣)는 하류에 안주해 버립니다. 시경, 서경, 주역, 예기 등의 경전 가운데서 미묘한 말과 논리를 가끔씩 한 번 말해 주어 그들의 향학을 권해 줄라치면 그 형상은 마치 발을 묶어 놓은 꿩과 같습니다. 쪼아 먹으라고 권해도 쪼지 않고 머리를 눌러 억지로 곡식 낱알을 대 주어서 주둥이와 낱알이 서로 닿게 해 주는데도 끝내 쪼지 못하는 자들이니, 아아, 어떻게 할 수가 있겠습니까."[07]

정약용이 학문적 이해를 두고 한 말이라면, 감수성이라는 것의 이치도 이와 비슷한 것 같다. 생태적 감수성이 발달하지 않은 이들은 눈앞에 갖다 주어도 보지 못한다. 세상에 대한 탐구와 이해는 결국 학습자의 눈에 보이는 것만큼만 가능한 것이며, 볼 수 있는 세상의 폭과 깊이가 곧 학습자 자신의 폭과 깊이이다. 늘 거기에 있었으나 보이지 않던 은행나무가 어느 날 그들의 눈에 띄었다면, 그것이 가르침과 배움의 결과이든 아니든, 우리는 그들의 내부에 어떤 변화가 일어났음을 믿을 수 있다. 더 나아가 그들의 눈에 비친 그 은행나무는 그들의 내부에 또 다른 변화를 일으킬 촉매가 될 것으로 기

---

07.   정약용, 《유배지에서 쓴 편지》, 창비, 2019, 199쪽.

대할 수 있다.

그러한 변화가 연쇄적으로 일어나 그들의 눈에 비치는 세상이 달라질 때, 그들과 함께 세상도 달라질 것이다. 그런 의미에서 생태적 감수성은 생태 문명으로의 전환을 시작하는 출발점이라고 할 수 있다. 나는 이것이 배움을 통해 사람이 변해 가는 기본적인 원리라고 믿는다. 보이지 않던 세상이 보이기 시작하고, 그것들 사이에 갈래가 생기고, 유사점과 차이점이 드러나고, 그 연유가 궁금하여 묻고 찾으며, 거기서 즐거움을 얻어 더 보고 찾으려는 마음이 생기는 것.

우리나라에서 생태적 감수성이라는 용어는 1990년대 초반 체험 환경교육이 강조되면서 자주 사용되기 시작하였다. 생태적 감수성(ecological sensitivity)은 '자기 자신을 포함하여 어떤 대상의 존재나 대상의 변화를 감지하는 능력'으로 간단히 정의될 수 있다. 생태적 감수성이라고 말할 때는 주로 자연에서 일어나는 변화를 가리킬 때가 많지만, 꼭 자연에 한정할 필요는 없을 것이다. 남상준 등(1999)에 따르면 "환경에 대한 감수성은 환경에 대한 감정 이입 또는 공감(empathy)을 가리킨다."[08] 그리고 생태적 감수성은 자연 환경과의 유대, 부모나 교사와 같은 이의 역할 모델, 선호하는 자연 지역의 파괴를 목격한 경험 등의 영향을 받는다고 한다. 여기서 우리 시대에 가장 민감한 생태적 감수성을 가졌다고 생각되는 가수 정태춘의 노래 가사를 읽어 보자.

---

08.   남상준,《환경교육론》, 원미사, 1990, 32쪽.

고향집 가세

내 고향집 뒤뜰에 해바라기 울타리에 기대어 자고
담 너머 논둑길로 황소 마차 덜컹거리며 지나가고

음, 무너진 장독대 틈 사이로 난쟁이 채송화 피우려
푸석한 스레트 지붕 위로 햇살이 비쳐 오겠지

내 고향집 담 그늘의 호랭이꽃 기세등등하게 피어나고
따가운 햇살에 개흙 마당 먼지만 폴폴 나고
음, 툇마루 아래 개도 잠이 들고, 뚝딱거리는 괘종시계만
천천히 천천히 돌아갈 게야, 텅 빈 집도 아득하게

내 고향 집 장독대의 큰 항아리 거기 술에 담던 들국화
흙 담에 매달린 햇마늘 몇 접 어느 자식을 주랴고
음, 실한 놈들은 다 싸 보내고 무지렁이만 겨우 남아도
쓰러지는 울타리 대롱대롱 매달린 저 수세미나 잘 익으면

마루 끝 판장문 앞의 무궁화 지는 햇살에 더욱 소담하고
원추리 꽃밭의 실잠자리 저녁 바람에 날개 하늘거리고
음, 텃밭의 꼬부라진 오이 가지 밭고랑 일어서는 어머니
지금 퀴퀴한 헛간에 호미 던지고 어머니는 손을 씻으실 게야

내 고향집 마당에 쑥불 피우고 멧방석에 이웃들이 앉아

도시로 떠난 사람들 얘기하며 하늘의 별들을 볼 게야

음, 처자들 새하얀 손톱마다 새빨간 봉숭아물을 들이고

새마을 모자로 모기 쫓으며 꼬박꼬박 졸기도 할 게야

어릴 적 학교길 보리밭엔 문둥이도 아직 있을는지

큰길가 언덕 위 공동묘지엔 상엿집도 그냥 있을는지

음, 미군부대 철조망 그 안으로 음, 융단 같은 골프장 잔디와

이 너머 산비탈 잡초들도 지금 가면 다시 볼 게야

에헤 에헤야, 내 아버지는 그 땅 아래

에헤 에헤야, 내 고향 집 가세

내가 이 노래에서 주목하는 것은 무엇보다 정태춘이 묘사하는 고향 풍경의 구체성이다. 그의 노래 속에 등장하는 단어와 그 단어들이 묘사하는 장면들을 몇 가지만 열거해 보자. 해바라기, 논둑길, 황소마차, 무너진 장독대, 난쟁이 채송화, 푸석한 스레트 지붕, 담 그늘, 호랭이꽃, 개흙 마당, 툇마루 아래 (잠든) 개, 괘종시계, 텅 빈 집, 들국화, 흙 담, 햇마늘, 무지렁이, 수세미, 판장문, 무궁화, 원추리 꽃밭, 실잠자리, 꼬부라진 오이 가지, 헛간, 호미, 쑥불, 멧방석, 봉숭아, 새마을 모자, 보리밭, 문둥이, 언덕 위 공동묘지, 상엿집, 미군부대 철조망, 골프장 잔디 ….

그의 노래 속에서 마당은 그냥 마당이 아니라 개흙 마당이고 지붕은 푸석한 스레트 지붕이며, 채송화는 키 작은 난쟁이이고 장독대

는 손보는 이 없이 무너져 가고 마차는 속도를 낼 수 없는 황소가 끄는 마차이고, 오이 가지는 내다 팔 수 없는 꼬부라진 것이고, 모자에는 농촌을 피폐하게 만든 근대화의 상징인 새마을 마크가 붙어 있고, 개는 지킬 것도 없이 툇마루 아래에 잠들어 있다. 그의 노래 한 곡에 등장하는 식물들만 해도 해바라기, 채송화, 호랭이꽃, 마늘, 들국화, 수세미, 무궁화, 원추리, 오이, 쑥, 봉숭아꽃, 보리, 잔디까지 14가지에 이르고, 이들은 지금이라도 시골에 가면 거기 자라고 있을 것 같은 것들이다. 지금 이 글을 읽는 당신은, 고향은 말할 것도 없고 당신이 어디에 있든, 살고 있는 곳 주변에서 자라는 식물 이름을 몇 가지나 기억해 꼽을 수 있는지 말해 보라. 그리고 그 식물들이 당신의 기억 속에 어떤 모습으로 남아 있는지 말해 보라. 그러면 정태춘이 짧은 노래 한 곡에서 몰락해 가는 고향의 모습을 얼마나 구체적으로 느끼고 기억하고 아파하는지 놀라지 않을 수 없을 것이다.

그런 의미에서 감수성과 짝을 이루는 중요한 용어가 바로 '지향성(orientation)'이다. 나는 지향성이라는 말을 보통 무언가 혹은 누군가를 향해 '마음을 내는 일' 또는 '마음을 쏟는 일'이라고 이해한다. 마음을 낸다는 것은 매우 어렵고 에너지를 많이 소비해야 하는 의식적이고 의지적인 행위이다. 마음을 내는 대표적인 행위가 바로 기도하는 것이다. 우리가 누군가를 위해 또는 어떤 일이 일어나거나 일어나지 않도록 기도한다는 것은 내 마음을 그 사람에게, 또는 세상의 일을 관장한다고 믿는 이에게 보내는 것이다. 마음은 잡히지도 보이지도 않는다. 그러나 우리는 우리의 마음을 어떤 사람에게 보낼 수 있다는 것을 알고 있다.

사랑이란 그 사람이나 대상에게 마음을 쏟는 일이다. 우리가 어떤 대상을 얼마나 민감하게 받아들이는가는 우리가 그 대상에게 얼마나 마음을 쏟는가에 의해 결정된다고 해도 과언이 아니다. 우리는 가끔 바닥에 엎드려 열심히 개미의 엉덩이를 쫓고 있는 아이를 발견한다. 그 아이는 자신의 마음을 온통 그 개미에게 쏟고 있다. 그 순간 그 아이는 개미에 대해 놀라울 정도로 예민한 감수성을 갖게 되며, 그 순간에, 늘 거기에 있었지만 전에는 보지 못했던 새로운 세상과 개미를 발견한다. 그런 이유로 감수성과 지향성은 상호간에 필요충분조건이 된다.

여기서 다시 한 번 강조하고 싶은 것이 있다. 그것은 앞으로 전개될 생태전환교육에서 필수적이고 더불어 어려운 과정은 바로 체험의 대상에 대한 높은 지향성을 갖게 하는 일이다. 높은 지향성은 바로 높은 감수성의 결과이다. 우리는 감수성을 높이기 위해 지향성을 높여야 하는 모순 상태에 빠지게 된다. 그러나 이 모순은 극복될 수 있는 모순이다. 단순히 극복될 수 있는 모순이 아니라, 폭발적인 상승 작용을 가져올 수 있는 생산적인 모순이다. 감수성과 지향성이 서로의 발목을 잡을 수도 있지만, 서로에게 연료가 될 수도 있기 때문이다. 여기서 잠시 지향성을 동기라고 부르고, 지향성을 높인다는 말 대신 동기를 유발한다는 익숙한 말로 바꿔 부르기로 하자. 우리는 누군가로 하여금 어떤 것을 지향하게 하는 일, 동기를 갖게 하는 일이 얼마나 어려운지를 잘 알고 있다. 말을 물가에 데려갈 수는 있

수만 마리의 가창오리 군무.

어도 물을 마시게 할 수는 없다는 말도 있지 않은가?

환경생태 전문 미디어인 '트리허거(TreeHugger)'가 2016년에 전 세계 10개국 1만 2천 명을 대상으로 야외 활동 조사를 실시한 적이 있다. 그에 따르면 5세에서 12세 아이들 가운데 3분의 1이 하루에 채 30분도 야외 활동을 하지 않는다고 한다. 교도소 재소자보다도 바깥에서 보내는 시간이 짧은 셈이다. 이런 경향은 코로나19로 인한 사회적 거리 두기가 강조되면서 더 심해지고 있다. 이로 인해 실내 환경의 질이 아이들 안전과 건강에 미치는 영향도 같이 커지고 있다. 어른들의 각별한 관심이 필요한 상황이다.

2) 생태적 합리성

(1) 개인 수준의 생태적 합리성

생태적 감수성은 논리보다는 직관에 가깝고, 이성보다는 감성에 가깝고, 설득보다는 감동에 가깝다. 만약 우리가 환경 문제의 원인으로 생산성(효율성)주의를 주목하고, 나아가 이를 가능하게 하는 인간의 이성, 그 산물로서의 과학과 기술을 부정적으로 평가한다면, 생태적 합리성이라는 말의 꼬리에 붙은 '합리성'에 대해서도 부정적 태도를 갖게 될 수 있다. 그러나 효율성만을 강조하는 경제적, 도구적 합리성과 생태적 합리성을 구분할 수 있다면, 이러한 오해는 해소될 수 있을 것이다.

경제적 합리성이라는 측면에서만 본다면, 미래에 언제 누구에게 어떻게 닥칠지 모르는 기후 위기에 대응하기 위해 지금 당장 구체적이고 눈앞에 보이는 이익을 포기하거나 줄이라는 요구는 받아들여지지 않을 것이다. 특히 이자율과는 반대로 이윤율을 적용하다 보면, 10년 뒤의 1억 원보다는 당장의 천만 원을 선택하게 될 가능성이 훨씬 높은 것이 현실이다.

생태적 위기는 사회적 딜레마와 밀접한 연관이 있으며, 사회적 딜레마는 개별 행위자의 단기적이고 직접적인 이익의 극대화를 도모하는 도구적 합리성으로는 극복되기 어려운 함정을 내포하고 있다. 예를 들어 우리는 혼잡한 네거리를 가로막고 서 있는 자동차를 흔히 발견하게 된다. 그 자동차의 운전자는 주위의 따가운 시선을 무시한 채 네거리를 가로막고 서 있다. 자신의 단기적 이익을 최대화하기 위해 네거리의 교통 상황을 엉망으로 만든 것이다. 그러나 사실 이 운전자의 합리적 판단은 교통 체계라는 시스템적 관점(생태적 합리성의 구성 요소로서 내적 연관성에 부합하는)에서는 매우 비합리적인 결정이다. 왜냐하면 다음번 네거리에 자신처럼 단기적인 개인적 이익을 추구하면서 네거리를 엉망으로 만들어 놓은 또 다른 운전자가 있을 수 있다는 판단을 하지 못하기 때문이다.

장기적이고 전체적인 관점을 가로막는 도구적 합리성을 극복하기 위해서는 구성원들 사이의 적극적인 쌍방향 의사소통과 이를 통한 상호 신뢰의 구축이 중요하다. 파란불이 켜져 있더라도 네거리를 가로막을 가능성이 보이면 차를 멈추어 정지선에서 기다릴 수 있는 판단력이 필요하다. 더불어 이 운전자 뒤에서 빵빵거리지 않고 앞차 운전자의 판단을 존중하는 다른 운전자들의 의식이 뒷받침되어야 한다. 그래야 다음번 네거리에서도 이처럼 상호 신뢰에 근거해 전체적 선을 추구하는 상황이 실현될 수 있을 것이다.

(2) 사회 수준의 생태적 합리성

지금 우리가 살고 있는 사회는 오랜 시간에 걸쳐 인류가 다양한 대안을 만들고, 그 중에서 최선의 대안을 선택하려고 애써 온 결과물이다. 그 과정에서 인류는 수많은 사회적 선택 구조를 만들어 내고 적용해 왔다. 어떤 사회적 선택 구조가 기능적으로 합리적인 수단이라고 평가되기 위해서는, 무엇보다 그 구조가 효율적으로 어떤 가치를 생산해 낼 수 있어야 한다. 또 어떤 선택 구조가 기능적으로 합리적이라 해도 그 가치를 인정받기 위해서는 적절한 행동양식과 가치를 동시에 구현해야 한다. 그렇다면 생태적 합리성이란 어떻게 정의되고 이해될 수 있는가?

먼저 생태적 합리성을 정의하기 위해서는 생태계의 특성에 대해 간단히 짚고 넘어가야 한다. 생태계는 고도의 내적 연관성을 가지고 있다. 베리 카머너(2014)[09]의 지적처럼 '모든 것은 다른 모든 것과 연결'되어 있으며, 이는 생태계의 가장 중요한 특성이고, 생태적 합리성을 정의하기 위한 중요한 시발점이다. 상호 연관성 또는 내적 연관성이 우리가 주목해야 할 생태계의 첫 번째 특징이다.

두 번째 특징은 창발성이다. 창발성은 상호 연관성이라는 특징과 밀접하게 관련되며, '전체는 부분의 단순 합 이상'이라는 의미로 요약될 수 있다. 전체를 구성하는 부분 어디에도 존재하지 않지만 그 부분들이 모였을 때 새롭게 만들어지는 속성을 가리킨다. 여기에는 왜 시스템으로서의 생태계를 총체적으로 이해하는 것이 중요한지를 강조하는 의미도 있다.

세 번째 특징은 생태계의 자기 조절 능력이다. 생태계는 복잡한 환류 구조를 통하여 일종의 자동 제어 능력을 발휘하고 있다. 이로 인해 종다양성이나 생체량 등을 일정한 수준으로 유지할 수 있다. 특정 개체수의 증가가 그 종의 천적 개체수의 증가를 동반하는 등의 사례를 들 수 있다. 생태계는 이러한 자기 조절 능력을 통하여 항상성을 유지한다.

---

09. 베리 카머너 씀, 고동욱 옮김, 《원은 닫혀야 한다: 자연과 인간의 기술》, 이음, 2014.

네 번째 특징은 역동성이다. 역동성은 생태계가 시간에 따른 종 구성의 변화 등 다양한 방식으로 시스템을 변화시켜 가는 능력을 갖고 있음을 나타낸다.

지금까지 요약한 네 가지 특성이 인간의 자연 간섭으로 상실되거나 손상될 때, 생태적 문제를 경험하게 되는 것이다. 그렇다면 우리가 흔히 환경 문제라고 부르는 생태적 문제점은 어떤 특성을 갖고 있는지 살펴보자. 생태적 문제점의 첫 번째 특징은 무엇보다 복잡성이다. 복잡성은 '선택 과정에서 나타나는 수많은 요소들과 그 요소들 간의 상호작용'이라고 정의할 수 있다. 생태계의 내적 연관성, 창발성, 역동성은 생태적 문제를 복잡하게 만드는 특성들이다.

생태적 문제의 두 번째 속성은 비환원성이다. 비환원성은 그 문제의 일부분만 해결해서는 문제의 전체 해결이나 개선이 불가능하다는 것을 의미한다. 이 역시 생태계의 창발성과 내적 연관성으로 인해 나타나는 속성이다.

생태적 문제의 세 번째 속성은 시공간적 변이성이다. 생태계의 항상성, 자기 조절 능력, 그리고 역동성은 어떤 생태적 문제를 고정된 상태로 내버려 두지 않는다. 같은 기름 오염이라고 하더라도 온대 지역과 극지방의 기름 오염이 전개되는 방식이 다르다. 수질 오염 문제를 해결하지 않고 대기 오염 문제로 전가한 경우, 시간이 경과하면서 다시 대기 오염이 새롭게 등장하기도 한다.

생태적 문제의 네 번째 속성은 불확실성이다. 불확실성은 미래라는 시간이 알기 어렵고, 인위적 행위의 결과에 대해 신뢰할 만한 확률 판단이 어렵다는 것을 의미한다. 생태계의 복잡성은 생태적 문제의 불확실성과 매우 근본적으로 맞닿아 있다.

생태적 문제의 다섯 번째 속성은 사회적 딜레마와 연관된 집합성이다. 하딘의 '공공목장의 비극' 사례에서 알 수 있듯이, 개인의 합리적 행동이 집단적 합리성을 만들어 내지 못하고 사회적 비극을 초래하는 경우가 빈번하다. 이는 생태계가 공공재로 간주될 때 흔히 발생한다.

지금까지 열거한 다섯 가지는 문제 해결 가능성을 어둡게 하는 속성들이다. 생태적 문제의 여섯 번째 속성은 그나마 희망을 준다. 그것은 자기 조절 능력과 항상성에 바탕한 자기 치유 능력이다.

지금까지 생태계와 생태적 문제의 특성을 간단히 살펴보았다. 이제 이러한 특성을 전제로 생태적 합리성을 어떻게 이해하고 정의할 수 있는지 검토해 보자. 이 글에서는 드라이젝(1995)[10]의 제안에 따라 생태적 합리성을 '지속적이고 효율적으로 인간 생명 체계를 유지하게 해주는 생태계의 능력'으로 정의하고자 한다. 따라서 이러한 생태적 합리성의 관점에서 관심의 대상이 되는 것은 '인간 체계와 자연 체계의 결합을 통해 인간이 유발한 생태적 문제를 처리해 가는 능력'이다.

드라이젝은 어떤 사회의 선택 구조가 생태적 합리성을 얼마나 갖추었는가를 평가하기 위한 기준으로 부의 환류, 통합 조정, 강건성과 유연성, 탄성을 꼽았다. 부의 환류는 '어떤 시스템 안에서 일어나는 탈선행위에 대한 대응적 투입의 존재'로 정의된다. 좁은 의미에

---

10. 존 드라이젝, 《환경 문제와 사회적 선택》, 신구문화사, 1995.

서 부의 환류는 생명 유지 체계로서의 생태계에 나타나는 이상 신호들이다. 복잡성과 불확실성 때문에 생태계의 메커니즘을 완전히 이해한다는 것은 불가능하다. 하지만 우리는 부의 환류에 민감한 중앙 통제 장치와 분산된 조절 장치를 통해 우리 사회의 부의 환류를 어느 정도 고도의 수준으로 유지할 수 있다.

통합 조정은 두 가지 종류가 있다. 하나는 특정한 집단 내부에서 행위자들 사이의 조정이며, 두 번째는 상이한 집단적 행동들 사이의 조정이다. 여기서는 사회적 딜레마 상황이 핵심적인 관건이며, 문제를 다른 개인이나 집단에 전가시키지 않고 해결해야 한다는 것이 원칙이다.

강건성은 생태계가 시공간적인 변이를 갖는다는 점에서 얼마나 그 변화된 조건에 견딜 수 있는 구조적 능력을 갖고 있는가를 의미한다. 유연성은 반대로 변화하는 조건에 맞추어 그 사이의 구조적 변수들을 조정해 내는 능력을 말한다. 우리는 최근 우리 사회의 리더십을 비판하면서 원칙이나 일관성이 없다고도 하고, 다른 한편으로는 상황이나 요구의 변화에 대처하는 능력이 부족하다고도 한다. 강건성과 유연성은 상보적이면서 때로는 대조적인 능력을 요구한다.

탄성은 생태계의 심각한 이상 신호를 접했을 때 사회적 선택 구조가 인간 체계를 정상적인 작용점 위로 돌려놓을 수 있는 능력을 갖추어야 한다는 것이다. 탄성은 앞의 네 가지 기준에 비하면 상대적으로 부수적인 것이다. 이상의 논의를 요약하여 다음과 같이 정리할 수 있다.

생태계의 속성	생태적 문제의 속성	규범적 판단 근거	생태적 합리성의 평가 기준
· 내적 연관성 · 창발성 · 자기 조절성 · 역동성	· 복잡성 · 비환원성 · 시공간적 변화성 · 불확실성 · 집합성 · 자기 치유 능력	· 생명 유지에 있어 실재적 또는 잠재적 결함에 대처하는 인간-자연 체계의 유지 능력	· 부의 환류 · 통합 조정 · 강건성 · 유연성 · 탄성

생태적 합리성 평가 기준의 도출 과정

지난 새만금 간척 사업이나 이명박 정부에서 추진된 4대강 사업은 사회적 수준의 생태적 합리성이라는 측면에서 참사에 가까운 사건이었다. 코로나19에 대응하여 현 정부가 추진하고 있는 그린 뉴딜 사업이 비슷한 결과를 초래하지 않으려면, 생태적 합리성의 평가 기준을 치밀하게 적용하는 과정을 거쳐야 할 것이다.

3) 생태적 영성

(1) 고통에 대하여

2019년 1월 스위스에서 동물보호법이 개정되었다. 이 법에 따르면 가재, 게, 새우, 랍스터와 같은 갑각류를 산 채로 끓는 물에 집어넣거나 차가운 얼음 위에 오랫동안 올려놓으면 불법이며, 과태료 처분을 받게 된다. 법을 개정한 이유는 이들 갑각류가 고통을 느끼고 학습하고 회피하기 위한 행동을 한다는 것이 거의 확실해졌기 때문이다. 따라서 우리가 비록 생존을 위해 갑각류를 요리해서 먹더라도, 그들에게 불가피하지 않은 고통을 주지 말아야 할 의무가 생겨난 것이다. 과학이 법률 개정의 근거를 제시하고, 법을 통해 새로운 윤리적 기준을 마련한 셈이다.

인간은 물질이고, 생명이며, 정신(이성)이고, 또한 동시에 영적 존재이다. 많은 고등종교가 일치된 목소리로 가르치고 있듯이, 영성은 인간이 자기를 넘어설 수 있는 잠재적 능력을 가지고 있음을 가리킨다. 생태적 영성은 모든 존재의 내적 연관성 혹은 상호 의존성에 대한 각성에서 출발한다. 그 핵심은 이웃과 자연의 고통에 공감하고 그 고통을 줄이려는 마음 혹은 능력이라고 말할 수 있다.

고통은 언어를 무력화한다. 우리의 앎은 언어에 의존하지만, 고통 앞에서 언어는 참으로 무기력하다. 단지 신음 소리뿐. 타자의 고통이라고 할 때 그 타자의 범위는 처음에는 인간 중에서도 가장 약자에서 출발하여 모든 인간으로 확대된다. 그리고 인간과 비슷한 동물, 인간과 가까이에서 생활하는 동물, 인간이 필요에 의해 기르는 동물로 범위가 늘어나다가, 어느 순간 모든 동물로 확대된다.

그러나 여기에도 만족하지 못하는 사람들이 있었다. 그들은 어떤 존재의 고통을 공감하는 데 있어서 생명을 가져야 한다는 것은 특권 아니냐고 묻는다. 그들의 시야는 동물을 넘어 식물로, 생명을 가진 모든 존재로 확대된다. 이제 도덕적 지위를 갖게 되는 데서 살아 있는 것 이외의 다른 조건은 필요 없다는 아름다운 명제가 등장한다. 그렇다면 여기서의 고통은 더 이상 생리학적 의미의 고통은 아니다. 모든 존재하는 것들이 자기실현의 가능성을 차단당할 때 발생하는 어떤 의미의 고통이다. 그렇다면 이제 산도 강도 바다도 고통의 주체가 된다.

옛날에 우리 조상들은 나무를 베어야 할 때, 그 나무 아래에 도끼를 세워 놓고 하룻밤을 보냈다고 한다. 그 도끼가 그대로 서 있으면 나무가 허락한 것이고, 쓰러져 있으면 허락하지 않은 것으로 해석하여 나무를 베지 않았다고 한다. 그리고 나무를 베기 위해 도끼질을 시작할 때 '도끼 들어가요!'라고 외치면서 나무에게 안타까운 인사를 전했다. 자본주의 산업 문명에 없는 것이 이런 마음이다.

지난 10년간 한국에서는 1천만 마리 이상의 소, 돼지, 닭이 산 채로 땅에 묻히거나 살처분 기계에 끌려 들어가 죽어야 했다. 그 동물들의 고통에 공감한다면 도저히 계속할 수 없는 일을 어쩔 수 없이 감당한 사람들이 있었다. 그들은 어쩌면 도움을 받기 위해서 '스스로의 무능력을 증명해야 하는 사람들(노숙자)'처럼 자신들이 타자의 고통에 무감한 자라는 것을 인정해야 하는 상황에 놓였던 것인지도 모른다. '뻔뻔하고 무감각한 사람이 아니라면 어떻게 그런 일을 계속하겠는가'라고 사람들은 묻지 않겠는가? 그렇게 직접 묻는 사람이 없었다고 하더라도 그들은 스스로에게 다짐했을 것이다. 이건 살생이 아니라고.

도살업자들은 그들이 경험하는 일상적인 살생의 고통을 어떻게 감내해 낼까? 백정과 망나니처럼 살생을 통해 살아가는 사람들은 타자의 고통에 민감하면 안되지 않았을까? 내가 오늘 낮에 목을 자른 사람의 얼굴이 밤에 꿈에 나타난다면 어떻게 살 수 있겠는가? 내가 오늘 배를 가른 소의 울음소리가 밤새 귓전을 울린다면 어떻게 숨 쉬고 살 수 있겠는가? 오늘날 한국에서는 사형 제도가 실질적으로 사문화되어서 집행이 되지 않고 있다. 하지만 사형이 집행되는 나라에서는 합법적으로, 법의 명령을 집행하기 위해 누군가의 목숨을 빼앗아야 하는 사람들이 있다.

자연의 고통은 대개 사람의 고통으로 이어진다. 오늘 새에게 벌어진 일이 내일 사람에게 벌어진다는 일본 속담이 있다고 하지 않는가? 짐승들이 새끼 낳을 곳을 찾지 못하거나 먹을 것을 구하지 못하고 죽어갈 때, 그것들을 먹고 살아야 하는 사람들의 삶이 어찌 좋을 리가 있겠는가? 복잡한 먹이그물 속에서, 동물에게 먹을 동물이 없다는 것은 그 동물이 먹을 식물이 없다는 것을 의미한다. 그렇다면 거기에 붙어사는 곤충이나 그 곤충을 먹고 사는 새들도 마찬가지 아니었을까? 자연에서 일어나는 고통스런 상황은 아직 실현되지 않았다고 하더라도 곧 인간을 향해 닥쳐올 시련을 암시하는 것이다. 그 위협과 시련을 인간들이 어쩌지 못할 때 하나의 운명 공동체로서 그들은 서로를 위로하고 격려하고 참아 내기 위해 한판 축제의 마당을 벌이지 않았을까?

일본이나 핀란드의 고래 살생 축제도 집단적으로 백정의 심리 상태에 스스로를 던져 놓으려는 의도적인 행동이 아닌지 추측해 본다. 외부자가 보기에는 이 끔찍한 살생의 과정을 웃고 떠들면서 축제로 즐긴다는 것이 말도 되지 않는다. 하지만 그렇게 해야 자신의 목숨을 유지할 수 있는 사람들에게는 전혀 다른 문제가 아니었을까?

고래를 때려잡아 죽이는 축제가 야만적이라고 말하기는 쉽다. 그리고 그런 축제를 벌이는 사람들을 야만적이라고 비난하는 것도 쉬울 것이다. 그렇게 비난하는 사람들은 고래를 향해 폭력을 가하는 사람들을 제정신이 아니거나 미개한 인간이라고 취급하는 경향이 있다. 나는 이런 관점에 동의하지 않는다. 그들이 자신의 손에 피를 흘리며 맞아 죽어가는 고래의 고통에 무감할 리는 없다. 그들은 자신의 양심에 가해지는 압박과 부담을 감내하면서도 그런 축제를 벌이는 것이다. 최소한 지금은 아닐지라도 이런 축제가 만들어지고 진지하게 진행되던 시절에는 그랬을 것이다.

이제 새로운 축제를 준비할 때가 되었다. 때가 되면 찾아오는 철새들과 회유하는 물고기들은 아주 먼 길을 날고 헤엄치며 우리 마을을 찾아온다. 그 길은 때로 춥고, 먹을 것은 드물고, 그들을 노리는 천적들은 수도 없이 많다. 철새들이 그렇게 어려운 난관을 뚫고 우리 마을까지 온 것에 감사하고, 또 환영하고, 그들이 오는 동안 겪었을 난관을 묘사하거나 표현하는 축제는 그렇게 찾아온 생명들을 잡아먹는 축제보다 훨씬 아름답고 흐뭇하다.

(2) 개체(개인)의 고통을 넘어

얼마 전 일본 어느 산촌 마을에 한·중·일의 환경교육 교사와 연구자가 모여서 워크숍을 개최하였다. 그 과정에서 체험 활동에 참여했던 장면 몇 장을 SNS에 올렸다가 환경교육이나 자연생태교육을

살아 있는 편백나무의 껍질을 벗기는 활동 모습.

하는 분들로부터 호되게 비난을 받은 적이 있다. 이 장면은 숲 가꾸기 활동(솎아 내기)의 일종으로 편백나무를 서 있는 채로 껍질을 벗기고 약 1년 정도 말린 뒤에 베어 내는 과정을 담고 있다. 나무를 그냥 베는 것보다 이렇게 건조한 뒤에 베면 나무의 무게가 1/4 정도로 준다. 그래서 임업을 하는 사람들에게 더 안전하고, 껍질에 사는 벌레를 제거할 수 있어서 산림 관리에도 좋다고 한다. 또 껍질과 함께 벗겨 낸 스펀지처럼 말랑말랑한 목질 부분은 펠릿 연료를 만드는 데 사용된다. 편백나무 개체의 생명, 그 생명에 부여된 고통과 나무들이 모여 만들어 내는 숲, 그리고 그 숲에 의존해 살고 있는 사람들의 생존과 고통이 뒤섞이는 순간이었다.

  일본은 꽤 오래전부터 말레이시아에서 많은 나무(목재)를 수입하고 있다. 그에 따라 국내에 방치된 숲이 늘어나고 산촌 마을도 수지가 맞지 않아 어려움을 겪고 있다. 살기 어려워진 산촌 마을에서 사람들이 떠나자, 무수한 나무들이 방치된 채 태풍에 쓰러졌다. 산촌 마을에 살던 사람들의 삶도 숲과 함께 망가졌다. 마을이 살아야 숲도 살고, 숲이 살아야 마을도 산다. 이 둘은 서로에게 의존해 있다. 숲만 그런 것도 아니다. 숲이 망가지면 강과 논도 무사할 수 없다.

살아 있는 나무의 껍질을 벗겨서 죽게 만든다고 이 프로그램을 좋아하지 않는 사람들도 있었다. 이번 참가자들 중에도 그런 우려를 가진 사람이 있어서 우리는 프로그램을 시작하기 전에 잠시 함께 모여서 이 활동의 윤리적 쟁점에 대해 토론했다. 나는 이 인공림에서의 활동 목적이 숲을 잘 가꾸기 위해 단계별로 솎아 내는(죽이는) 것이고, 숲과 마을과 사람들이 함께 지속가능하게 살아갈 수 있는 선택 가능한 대안이라고 생각한다. 그래서 그런 비판에 별로 동의하지 않는다. 아래는 SNS에 올라온 비난의 일부이다.

"여러 의견이 있으나, 아이들에게 이러한 과정을 보여 주는 건 문제가 있지요."

"생살을 뜯어내는 것 같아 보기 좋진 않아요 ㅜㅜ"

"저도 교육 방법으로는 곤란해 보이는데요. 가학적인 모습이라 숲 가꾸기와 생명 존중이 충돌하는 듯합니다."

"제가 저 나무라면 신속한 방법으로 자살하겠습니다."

"잔인하군요! 불쾌해요!"

국내에서 흔히 전개되는 외래종 제거 활동과 비슷하지 않은가? 미국자리공을 낫으로 제거한다고 잔인하다거나 인간 중심적이라고 하진 않을 것이다. 그리고 생태교육 프로그램으로 외래종을 제거하는 활동은 권장되고 있다. 외래종이라고 해서 생명의 무게가 덜해질 수는 없는 것 아닐까? 남은 논쟁점은 두 가지라고 생각한다.

첫째, 나무가 고통을 느끼는가? 그래서 느낀다면 죽이더라도 그 고통을 최소화해야 하지 않는가? 여기서부터는 아마 얼마간은 과학의 범위를 넘어서게 될 것이다. 물론 이미 식물의 감각(고통 감지 포함), 지각, 인지, 인식, 소통 능력을 인정하는 과학자나 교육자가 있다는 건 알고 있다.

둘째, 아이들에게 이런 죽음 또는 죽임 체험이 바람직한가? 나는 죽음과 삶을 연결하고, 죽음에 드리워진 어둠의 그림자를 극복할 필요가 있다고 생각한다. 어른들의 상념을 아이들도 그럴 거라고 투사하는 것이 오히려 더 문제일 수 있다.

죽음을 배제하는 생명생태교육의 허상에 대하여

하루 세끼 식사를 하면서, 조금 전까지 살아 있었던 것들의 죽음에 감사하지 못한다면 어찌 생명을 말하겠는가? 생명을 말하는 자리에는 늘 죽음이 함께 있고, 좋은 삶은 늘 좋은 죽음에 의존해 있다고 나는 말하련다. 섣불리 죽음과 죽임을 추악의 이름으로 말하지 말라. 생명을 찬미하는 기도를 올릴 때조차도. 아마 그 생명은 곁에 죽음이 없다고 슬퍼할 것이다.

−필자가 페이스북에 쓴 글

4. 생태 문명, 생태 소양, 그리로 언어의 문제

1) 체험의 강도, 의미의 두께, 그리고 존재의 도약

저기 하얀 눈밭에 하얀 두루미 한 마리가 앉아 있다. 어떤 이는 눈밭에 앉아 있는 두루미의 모습이 아름답다고 말한다. 두루미의 붉은 머리와 검은 꽁지깃을 관찰하고 긴 다리와 고고하게 날아가는 모습에 감탄한다. 우리가 오감을 통해 체험하는 두루미는 이렇다.

그러나 어떤 이는 두루미 혹은 두루미 가족의 모습을 보고 그 속의 생명의 치열함을 본다. 멀리 러시아의 아무르 강에서 2,500km를 날아와 겨울을 나고 다시 그 먼 길을 돌아가기 위해 열심히 에너지를 보충해야 한다. 자식의 먹이 활동을 보장하기 위해 주변을 감시하느라 자기는 제대로 먹이를 먹지 못하는 부모 두루미의 모습을 통해 '생명의 숭고함'을 느끼기도 한다.

그러나 또 어떤 이는 두루미가 그렇게 멀리까지 날아갈 수 있는 것은 태양이 만들어 낸 대기의 흐름, 즉 기류 때문이라는 것을 발견하고 두루미를 통해 지구에 살고 있는 모든 생명체의 근원인 태양의 의미를 다시 발견한다. 그래서 두루미가 매년 강원도 철원평야를 찾아오는 것이 '우주적 사건'이라고 생각한다. 그리고 지금처럼 기후 변화가 심해져서 지구 대기의 흐름이 교란되면 이 우주적 사건 또한 계속될 수 없을지 모른다는 걱정을 한다.

또 어떤 이에게 두루미는 그저 손님들을 불러들일 관광 상품이

전형적인 두루미 가족 모습.　　　　　두루미 얼굴 식별을 위한 기본형.

거나 좋은 풍경 사진을 찍기 위한 모델에 불과할 수도 있다. 그러나 어떤 이에게는 두루미가 단지 어떤 관찰이나 구경의 대상이 아니라 자기 생명의 은인으로 여겨지기도 한다.[11] 사람은 두루미를 돌보고, 두루미는 사람을 돌보는 상호 의존의 관계인 것이다.

우리가 두루미를 통해 발견할 수 있는 의미의 두께는 그렇게 두루미와 체험자와의 관계, 그리고 두루미와 쌓은 체험의 두께와 강도, 그리고 그 속에서 읽어 낼 수 있는 의미의 차이에 따라 천차만별이라는 것을 확인할 수 있다. 그런 발견의 강도만큼 우리는 새로운 존재로 도약할 수 있는 에너지를 얻을 수 있을 것이다.

세상은 너무 빠른 속도로 돌아가고 사람들은 그 세상의 표면만을 관찰하거나 겉핥기식으로 체험하면서 살아가고 있는 것은 아닐까? 아이들은 상품화되고 얄팍한 체험의 범람 속에서 이 세계의 표

11.　강원도 철원군 양지리에 살고 있는 어떤 분은 겨울만 오면 두루미를 보호하는 운동을 하느라 다른 사람들처럼 술과 노름에 빠질 기회가 없어서 지금처럼 건강하고 행복하게 살 수 있었다고 하면서, 두루미가 자기 생명의 은인이라고 얘기했다.

피 너머에 감춰진 의미를 탐색하고 발견할 기회를 잃어버리고 있는 것은 아닐까? 2014년 발생한 세월호 사건 이후 안전이 강조되면서 체험의 강도가 더욱 떨어지고 있다. 프로그램되어 있는 대로, 예측 가능한 범위 내에서 이루어지는 체험은 감동으로 이어지기 어렵다. 정보통신 기술의 발달로 수많은 정보와 이미지가 쏟아져 들어온다. 그런 자극들에 반작용하는 방식만으로는 새로운 존재로 거듭나기 위한 에너지를 얻기 어렵다. 지구 생태 시민의 탄생을 통해 생태 문명으로의 전환을 모색하는 시점에서 체험의 강도와 의미의 두께에 대해 다시 깊이 생각해 볼 필요가 있다.

2) 말할 수 없는 것

생태 소양 혹은 생태 리터러시는 구분하자면 생태적 감수성, 합리성, 그리고 영성으로 나눌 수 있다. 생태적 감수성은 말로 묘사하거나 전달하기 어려운 것이고, 생태적 합리성은 수고스럽더라도 말로 해야 하는 것이며, 생태적 영성은 말로 할 수 없는 것이라고 하면 어떨까. 한 입 베어 문 사과의 맛을 말로 설명하기는 어렵다. 그러나 같은 사과를 먹어 본 사람들끼리는 말로 하지 않아도 통하고 공감하는 것이 분명히 있다.

생태적 합리성은 언어와 기호의 도움이 없이는 도달할 수 없는 속성이자 능력이다. 생태적 합리성은 관찰하고, 기록하고, 비교하고, 분석하는 치밀하고 복잡한 과정을 통해 달성될 수 있다. 그러기 위해서는 오랜 기간 축적된 집단지성의 성과물들을 비판적으로 검토하지 않으면 안된다. 생태적 합리성은 사회적 선택과 의사 결정에서 특히 중요한 역할을 수행한다.

생태적 영성은 타자(이웃과 자연)의 고통에 공감하고 그 고통을 나누어지고 함께 벗어나려고 노력하는 마음이자 의지이다. 말로 설명하기 어려운 것이다. 나는 공리주의자들의 주장처럼 도덕적 지위를 갖기 위해서는 고통을 느낄 수 있는 능력을 필요로 한다는 주장에 동의하지 않는다. 모든 살아 있는 것들의 그물망 속에서, 생명은 살아 있다는 것만으로 도덕적 지위를 가진 존엄한 존재로 여겨져야 한다. 도덕적 지위를 갖는 데 있어 살아 있다는 것 이외의 어떤 자격이나 조건도 필요 없다고 생각한다.

지금까지는 생태적 감수성과 합리성이 생태 소양의 중심을 이루었다. 이제 기후 위기와 환경 재난의 시대를 맞아, 생태적 영성이 생태 소양의 핵심이 되어야 할지도 모르겠다. 자기 이익을 극대화하는 데만 관심이 있는 자본주의 산업 문명이 망쳐 놓은 세계 속에서 이미 너무 많은 사람들과 생명들이 희생당했고, 고통의 덫에서 빠져나오지 못해 절망하고 있기 때문이다. 생태적 영성을 가르치고 배울 수 있는 적절한 언어가 있을까? 인공 지능과 4차 산업혁명의 시대에 종교의 의미를 다시 생각하게 된다. 우리는 비언어적 소통을 통해 타자의 고통에 공감할 수 있는 새로운 인류(지구 생태 시민)의 탄생을 기다리고 있는 것은 아닐까?

참고문헌

남상준(1990),《환경교육론》, 원미사.
베리 카머너 씀, 고동욱 옮김(2014),《원은 닫혀야 한다: 자연과 인간의 기술》, 이음.
정약용 씀, 박석무 편역(2019),《유배지에서 보낸 편지》, 창비.
존 드라이젝(1995),《환경 문제와 사회적 선택》, 신구문화사.

문해력 교육과 시민 리터러시

독서 동아리, 따뜻하고 느린 리터러시 학습의 장

서현숙(삼척여고 국어 교사)

1. 들어가며

문해력(literacy)이라는 말은 라틴어 'literatus'에서 기원을 찾을 수 있을 만큼 역사가 길다. 미디어 문해력, 수 문해력, 시각 문해력 등 미처 다 언급하지 못할 정도로 범위가 넓고 다양하다. 이 글에서 사용할 '문해력'의 의미의 윤곽을 대략 정하고 글을 시작하려고 한다.

국어교육학 사전은 문해력을 문자 언어로 된 메시지를 단순히 받아들이고 해석하는 것을 뛰어넘어서 능동적이고 자율적으로 메시지를 생성하는 것까지를 포함하는 개념이라고 설명한다.[01] 프레이리는 문해력을 일정한 상황에서 목적을 위해 말하고, 읽고, 쓰고, 듣는 것을 포함하는 사회적·정치적 행위로 본다.[02] 최근 멀티미디어의 발

---

01. 서울대학교 국어교육연구소, 《국어교육학 사전》, 대교출판, 1999.

02. 윤준채, 〈문해력의 개념과 국내외 연구 경향〉, 《새국어생활》 19 (2), 2009.

달로 문해력의 범위는 더욱 확장되고 있다. 많은 이들이, 앞으로 다가올 세계에서 문해력은 텍스트, 소리, 이미지, 공간, 제스처를 포괄할 것(다중 문해력)이라고 예측하고 있다.[03]

이 글은 고등학생, 그리고 독서 동아리를 중심으로 서술할 것이다. 학생들이 독서 동아리 안에서 어떻게 리터러시를 배우는지, 그것은 어떤 의미가 있는지 살펴보려고 한다. 독서 동아리는 개별적으로 문해력을 신장하고, 체계적으로 학습하고, 평가를 통해 우열을 가리는 방법이 아니다. 친구와 함께(동아리 단위), 친밀한 상호작용을 통해 문해력을 기르는 방법이다. 직진이 아니라 우회해서 에둘러 가는, 놀이에 가까운 방법이다. 느릴 수밖에 없다. 하지만 속도와 효율로 평가할 수 없는 어떤 '의미'를 지닌다. 텍스트를 중심으로 사람과 사람이 만나고 책과 삶이 만난다. 말문이 트여서 자기의 말을 가지게 된다. 또 함께 한다는 것(연대)을 배우고, 나와 다른 존재를 인정하게 된다. 이를 통해 학생들이 속한 공동체, 학교 문화가 변화한다.

독서 동아리 활동에서 독서는 책의 내용을 수동적으로 받아들이는 것에 그치지 않는다. 자신의 생각을 말하고, 타인의 의견을 듣고 이를 바탕으로 '나의 글'을 쓴다. 읽고, 쓰고, 말하고, 듣는 행위가 모두 담겨 있다. 나아가 책과 관련된 영화를 보고, 모여서 책을 낭독하기도 한다. 책을 읽고 동영상을 만들고, 사진을 찍는다. 텍스트가 소리, 영상, 이미지의 영역까지 이어지고 확장된다. 이 글의 중심은 책을 읽는 행위, 텍스트 문해력이지만, 생산하고 창조하는 행위에 닿아 있다. 또한 소리, 이미지, 공간 등을 포괄하는 문해력을 포함하고 있다.

---

03.   김성우·엄기호, 《유튜브는 책을 집어삼킬 것인가》, 따비, 2020.

2. 리터러시를 배우는 독서 동아리

1) 청소년의 독서

청소년들은 책 읽는 것을 좋아할까? 또 청소년들 사이에서 '책을 읽는다'는 것은 어떤 의미이고 이미지일까? 중학생은 연 25.5권, 고등학생은 연 12.5권의 책을 읽는다고 한다. 이는 종이책, 전자책, 오디오북을 모두 합한 수량이다. 물론 성인(연 7.5권)보다는 많지만, 청소년이 책을 많이 읽는다고 보기는 어렵다. 독서 동아리 참여율은 중학생 10.9%, 고등학생은 9.9%인 것으로 드러났다.[04] 그러니까 한 학급 규모가 30명 정도라고 할 때, 학급에서 3명 정도가 독서 동아리 활동을 하는 것이다. 동아리 한 팀도 안되는, 적은 비율이다.

'책따'라는 말이 있다. 학교에서 유행하는 말 중의 하나인데, '책 읽는 왕따'의 줄임말이다. 요즘 학교 문화에서 책을 읽는 학생들이 어떤 이미지로 받아들여지는지 알 수 있는 말이다. 학부모들은 자녀가 중학교에 진학해서 독서량이 하락한 이유 중 하나가 책을 읽기 어려운 학교 분위기, 책 읽는 것이 부끄러운 학교 문화라고 말한다. 교사들도 책을 읽지 않는 학생들이 다수이다 보니 책 읽는 학생들이 놀림감이 되고 있다고 한다.[05] 어떤 여고생에게 기말고사가 끝난 비교적 한가한 시기에 책을 읽으라고 권했더니, 여고생은 이렇게 답했다. "교실에서 어떻게 저만 혼자 책을 읽어요?" 책을

---

04.   문체부, 〈제18회 국민독서실태조사〉, 2019.

05.   김주환·이순영, 〈청소년 독자·비독자 조사 연구〉, 2019.

읽는 것, 글을 일상적으로 접하는 것은 청소년 사이에서 비주류 문화이고 소수 문화인 것이다. 또래 집단에서 '읽는 행위'는 나도 같이 하고 싶은 매력적인 것, 동참하지 않으면 집단에 소속되지 못할까봐 안달하는 것이 아니다. 동참했다가는 비주류, 놀림거리가 되는 행위, '책따'를 자처하는 위험한 행위다. 현실이 이러하니 학생들이 책을 즐겨 읽고, 글을 읽는 힘이 왕성하게 좋아질 것을 기대하기는 어렵다.

청소년의 문해력은 어떻게 길러야 할까. 수업 시간에 '학습(공부)'으로 접근하는 것이 정답일까. 초등학생의 사례이기는 하지만, 다큐멘터리 〈교과서를 읽지 못하는 아이들〉[06]을 보면, 문해력 배움이 교실로 들어오는 순간 '공부'가 된다는 것을 알 수 있다. 문해력이 부진한 한 학생은 이렇게 말한다. "공부는 재미가 없어요." 한국의 학교에서 그것이 무엇이든 수업에 들어오는 순간, 순환의 덫에 말려 들어가기 때문이다. 시험 → 평가 → 자신감 상실 → 의기소침 → 의욕 사라짐 → 시험 → 더 안 좋은 평가 결과 → 자신감 더 상실 ….

2) 홍천여고 독서 토론의 체계

수업 시간의 배움이 수업에서 끝나지 않고 놀이로 이어질 수 있으면 좋겠다 싶어서, 홍천여고에서 이런 배치와 실행을 시도한 바 있다(2015~2017년).

---

06. 2020년에 방영된 EBS 다큐프라임 교육대기획 10부작 〈다시 학교〉 중 10부.

수업 시간에 배우다	선생님과 언니가 끌어 주다	친구들과 놀다

* 전 학년 전교생 참가
- 한 권 읽고 독서 토론
- 주제 통합 독서 토론
- 인생(진로) 독서 토론
	* 선생님과 언니가 멘토
	- 계절별 5인의 책 친구
	  (사제동행 독서 토론)
	- 독서 토론 리더 과정
	  언니들의 북토크
	  언니의 독서 토론 워크숍
		- 독서 동아리
		- 독서 토론 카페
		- 지역 연합 독서 토론 파티
		- 낭독이 있는 저녁
		- 휴먼 라이브러리
		- 함께 읽기 사진 공모전
		- 함께 읽기 UCC 공모전

기본 원리는 이렇다. 수업 시간에 모둠을 만들어서 함께 책을 읽고, 독서 토론을 하고, 독서 토론의 말을 글로 바꾸는 보고서를 쓴다. 이것을 전교생이 배운다. 1학년은 한 학기에 한 권 읽기로 시작하면서 독서 토론을 배우고, 학년이 올라가면서 하나의 주제에 영화한 편과 도서 2종이 세트로 묶인 주제 통합 독서 토론을 배우고, 더 올라가면 자기 인생의 길을 찾는 인생 독서 토론을 배운다. 전교생이 모두, 수업 시간에 책을 함께 읽은 후 어떻게 감상을 나누고 토론 주제를 정하는지, 토론한 내용은 어떻게 정리하는지 배운다.

수업 시간의 배움에서 중요하게 여긴 원칙이 있다. 학생들에게 성공의 경험을 선물하는 것이 그것이다. 이는 사람의 감정과 관련된 것인데, 실패의 경험은 다른 일로 확장되기 어렵다. 학생이 독서 토론 수업에서 낮은 평가 점수를 받거나 흥미를 느끼지 못하면, 이후 독서와 관련한 경험에 자발적으로 참여하는 일은 없을 것이다. 성공의 경험이 중요한 까닭이다. 이를 위해서 지킨 몇 가지의 기준이 있다.

첫째, '어려운 책'을 고집하지 않았다. 독서 토론 수업을 위한 주제 도서는 '우리 학교' 아이들의 70~80%가 읽을 수 있는 수준의 책으로 선정했다. 어려운 책과 좋은 책은 동일한 의미가 아니며, 읽을 수 없을 정도로 어려운 책은 '다시는 책을 읽고 싶지 않아'라는 악몽으로 이어지기 때문이다. 이 악몽은 어른이 되어서도 끝나지 않는다.

둘째, 모둠을 이끌어 가는 모둠장 선정에 정성을 들였다. 모둠의 책 읽기와 독서 토론, 보고서 작성까지 이끌어 갈 수 있는 책임감을 지닌 학생이 모둠장을 할 수 있도록 섬세한 배치를 했다. 모둠의 실패는 모둠에 소속된 개인에게까지 여파를 미치기 마련이어서, '나는 실패했어', '실패한 일을 또 하는 것은 실패를 반복하려는 바보짓이야'라는 생각으로 이어진다. 모두 '성공'하기 위한 전략이 필요하다.

셋째, 평가 점수의 급간을 매우 촘촘하게 두었다. 100점을 만점으로 볼 때, 점수 급간을 0.1~0.2점 차이로 두어서, 어떤 학생도 자신의 노력에 비해서 낮은 점수를 받았다는 인상을 주지 않으려 노력했다. 독서 토론 수업이 끝났을 때 이런 반응이 나오면 성공이다. "독서 토론, 나도 해봤어. 별거 아니더라. 재미도 있어." 이 정도 되면, 학생은 수업이 아닌 독서 토론의 놀이판에 자발적으로 오게 된다.

이제 전교생이 모두 독서 토론을 하는 방법, 그것의 즐거움을 안다. 수업에서 배운 것이 기본기가 되니, 학생들은 '독서 토론의 놀이판'에서 이를 써먹을 수 있다. 독서 동아리도 이 놀이들 중 하나다. 학생들은 독서 동아리에서 '책 대화'를 하고 친구와 우정을 쌓으면서 논다. 인문학 독서 토론 카페에 멋을 내고 와서 친구와 독서 토론을 하며 논다. 지역 친구들과 독서 토론 파티에서 만나서 진지하고도 흥겨운 토론을 한다. 한 번 배운 것이 다양한 놀이판에서 변주된다.

학교라는 조직의 좋은 점은 관계가 촘촘하다는 것이다. 교사와 학생이 있고, 선배와 후배가 있고, 친구들이 있다. 독서 토론의 놀이판에서 선배, 선생님이 멘토가 되어서 이끌어 준다. 학기 초에 선배는 '언니들의 북토크'로 후배들을 책 읽기의 세계로 안내한다. '언니의 독서 토론 워크숍'을 열어 동생들을 함께 읽기로 끌어들인다. 선생님들은 계절마다 펼쳐지는 '5인의 책친구'에서 학생들과 팀을 이루어서 책을 읽고 토론을 한다.

이렇게 세 바퀴를 갖추면 수업 시간의 공부가 학습에만 머물지 않는다. 학생들은 수업 시간에 독서 토론을 배우고, 이 배움을 바탕으로 친구와 놀고, 선생님과 선배가 응원하고 이끌어 준다. 배우기만 하면 즐기지 못한다. 진지한 배움의 경험에 그친다. 배움은 없고 놀이만 있으면 학생들이 지속적으로 놀 수 없고, 제대로 놀기 힘들며, 놀이가 깊어지기 힘들다. 배움도 놀이도 없이 멘토가 끌어 주는 것만 있으면, 선배도 제대로 된 경험이 없어서 후배를 끌어 주기 힘들다. 그래서 세 바퀴가 적절하다. 학교의 책 읽기 활동이 안정적으로 굴러가고, 자체적인 동력이 생겨서 지속성이 생긴다. 수업 시간의 배움이 일상의 놀이로까지 확장되니 교실을 넘어서서 삶으로 이어진다.

3) 홍천여고 독서 토론의 특성

홍천여고에서 3년 동안 전면적으로 시행했던 함께 읽기와 독서 토론에 대한 학생들의 반응은 어떠했을까. 2016년에 고등학교에 입학해서 2년 동안 독서 토론 수업과 여러 독서 토론 프로그램에 참여했던 학생들이 고등학교 3학년이 되었을 때, 설문 조사를 해보았다.[07]

79.2%의 학생들은 고등학교에 입학해서 중학교 때보다 책을 많이 읽었다고 했다. 우리가 궁금한 것은 '많이 읽었는가'보다 '얼마나 즐기게 되었는가'인데, 65.6%의 학생들이 중학교 때보다 책을 더 좋아하게 되었다고 답했다. 아이들은 대체로 고등학교에 와서 독서 토론을 처음으로 해봤는데(84.3%), 3학년 중 65%의 학생들이 고등학교 생활을 하면서 독서 토론을 좋아하게 되었다고 한다. '혼자 읽고 개인적인 독서 기록을 남기는 것보다 함께 읽고 독서 토론을 하는 것을 더 좋아한다'(80.3%)라고 답했다.

또한 94.9%의 아이들은 고등학교에 입학한 이후 독서 동아리 활동을 한 적이 있다. 이 아이들이 독서 동아리 활동에 대해 어떻게 생각하는지 궁금했다. 독서 동아리를 해 본 학생들 중 84.4%는 '독서 동아리 활동이 즐겁다'라고, 67.2%의 학생들은 '독서 동아리 활동을 하면서 친구들에게 지지 받고 사랑 받는다는 느낌을 느낀 적이 있다'라고, 81.2%의 학생들은 '독서 동아리 활동이 진로 탐색과 설계에 도움이 된다'라고 답했다.

당시 홍천여고 학생들이 했던 독서 토론은 몇 가지 특성을 지녔

---

07. 2018년 3월, 3학년 일곱 개 학급 215명(3학년 전원)을 대상으로 실시한 조사.

다. 첫째, 비경쟁 독서 토론을 했다. 디베이트 성격의 독서 토론은 아예 하지 않았다. 오직 비경쟁 독서 토론만 했다. 독서 토론은 자신의 독서를 더 풍부하게 하기 위한 활동이기 때문에 다른 사람을 비판할 이유도, 나의 의견을 관철시킬 이유도 없다고 생각했다. 비경쟁 독서 토론은 정답 없는 솔직한 말하기였고, 평가 받지 않는 말하기였다. 아이들은 평가 받지 않는 말하기, 이길 필요가 없는 말하기의 분위기 안에서 진솔한 말을 할 수 있었고, 서로 인정하고 응원할 수 있었다. 비경쟁 독서 토론을 경험한 학생은 이렇게 말한다.

"비경쟁 독서 토론은 내 의견을 존중 받으며 자유롭게 이야기할 수 있어서 좋아요. 내 의견을 존중 받으니 당연히 타인의 의견을 존중할 수 있게 되었습니다."

둘째, 비경쟁 독서 토론의 유일한 기법으로, 질문 만들기를 연습했다. 읽은 책에 대해서 내가 토론하고 싶은 질문을 만드는 것을 계속했다. 한 가지 방법으로만 하는데도 학생들은 지겨워하지 않았다. 하면 할수록 더 재미있어 하고, 더 질문을 잘 만들고, 더 말이 많아졌다. 책을 읽은 후, 자신의 삶과 세상에 문제를 제기하고 질문을 만드는 연습을 지속적으로 하는 것은 혁명적인 공부가 된다. 사고의 틀을 스스로 만드는 주체적인 행위이기 때문이다. 이에 비해 누군가가 만든 문제를 이용해 생각하고 토론을 하는 것은 이미 타인이 만든 사고의 틀을 받아들이는 수동성을 내포하고 있다. 문제 해결 능력을 키울 뿐이다. 얼핏 보면 비슷할 수도 있는 두 가지는 인간을 바라보는 관점에서 하늘과 땅 차이다. 남이 만든 질문을 받아서 문제를 해결하는 공부는 수동적인 인간으로 살아가는 연습이지만, 스스로 질문을 만들어서 토론하는 공부는 주체적인 인간으로 살아가는 연습이 된다. 비경쟁 독서 토론의 질문 만들기를 경험한 학생은 이렇게 말한다.

> "중학교 때 경험했던 토론은 찬반 토론의 형식이 대부분이어서, 상대측의 입론을 들으며 논리적으로 맞지 않거나, 부족한 부분을 찾아 꼬리에 꼬리를 물면서 경쟁하는 기분이었습니다. 하지만 비경쟁 독서 토론은 내 생각을 자유롭게 펼치고 경쟁하지 않는다는 점에서, 또 서로가 하나의 질문을 만들기 위해 '협력'한다는 점에서 재미있습니다."

셋째, 독서 토론은 누구나 즐기는 것이라는 전제에서 출발했다. 많은 학교에서 독서 토론은 일부 학생들만 하는 활동인 경우가 대부분이다. 영화를 보고 삼삼오오 모여서 대화를 나누는 것은 누구나 할 수 있다. 책도 이와 마찬가지라고 생각한다. 독서 토론은 책을 읽은 이라면 옹기종기 모여서 누구나 나눌 수 있는 대화, 한번 맛보면 즐거움을 알게 되는 매력적인 유희라고 생각한다. 그래서 일부의 학생들만 배워서는 안되며, 모든 학생들이 방법과 즐거움을 배워야 한다. 이러한 출발점은 이에 적절한 방법을 생각하고 실행하는 길로 이끌었다. 전교생에게 독서 토론의 방법을 가르쳤고, 최대한 많은 학생들이 와서 놀 수 있는 독서 토론의 놀이판을 여러 개 만들었다. 평소 책 읽기를 좋아하는 '매니아' 층을 대상으로 한 것이 아니라 '전교생'을 대상으로 한 것이다.

넷째, 독서 토론에 대한 엄숙주의를 버리려고 의식적으로 노력했다. 독서와 토론에 대한 어른들의 엄숙주의는 뼈에 새겨져 있을 정도이지만, 학생들은 다르다. 학생들은 독서 토론으로 파티를 할 수 있는, 친구와 마음을 열고 책 대화를 할 수 있는, 마음의 준비가 이미 되어 있다. 책 읽기가 즐겁고 신나는 요소들과 만나면, 훨씬 더 매력적인 행위가 될 수 있다. 배움과 놀이가 한 지점에서 만나는 것을 목격하게 된다.

4) 홍천여고 독서 동아리의 특성

홍천여고 독서 동아리는 몇 가지 특성이 있다. 첫째, 관점에 대한 이야기다. 독서 동아리를 학습(공부)으로 보지 않고, 놀이로 보았다. 독서 동아리를 학습의 관점으로 보았다면 체계적인 지도를 중시했을 것이다. 정기적으로 만나야 하고, 정리지에 기록을 잘해야 하며, 보고서를 쓸 만큼 체계적인 결론이 나오도록 지도하는 것이 자연스럽다. 그러다 보면 도달해야 할 나름의 기준이 생기기 마련이고, 기준에 못 미치는 독서 동아리는 냉정하게 지도해야 할 것이다. 하지만 놀이로 보면 이 모든 것은 뒷전으로 밀려나고 "즐겁게 놀았니?"가 가장 중요한 기준이 된다. '어떻게 하면 아이들이 독서 동아리를 더 좋아하게 될까? 어떻게 하면 더 즐겁게 활동할 수 있을까?'

와 같은 궁리를 하게 된다. 관점이 무엇이냐에 따라 대상을 바라보는 시선이 이렇게나 달라진다.

둘째, 독서 동아리는 전교생에게 열려 있다. 독서 동아리에 가입하기 위한 선발, 심사의 과정이 없다는 의미다. 4~5명이 모여서 동아리 활동 계획서만 제출하면 누구나 독서 동아리를 만들 수 있다. 지나고 보니, 이러한 개방성은 누구나 즐길 수 있는 문화가 되기 위한 좋은 방법이었다. 2015년 독서 동아리 20여 개(100여 명)에서 시작했고, 2017년 100개(500여 명)로 확산되었다.

셋째, 자신감이라 할 수도 있고, 여유라고 할 수도 있다. 그림책이나 만화책을 보는 모임부터 특정 주제의 심화 읽기를 하는 모임까지 독서 동아리의 다양한 층위를 인정했다. 한 학기에 열 권을 읽는 열성 동아리와 한 학기에 한 권을 읽고 '인생책'이었노라 당당히 말하는 동아리의 무게를 다르게 여기지 않았다. 심지어 활동 계획서만 작성하고 모임을 이어 나가지 못한 동아리가 있어도 '계획서 쓸 때는 즐거웠을 거야. 그 경험이 이어져서 내년에는 즐겁게 활동하게 되겠지' 하는 마음으로 대하게 되었다. 이는 수업 시간에 전교생에게 독서 토론을 가르쳤기에 가능한 자신감이었다. 전교생이 이미 독서 토론의 기본기를 갖추었기에, 에둘러 가도, 조금 느리게 가도, 덜 조급할 수 있었다.

넷째, 위에서 말한 세 가지가 어우러져서 '어떤 화학 작용'을 일으키게 되었는데, 그것은 또래 집단의 압력을 적극적으로 활용하게 된 것이다. 물론 긍정적인 압력이다. 홍천여고 학생이면 누구나 할 수 있는 놀이라는 것, 문턱 없는 진입이 가능하다는 것, 기본적인 규칙만 준수하면 자유로운 부분이 더 많다는 것, 조금만 노력하면 재미와 보람을 얻을 수 있다는 것, 이런 이유들로 인해서 학교 내에서 독서 동아리는 하나의 주류 문화가 되었다. 주류 문화가 되는 순간, 여기에 동참하지 않는 학생이 비주류, 소수가 된다. "너, 독서 동아리 왜 하는 거야? 남들 다 안하는데…"라는 질문은 "너, 독서 동아리 왜 안해? 남들 다 하는데…"로 뒤집어진다. 〈국민독서실태조사〉에서 고등학생 독서 동아리 참여율이 9%였던 것을 상기하면, 홍천여고 독서 동아리 참여율이 96%인 것은 이상한 나라의 이야기인 것이다.

다섯째, 한곳에 머무르지 않았다. 텍스트에만 머무르지 않았다. 독서와 관련한 사진 공모전, UCC 공모전, 모여서 감동적인 책을 낭독하는 낭독의 밤, 모여서 독서 토론 파티하기 등을 하면서 여러 영역과 만나고 이어졌다. 또 독서 동아리에만 머무르지 않았다. 독서 동아리는 단독으로 존재하는 것이 아니었다. 독서 토론 수업, 독서 토론 카페, 5인의 책 친구, 언니들의 북토크, 언니들의 독서 토론 워크숍과 한 궤에서 움직이고 굴러갔다. 이런 여러 프로그램 역시 '독서 동아리'라고 볼 수 있다. 이름은 다른 활동이지만, 같은 책을 읽고, 삼삼오오 모여서 책 대화를 한다는 점에서는 매한가지였다.

5) 독서 동아리에서 배우는 리터러시

(1) 사람과 사람이 만나고, 책과 삶이 만나다

대부분의 교사들은 독서 토론, 독서 동아리를 지도할 때에 지적인 측면을 염두에 두고 시작한다. 지적인 측면에 대한 기대는 초등학교, 중학교보다 고등학교가 더하다. 독서 토론을 통해서 독해력이 신장되고 생각하는 힘과 표현력이 길러지는 것을 기대한다. 그런데 수업, 독서 동아리, 학교 독서 프로그램을 전면적으로 독서 토론에 맞춰서 1년 동안 정성을 들였더니, 아이들은 이런 반응을 보였다.

"독서 토론은 사랑 받는 가장 완벽한 대화"
"독서 토론은 체육 활동 없이도 우정을 기르는 방법"
"독서 토론은 친구를 이어 주는 끈"

아이들은 지적인 측면보다는 사람과 사람의 관계, 그것에서 비롯되는 정서적 안정에 대한 이야기를 더 많이 했다. 1년 정도 책을 함께 읽고 독서 토론을 경험한 아이들은 그 과정에서 서로의 마음과 생각을 지지한다는 이야기, 사랑 받고 인정 받아서 즐겁다는 이야기를 많이 했다.

네다섯 명의 '사람'이 둥그렇게 모인 중심에 '책'이 있다. 그러니까 책을 중심으로 사람과 사람이 만나서 마주보고 있는 것이다. 이들은 같은 책을 읽고 서로를 응원하는 말을 주고받는다. "그래그래, 맞아 맞아, 나도 그래." 이런 말들은 차갑지 않고 따뜻하다. 모나지 않고 둥글다. 이런 자리에서 사람은 말(言)로 타인을 조롱할 수 없다. 말로 "너는 틀렸어"라고 타인을 배제하지 않는다. 말 옆에 '사람'이 있다는 것을 자연스럽게 배운다.

(2) '나의 말'을 가지다

3년 동안의 비경쟁 독서 토론은 아이들에게 '나의 말'을 선물했다. 정신의 날을 세워야 하고 모든 말이 평가 받는 긴장감에서 자유로울 수 없는 말하기 대신, 비경쟁 독서 토론은 나의 생각을 자유롭게 말할 수 있고 서로 생각을 보완해 주는, 시간과 공간을 가리지 않고 토론할 수 있는 자유를 선물로 주었다.

"고등학교에 와서 많은 책을 읽고, 저자 선생님들을 만나고, 독서 토론을 하면서 생각하는 힘뿐만 아니라 나의 의견을 전달하는 힘을 기를 수 있었어요. 마치 아기가 처음 의사 표현을 하듯이 사회에 대한 나의 생각을 밖으로 낼 수 있었어요. 서서히 변화했기 때문에 당시에는 알아차리지 못했지만 지금 되짚어 보면 남의 생각에 의존하는 것이 아니라 내 생각을 말할 수 있게 되었다는 게 엄청난 변화였다고 생각합니다."

―안○○, 2019년 졸업

"삭막한 고등학교 생활의 즐거움이 되었던 것 같아요. 초반에는 의무감으로 독서 토론을 시작하는 친구들도 많았지만 점차 진정으로 즐기고 있다는 느낌을 받았어요. 생활기록부 특기·취미 칸에 독서 토론을 쓰는 친구들도 있었고, 그것이 거짓이라고 놀리는 친구는 없었어요. 아마 모두가 그 즐거움을 알고 있었기 때문이 아닐까요. 특별하게 독서 토론 행사가 없더라도, 독서 토론은 습관이 되었어요. 함께 책을 읽었다면, 혹은 하나의 시를 읽었더라도 우리는 너무나도 할 이야기가 많았지요. 마치 전교생이 수다쟁이가 된 것 같았어요. 아마 이러한 모든 일들이 독서 토론으로 말미암은 것이 아닐까 싶습니다."

-박○○, 2019년 졸업

3년 동안 함께 책을 읽은 학생들을 인터뷰한 내용이다. 10년 넘게 학교를 다녔지만 고등학교에 와서야 자신의 생각을 말할 수 있게 되었다. 마치 아기가 처음으로 의사를 표현하는 기분이었다고 한다. 시 한 편을 읽어도 할 이야기가 많아졌다. 전교생이 수다쟁이가 된 것 같다고 한다. 고등학교 교육은 통상적으로 글을 받아들이는 것에서 그친다. 수용하고 해석하는 것에 머무른다. 시험이 요구하는 인간이 그렇기 때문이다. 독서 토론은 자신의 생각을 표현하게 했다. 일회가 아닌 지속적인 독서 토론은 학생의 말문을 트게 했다. 누구나 수긍할 것이다. 인간의 삶에서 자신의 말을 가지게 되는 것, 말문이 열리는 것, 이것이 평범한 순간이 아니라는 것을 말이다.

(3) 연대와 존중을 배우다

혐오가 넘쳐나는 사회다. 시험으로 매겨진 등급이 사람의 등급인 줄 알고, 능력인 줄 안다. 이로 인한 차별을 정당하다고 생각하는 사회, 차별에 찬성하는 사회에, 우리는 살고 있다. 이런 사회에서 학교는 어떤 교육을 해야 할까. 학생들은 책을 함께 읽는 3년 동안, 타인은 나와 얼마나 다른 생각을 하는 존재인지 확인했다. 독서 토론 소감 중에 어김없이 나오는 말이 있었다. 같은 책을 읽었는데, 인상 깊은 부분이 이렇게 다 다르고, 생각이 다 달라서 신기했다는 소감이었다. 학생들은 자연스럽게 체득한 것이다. 타인은 나와 다른 생각, 다른 감정을 지닌 존재구나. 내가 타인을 존중해야 남도 나를 존중하는 거구나. 그럴 때 우리는 같이 자유로울 수 있구나.

"쉴 틈 없이 바뀌어 가는 세상에 살고 있는 사람들이라면 누구나 함께 읽기&비경쟁 독서 토론을 할 필요가 있다고 믿게 되었어요. 다양한 의견들을 접하고 그것들을 존중하며 건강한 생각을 발전시켜 나간다면 나와 '다른' 사람에 대한 혐오가 가득한 이 사회를 조금이나마 바꿀 수 있지 않을까요."

-권○○, 2019년 졸업

"자칫 꺼려질 수 있는 대화를 일상 속에 스며들게 해 주었어요. 노동법, 소수자 인권 등과 같은 이야기들은 우리의 현실과 아주 밀접하지만 어렵고 껄끄러운 주제이기 때문에 모두 피하는 주제였어요. 하지만 함께 읽기와 비경쟁 독서 토론을 하면서 우리 사회의 문제점을 마주 보며 이에 대해 심도 있는 이야기를 할 수 있었고 이런 대화의 필요성을 느끼게 되었습니다. 그래서 독서 활동 시간이 아닌 평범한 일상 속에서도 자유롭게 이에 대한 이야기를 나눌 수 있게 되었어요. 정확히 말하자면 이러한 대화들이 우리에게 일상이 되었습니다. 가장 중요한 깨달음은 모든 친구가 다 저마다의 깊은 생각과 기발한 해결책을 갖고 있다는 것이었어요."

-박○○, 2018년 졸업

학생들은 일상에서 사회적인 문제에 대해 아무렇지도 않게 대화할 수 있게 되었다. 이보다 더 중요한 것은 친구들이 다 저마다 깊은 생각을 가지고 있다는 것을 깨달은 것이었다. 사람은 모두 저마다의 생각의 우물을 가지고 있는 무수한 존재라는 깨달음이다. 사회의 모든 이들이 이런 깨달음을 한 번씩 얻는다면, '사람'을 대하는 마음이 달라질 것이다. 아파트 경비원의 손, 새벽 집 앞에 택배를 가져다주는 손, 거리의 쓰레기를 치우는 손의 위대함을 알게 되지 않을까. 세상의 모든 존재가 이어져 있다는 것, 그 존재들은 모두 삶의 서사를 지닌 귀한 존재라는 것을 알게 되지 않을까. 학생들은 3년 동안 행한 읽기, 쓰기, 말하기, 듣기의 길에서 이를 자연스럽게 배우게 되었다.

3. 나오며

책을 함께 읽고 독서 토론을 하는 행위는 학교를 바꿨다. 학교라는 공동체를 바꿨다고 자부한다. 학생들의 문화 중심에 '책'이 있었고, 학교의 일상 어디에나 독서 토론이라는 촘촘한 그물이 드리워져 있었다. 책을 중심으로 사람과 사람이, 삶과 삶이 대면했다. 책 읽기가 개인의 앎의 탑을 높이 쌓는 것에 기여한 것이 아니라, 서로의 말을 귀 기울여 듣고, 그 생각을 귀하게 여겨서, 서로의 삶을 응원하는 것에 기여했다.

"어른이 되어 살다가 힘들 때, 오늘 내 생각을 지지해 준 너희들을 생각하면 힘이 날 거야. 세상의 영악한 계산 앞에서 나를 지키는 힘이 될 거야."

-신○○, 2019년 졸업

　신○○ 학생이 독서 동아리 친구들과 책 대화를 하고 나서 남긴 소감이다. 이 '소감'은 어쩌면 인생에서 한 번의 뜨거운 경험에 그칠지도 모른다. 하지만 순수한 생각을 서로 확인하고 응원한 시간은 쉽게 사라지지 않을 것이다. 그 시간에 얻은 '나의 말'은 살아가는 내내 단단해지지 않을까. 세상의 모든 존재와 이어져 있다는 자각은, 나도 남도 그 누구도 소외시키지 않는 물길을 만들어 내지 않을까.

　독서 동아리는 빠르지 않을뿐더러, 체계적이지도 않은 리터러시 학습의 장(場)이다. 빠르지 않지만, '함께 읽기'의 세계에서 경험한 것은 영혼에 각인되는 '원체험'이 된다. 더구나 그 길은 외롭지 않다. 함께 걷는 이들로 빼곡하다. 체계적이지 않지만 따뜻하다. 그 누구도 타인의 생각을 배제하거나 조롱하지 않는다. '나의 말'이 귀한 만큼 '당신의 말'도 소중하다는 것을 알기 때문이다. 좀 느리고 산만하면 어떤가. 사람과 몸을 부대끼는 친밀한 상호작용 속에서 책을 읽고, 사람을 읽고, 세상을 읽고, 나를 만들어 가는 따뜻한 물이 우리 몸에 스미고 있으니….

여주시민을 위한 민주 리터러시

장주식(여강길 대표)

여주에는 세종이 잠들어 있다. 여주는 곧 세종의 도시이다. 세종은 '누구나 쉽게 익혀 날마다 편하게 쓰게' 하려고 한글을 만들었다. 언어의 민주화를 이룩한 것이다. 그러나 기득권의 저항이 엄청났다. 문자를 독점한 권력이 여러 이익을 쉽게 나눠 주려 하지 않았다.

세월이 흐르면서 한글이 가진 민주적인 힘은 자연스럽게 발현되었다. 전 세계에서 문맹률이 가장 낮은 나라가 된 것이다. 기본적인 문해력을 갖춘 국민은 그렇지 못한 국민보다 소통이 민주적일 가능성이 더 커진다.

그런데 급격한 시대 변화는 언어도 다채롭게 만들었다. 다양한 언어는 다양한 문해력을 요구한다. 전통적인 문자 이해뿐 아니라 새로운 문자들, 예컨대 이미지, 유튜브 등이 등장하여 새로운 문해력을 요구하고 있는 것이다.

　이 글은 '여주시민을 위한'으로 범위를 축소하였다. 따라서 현재 여주에서 이루어지고 있는 리터러시를 짚어 보고, 미래의 여주를 위하여 부족한 리터러시의 방향을 생각해 본다.

1. 여주의 교사 리터러시

　문해력은 교육과 불가분의 관계다. 교육을 담당하는 교사가 지닌 문해력에 대한 이해는 교사가 속한 사회에 큰 영향을 미치게 된다. 다행스럽게도 여주에는 15년 넘게 교사들이 모여 연구하고 활동하는 동아리가 있다.

　동아리 이름은 '밭 한 뙈기'인데 이름에서 이미 모임의 지향점이 드러난다. 권정생 작가의 시 〈밭 한 뙈기〉를 읽어 보자.

　사람들은 참 아무것도 모른다
　밭 한 뙈기
　논 한 뙈기
　그걸 모두

　'내' 거라고 말한다
　이 세상

온 우주 모든 것이
한 사람의
'내' 것은 없다

하나님도
'내' 거라고 하지 않으신다
이 세상
모든 것은
모두의 것이다

아기 종달새의 것도 되고
아기 까마귀의 것도 되고
다람쥐의 것도 되고
한 마리 메뚜기의 것도 된다

밭 한 뙈기
돌멩이 하나라도
그건 '내' 것이 아니다
온 세상 모두의 것이다

　　-권정생 시 〈밭 한 뙈기〉 전문

한 뙈기의 땅도 한 사람의 것이 아니다. 이 세상 모든 것은 한 사람의 '내 것'이 아닌 모두의 것이라는 선언은 곧 '민주화 선언'과 다를 바 없다. 이 시에서 이름을 따온 교사들의 모임은 지향점이 분명하다. 그들은 교육에서 민주주의가 얼마나 중요한지를 드러낸 것이다. 이 지향점은 교사로서 어떻게 교육을 할 것인가에 대한 다짐이라고 볼 수 있다.

이 교사 모임에서 15년 동안 연구하고 실천해 온 내용들을 간략하게 요약하면서 그 의미를 되새겨 보도록 하겠다.

1) 시 교육

'어린이는 모두 시인이다'라는 말이 있다. 시는 노래이기도 하다. 기분 좋을 때 흥얼거리는 것도 시가 된다. 칠곡에서 글자를 전혀 모르던 할머니들이 한글을 배워 읽고 쓰게 되었을 때 처음으로 만들어 낸 것도 '시집'이다.

아이들은 천생 시인이라 아이들과 시를 공부하는 일은 자연스럽다. 더구나 시는 가장 진실된 마음으로 쓰게 되는 장르이기도 하다. 시를 잃어 가는 마음에는 하나둘 위선이 들어와 쌓이게 된다. 교사 모임에서 꾸준히 진행하고 있는 시 공부와 실천 사례를 잠깐 살펴보자.

'시와 놀기' 계획서

* 제목 : 국어 시간에, 계발 활동 시간에, 재량 시간에 등 제한적인 내용을 두지 않기. 하고 싶을 때 하고 시간 날 때 하는 '시'라는 말만 들어가게 해서 시가 주인이 되게 정하기.

〈시에 대하여〉

*   시의 내용 : 경험과 관념(좋은 시와 좋지 않은 시, 삶이 있는 시와 삶이 없는 시를 포함)

☞ 세 학교 이상의 사례 – 우정에 관한 시를 읽고 활동

☞ 세 가지 이상의 학습지를 만들어서 누구나 쉽게 꺼내서 학습지처 럼 이용할 수 있도록 하기.

*   시의 형식

– 전래 동요로 놀아 보기

– 말놀이 시로 놀아 보기

– 전래 동요 바꿔 쓰기

– 시의 글자 수

: 옛 노래, 판소리의 글자 수 살피기

: 하이쿠, 영시, 한시의 형식 간단히 알기

– 시 노래 부르기, 노래 가사 바꿔 부르기

– 요즘 놀이하면서 부르는 노래 조사하기

〈시 읽기〉

　– 시 읽기(한 권의 시집을 읽기) –《쉬는 시간 언제 오냐》같은 방법,

손바닥 시로 읽기

　– 시 읽고 느낌 나누기

　　(보기) 저학년 – 〈강아지〉(신현림), 〈밥 한 뎨기〉(권정생)

　　　　　중학년 – 〈감자꽃〉(안도현), 〈밥 한 뎨기〉(권정생)

　　　　　고학년 – 〈인간성에 대한 반성문〉(권정생), 〈별을 보기 위한 세

　　　　　가지 주의 사항〉(김진경), 〈애들아 우리는〉(권정생) 등

　– 시 조각 맞추기

　　(보기) 저학년 – 〈예쁘지 않은 꽃은 없다〉

　　　　　중학년 –《개구쟁이 산복이》(이문구)

　　　　　고학년 – 〈꼬리따기 노래〉(전래동요)

　– 시 맛보기

　　　: 시 맛보기 판 활용 사례

　　　: 저·중·고학년용 두 묶음 정도씩 예시

　　　: 친구에게 주는 시, 어버이날 선물용, 계절별 손바닥시 엮기

　– 친구가 쓴 시로 느낌 나누기

　　　☞ 여주4 '연건우' 이야기

　– 비판적 시 읽기

　– 시 낭송(기존 시 낭송)

　　　☞ 시 낭송하기에 좋은 시 가려 뽑기

　– 시 그림책 만들기 (묻고 답하는 노래)

〈시 쓰기〉

- 다양한 글감으로 시 쓰기

    : 글감 주고 쓰기(《일하는 아이들》, 〈아버지 월급 콩알만 하네〉 등의 시를
    읽고 시 쓰기 등)

    : 체험하고 시 쓰기(숲에 가서 시 쓰기)

    : 사건이 있은 뒤에 시 쓰기(급식 시간에 시 쓰기)

- 시로 마음 나누기: 〈껌 하나〉, 〈전학 간 친구〉 등

- 한 마디 쓰기

- 시 쓰기

- 시 다듬기

- 시화 액자 꾸미기, 전시회, 자작시 낭송, 생활에의 활용(초대장, 화장실
  꾸미기 등)

※ 단계별 공부 프로그램화

    (보기 1) 깨롱노래로 놀기 – 말놀이 시 모음 놀이하기 – 요즘 하는
    말놀이 조사하기 – 시 조각 맞추기(꼬리따기 노래) – 〈시리동동 거미동
    동〉 읽기 – 꼬리따기 노래 만들기 – 자기가 지은 노래로 그림책 만들기

    (보기 2) 경험이 있는 시와 관념적인 시 구분하기 – 시 읽기(우정) –
    반에서 시 쓰기 – 반에서 나온 시 읽고 느낌 나누기 – 새로운 시 쓰기
☞ 1주일치(6시간), 한 단원(18시간), 재량 시간 등에 맞춰 할 수 있는 코
스를 10여 가지 개발하기

이 '시와 놀기' 계획서는 교사 모임 '밭 한 뙈기'가 여주도서관에서 방학 때 아이들과 한 시 놀이이다. 학교에서 국어 시간은 물론 일상적으로 시와 함께 놀이 겸 공부를 한 교사들이 학교 울타리를 나와 도서관에서 아이들을 만나는 프로그램으로 진행한 것이다.

시 놀이는 크게 시 읽기와 시 쓰기로 나누어진다. 좋은 시를 많이 읽고 즐기게 하는 방법을 고안하여 '시 맛보기'로 날마다 진행한다. 교실 뒤편에 '시 맛보기 판'을 설치하여 날마다 한 편씩 시를 바꿔 놓는다. 시 쓰기는 '시로 마음 나누기'라는 형식으로 아이들의 시심을 자극하여 표현하게 한다.

시 읽기와 시 쓰기를 '밭 한 뙈기'에서 정식화한 실천 방식이 있는데 그것은 '시극'과 '벽시 쓰기'이다. 이 실천법은 전국국어교사모임에서도 발표하여 좋은 반응을 얻었다. 그 방식은 다음과 같다.

참고 자료 2

벽시 쓰기와 시극의 이론과 실천

I. 벽시로 즐거운 시 쓰기

1. 왜 벽시인가?

'벽시'란 무엇일까? 말 그대로 벽에다 붙이는 시이다. 전지 한 장 정도의 크기에 매직으로 시를 써서 벽에 붙이고 함께 감상하는 것이다. 이것은 좀 재미나게 시를 읽기 위하여 '시극으로 시 읽기'를 했듯이, 아이들이 힘들어하는 시 창작을 좀 재미있게 해 보기 위한 방법이다.

시를 쓰는 행위는 인간으로서 너무나 자연스러운 것이다. 어린이는 모두 시인이다, 라고 이오덕 선생이 얘기한 적이 있다. 좋은 한 편의 시를 창작했을 때 그 흥분은 말로 표현하기 어렵다. 가슴속에 또는 머릿속에 맴돌던 그 무엇이 누가 미리 말하지 않은 누군가 미리 보지 못한 언어와 이미지로 표현되어 나왔을 때, 그 절정은 가누기 힘든 희열일 것이다.

그러나 생각처럼 시 창작이 그리 쉬운 것이 아니다. 한 편의 시가 완성되기 위하여 열 번 스무 번 아니, 백 번도 넘게 고치고 다듬는 작업이 바로 '시 쓰기'이다. 지루하고 지루한 작업이 시 쓰기인데, 이것을 전통적인 방법으로 아이들과 시 쓰기를 하면 아이들이 시 창작에서 점점 멀어질 우려가 있다. 그런 고민 속에서 나온 방법 가운데 하나가 바로 이 벽시 쓰기이다.

벽시 쓰기 역시, 많은 시간을 줄 필요가 없다. 시란, 어느 순간의 절정을 잡아내는 찰나의 예술이 아니던가. 잡아낸 순간을 얼마나 잘 다듬느냐 하는 것은 그 다음의 일이다. 길면 약 20여 분의 시간을 주고, 시를 쓰게 하면 된다. 벽시 쓰기의 핵심은 바로 '공동 창작'이다. 한 장의 전지를 두고 여러 명이 매직 한 개로 작업을 한다. 하나의 글감을 정한 뒤 한 사람이 한 행씩 시를 써 나간다. 그 과정에서 글감 깊이 생각하기와 표현 다듬기가 자연스럽게 이루어진다. 같이 창작을 하는 친구의 마음을 좀 더 이해하게 되는 것은 부수적인 이득이다.

그러나 벽시 쓰기의 절정은 무엇보다 '발표'에 있다. 벽에 죽 시를 붙여 놓고, 함께 감상할 때 시인들의 두근거림과 흥분은 최고조에 이른다. 시는 자기 '내면의 드러냄'이기 때문이다. 여러 사람에게 자신의 내면을 드러내 보여 줌으로써, 기쁨은 배가 되고 슬픔은 반감될 수 있다. 벽에 붙은 시는 엉터리도 있고 절창도 있을 수 있다. 그러나 그 어느 것 하나 다 소중한 작품이 된다. 절창이 절창이 되는 까닭을 자연스럽게 익히는 과정이 되므로 시 쓰기 학습으로서 의미를 얻는 순간이다.

자, 그럼 이렇게 즐거운 벽시 쓰기의 활동 방법을 자세히 알아보자.

2. 벽시 쓰기의 실제

* 아이들은 대부분 재미있어 했으며, 벽에 시를 붙여 놓고 낭독을 하려 하자, 볼이 발그레해지며 다소 흥분한 모습을 보여 주었다.

모둠별로 낭독한 뒤에 느낌을 말하는 시간을 가졌는데, 기억에 남는 것은

- 여러 명이 함께 시를 쓰니까 혼자 생각하지 못하는 상상력이 풍부하게 나오는 것 같다.
- 혼자 쓰는 것보다 힘든 점이 있다. 생각을 더 많이 해야 한다.

몇 가지 더 있는데 며칠이 지나서 잊어먹었다. 벽시를 쓰는 데 준 시간은 약 20분 정도 되었고, 글감도 주지 않았다. 다만 한 사람이 한 행씩 쓰면 좋겠다고만 말했다. 아이들에겐 '시 놀이'를 하겠다고 했고, 나중에 발표할 때에 '공동 창작'이나 '함께 쓰기' 같은 개념을 도입했다.

남겨진 집

깊은 산 속에 남겨진 집 한 채
흔들 흔들 흔들리는 집 한 채
홀로 남겨진 집 한 채

아무도 찾아오지 않는 산 속에 남겨진 집 한 채
삐꺽 삐꺽 거리며 지탱하고 있다
으스스 무서운 바람이 불며 악~~비명소리도 들린다

어느 날
포크레인이 와서 집을 와르르~!
부셔버렸다

-지은이: 5학년 모둠

수박 속 아이들

검은 줄무늬 껍질 속 빨간 집 까만 아이들
와다닥… 우지끈!!
깜깜한 동굴로 들어간다~
아삭!! 아삭!! 음~시원해♬

가만 아이들 우리는 세상으로 탈출!!

고양이 얼굴에 "똑" 하고 떨어졌다.

우리는 고양이 타고 세상 구경 중…

야호~!!

-지은이: 5학년 모둠

호랑이 쌤

첫인상은 산에서 튀나온 산적

그래도 마음씨는 착한 곰

그러나!!!

원래 곰이라서 화나면 무섭다

그러니

빨리 순한 곰이 되시길…

-지은이: 4, 6학년 모둠

구슬치기

구슬이 떼구르르 톡 하는 소리

아이고 내 구슬 따 먹혔네

내 구슬 내 놔!

톡 하는 소리가 게임판을 시끄럽게 하는 소리

야 게임판 왜 엎어!

내맘

구슬치는 소리 톡 사람치는 소리 퍽

아야 왜 때려 한번 해 보자는 거냐?

구슬을 걸고 하자

으악 하학 하는 소리, 산새들도 떠나간다.

하하하

내가 이겼다.

–지은이: 6학년 모둠

즐거운 여름

시원한 여름

덥지만 시원한 여름

바닷가에서 시원한 여름

산에서도 시원한 여름

즐거운 여름이야

행복한 여름

덥지만 행복한 여름

친척네서도 행복한 여름

계곡에서도 행복한 여름

즐거운 여름이야

-지은이: 3학년 모둠

Ⅱ. 시극으로 즐거운 시 읽기

1. 왜 '시극(詩劇)'인가?

아이들이 시 읽기를 재미없어할 때가 있다. 맘에 울림을 주는 좋은 시도 스스로 찾아 읽는 것이 아닐 때에는 무감동일 것이 틀림없다. 더구나 아무런 느낌을 주지 않는 시, 오로지 학습을 위하여 운율을 따지고 꾸밈을 따지는 시 읽기는 괴롭기만 할 뿐이다.

그러나, 그렇다고, 아이들과 시를 읽지 않을 것인가? 그럴 수는 없다. 문학을 순 우리말로 '말꽃'이라 하는데 시는 모든 말꽃의 정수다. 아니 시는 사람살이의 핵심을 찌르는 그 무엇이다. 시를 읽지 않고 문학을 알 수 없고 삶을 알 수 없다. 그러므로 모름지기 교사인 우리는 아이들과 시를 읽어야 한다. 그럼, 아이들과 시 읽기를 어찌할 것인가?

시를 잘 읽기 위해선 교사가 스스로 올바른 시관(詩觀)을 갖추어 좋은 시를 골라 줄 수 있어야 함이 첫째요, 그렇게 고른 시를 아이들과 재미있게 읽을 수 있어야 함이 둘째다. 시를 외워라, 낭송하겠다. 이런 가르침도 뭐 잘못된 것은 아니다. 그러나 좀 더 효과적으로 재미있는 활동을 하는 가운데 저절로 좋은 시를 몸으로 익히고 맘으로 외울 수는 없을까? 그러한 고민 속에서 얻은 것 중에 하나가 바로 '시극으로 시 읽기'이다.

여기서 시극이라 하여, '시와 연극의 만남' 같은 그런 거창한 것이 아니다. 그건 품이 많이 들뿐더러 우리가 아이들과 짧은 시간에, 효과적으로 시를 읽는 방법도 아니다. 시 읽기의 한 방편으로서 시극은 시를 이용한 한편의 촌극 (寸劇)을 만들어 보는 것이다. 교사가 미리 뽑아 둔 몇 편(5~6편이 적당하다) 시를 받은 아이들이 이 시들을 충분히 정독한 다음 한 편의 시를 고르고, 그것으로 촌극을 만든다. 글자 그대로 한 '마디'의 연극이다. 촌극을 만들기 위한 시간도 10~20분 정도로, 길게 주지 않으며 극을 위한 소품도 정성을 들일 필요가 없다. 다만 여기서 중요한 것은 스스로 고른 시의 이미지, 느낌, 내용이나 주제를 얼마나 잘 표현하는가이다. 그런데 그것도 그다지 걱정할 필요가 없다. 촌극을 만들기 위하여 일단 촌극에 알맞은 시를 선택해야 하며, 그 시를 극으로 만들기 위하여 자연스럽게 분석이 들어가야 하며, 그것을 마침내 자신의 몸으로 표현을 해야 한다. 이 일련의 과정은 한 편의 시를 '깊게 읽는' 효과를 준다. 시극을 하고 난 아이들의 표정에 넘치는 환희를 본다면 좋은 시를 깊게 읽었을 때의 감동과 열정을 가슴으로 느낄 수 있을 것이다.

자, 그럼 '아이들과 시극으로 시 읽기'는 어떻게 진행하면 될까? 지금부터 그 활동 방법을 자세히 알아보도록 하겠다.

2. 시극으로 시 읽기의 실제

* 여름방학 시교실 자료-여주시립도서관

가. 시 노래 부르기

- 〈수경이, 그 가시나〉(임길택 시, 백창우 곡)
- CD 자료와 기타 반주로 다 같이 노래 부르기

나. 시 읽고 이야기하기

  - 〈생일 전날〉, 〈병아리 싸움〉, 〈체육시간〉, 〈아까운 똥〉,
    〈아버지가 오실 때〉 등
  - 개인별로 돌아가며 읽고 시 내용 알아보기

다. 시 선택하고 모둠 만들기

  - 〈생일 전날〉 - 5명, 〈병아리 싸움〉 - 4명, 〈체육시간〉 - 2명,
    〈아까운 똥〉 - 2명, 〈아버지가 오실 때〉 - 4명

라. 시극 연습하기

  - 모둠별로 시극 연습하기(교사가 한 명씩 참여 지도)

마. 시극 하기

  ① 〈생일 전날〉 - 한 명이 낭독하고 상황 나타내기
  ② 〈병아리 싸움〉 - 한라봉 나무를 등장시켜 열매를 나누어 먹으며
    친구가 화해하는 것으로 나타내기
  ③ 〈체육시간〉 - 과학시간으로 고치고 얼굴이 빨개지는 것을 종이로
    붙여 나타내기
  ④ 〈아까운 똥〉 - 연습 때 쑥스러워하던 ○○이 실전에서 잘함
  ⑤ 〈아버지가 오실 때〉 - 아버지가 술 먹고 들어오는 장면으로 나타내기

바. 시극 감상 뒤 이야기하기

교사 모임 '밥 한 떼기'에서는 15년 동안 진행한 시 공부의 결

과로 세 권의 어린이 시집을 냈다. 《꼭 하고 싶은 말》(2016, 삶말출판사)과 《할 일 없는 날》(2018, 삶말출판사)이 정식 출판되었다. 〈아까운 똥〉 같은 시문집으로 펴내던 것이 출판사 요청으로 시집으로 만들어졌다.

시는 가장 오랜 세월 가장 고급스럽게 사람 간의 소통을 이끌어오는 매개다. 어쩌면 시 읽고 쓰기야말로 가장 중요한 리터러시일지도 모른다.

2) 독서

문해력을 좌우하는 바탕은 독서다. 학교에서도 독서를 강조할 수밖에 없는 이유가 거기에 있다. 독서가 교육에서 차지하는 비중이 중요하다면 교사들도 독서력을 키워야 한다. 당연히 '밭 한 뙈기' 모임에서도 독서에 큰 의미를 뒀다. 시 공부를 위한 도서, 동화 공부를 위한 도서, 그림책 공부를 위한 도서를 읽었고 아이들에게 직접 실천하기 위한 '독서교육' 관련 도서도 탐독했다. 나아가 인문학의 기초라 할 수 있는 신화와 옛이야기 공부를 위한 도서도 읽고, 현 단계 정치와 경제의 흐름을 파악하기 위해 사회과학 도서도 꾸준히 읽었다. 이 중에 신화 공부와 사회과학 공부에 대한 독서를 소개하도록 하겠다.

신화 공부를 위하여

사실 신화는 인간의 삶과 함께 생성되어 지금, 현재도 여전히 우리들 삶 속에 살아 숨 쉬고 있다. 다만 시대의 변화에 따라 신도 변화를 거듭하고 있을 뿐이다. 어떤 시대에는 강력했던 신이 어떤 시대에는 쪽도 못 쓰는 일이 생겨난다. 물론 그 역도 가능하다.

〈신화를 공부하면서 마음에 품고 있어야 할 물음들〉

1. 인간은 왜 신을 발명했는가?
2. 인간은 신을 어떻게 이용했는가?
3. 지금, 여기에서 가장 강력한 권능을 발휘하는 신은 누구인가?
4. 지금, 여기에서 필요한 신화는 과연 무엇일까?

– 아래에 소개하는 책들은 내가 작가로서 살아가는 데 도움을 얻기 위해 읽어 왔던 자료들에 지나지 않는다. 따라서 당연히 한계를 가질 수 밖에 없다. 다만 좀 더 먼저 신화를 공부해 본 선배로서 방향을 잡기 위한 향도의 역할일 뿐이니 우리가 공부를 해 나가면서 좀 더 풍부해질 것으로 기대한다.

〈도움이 되는 책들〉
〔읽으면 좋을 책〕

- 미르치아 엘리아데 씀, 이은봉 옮김,《성과 속》, 한길사, 1998

- 김진경,《김진경의 신화로 읽는 세상》, 자음과모음, 2012

- 조지프 캠벨 씀, 이은희 옮김,《신화와 함께하는 삶》, 한숲, 2004

- 나카자와 신이치 씀, 김옥희 옮김,《카이에소바주시리즈 1~5권》,

  동아시아, 2005

- 조현설,《우리신화의 수수께끼: 아주 오래된 우리 신화 속 비밀의 문

  을 여는 30개의 열쇠》, 한겨레출판, 2006

- 신동흔,《살아 있는 한국 신화 : 흐린 영혼을 씻어주는 오래된 이야

  기》, 한겨레, 2014

- 이윤기,《이윤기의 그리스 로마 신화》, 웅진지식하우스, 2020

- 미르치아 엘리아데 씀, 이윤기 옮김,《샤마니즘》, 까치, 1992

- 조지프 캠벨 씀, 이진구 옮김,《신의 가면 1:원시 신화》, 까치, 2003

- 김환희,《옛이야기의 발견》, 우리교육, 2007

〔함께 읽으면 도움이 되는 책〕

- 마르셀 모스 씀, 이상률 옮김,《증여론》, 한길사, 2002

- 하신 씀, 홍희역 옮김,《신의 기원》, 동문선, 1990

- 섭서헌 씀, 노성현 옮김,《노자와 신화》, 문학동네, 2003

- 클로드 레비-스트로스 씀, 안정남 옮김,《야생의 사고》, 한길사

- 조지프 캠벨 씀, 박중서 옮김,《신화와 인생: 조지프 캠벨 선집》,

  갈라파고스

- 베네딕트 앤더슨 씀, 윤형숙 옮김,《상상의 공동체》, 나남

- 이수영,《에티카, 자유와 긍정의 철학》, 오월의봄, 2013

- 휴버트 드레이퍼스, 숀 도런스 켈리 씀, 김동규 옮김,《모든 것은 빛난
  다: 허무와 무기력의 시대, 서양고전에서 삶의 의미 되찾기》,
  사월의책, 2013〔신화 공부뿐 아니라 인간의 삶 자체에 도움이 되는 책〕
  -《성경》,《논어》,《금강경》,《바가바드 기타》(이 네 권은 가능하면 머리맡에
  두고 꾸준히 읽어도 좋을 책이다.)

교사 모임의 한 회원이 신화 공부를 위한 독서를 이렇게 제안
했다. 이 제안은 받아들여졌고 회원들은 2주에 한 번씩 만나서 신
화 공부를 했다. 기본 도서는 조지프 캠벨이 지은《천의 얼굴을 가
진 영웅》이었다. 한 사람씩 돌아가면서 발제를 하고 토론하는 형식
이었다. 공부를 통해 정리한 내용은 전국국어교사모임에서 발표하
기도 했다.

'신화는 우리 모두를 빛나게 하고 우리 모두를 행복하게 한다'라
는 관념이 신화 공부를 이끈 주제였다. 신화가 우리 모두를 빛나게
하지 않는다면 그 신화는 뭔가 다른 것에 봉사하고 있는 신화일 가
능성이 크다는 것이다.

신화는 또한 대칭성을 추구한다. 인간이 동물보다 우월하다든
가, 백인이 우월한 인종이라든가, 하여튼 모든 비대칭적인 사고를 벗
어나려는 것이 신화의 본령이다. 신화가 가진 힘은 민주적인 교육자
로서 교사를 사로잡았고, 신화 공부는 자연스럽게 신화 교육으로 이
어졌다.

신화는 되먹임학습(또는 강화학습)이 아니라 보정학습(또는 자기변

화학습)이 가능하도록 학습자를 이끌어 주는 효과가 있다고 교사들은 봤다. 아울러 창작을 하는 기회를 많이 주라고 신화는 가르친다. 스스로 목표를 설정하고 해결하는 과정을 통해 자기 변화와 성장이 일어난다. 무엇보다 신화의 힘은 '긍정성'이다. 인간의 본성은 이기적이기보다는 편파적이다. 그러므로 이 편파적인 부정성을 넘어서기 위한 노력이 신화다.

참고 자료 4

현단계 사회를 읽기 위한 독서 제안

– 고르게 행복하고 다 함께 평화로운 미래를 위하여
– 일과 삶의 새로운 패러다임 '기본소득'을 공부하자

1. 왜 기본소득인가?
1) 소득 불평등이 심화되면 모두가 불행한 상황이 온다.
* 2019년 현재, 한국은 상위 10%가 시장 소득의 60.7%를 가져간다.
  해마다 이 격차는 가파르게 심화되고 있다.
* 소득 불평등은 불공정 사회를 고착화하고 불안감을 가중시켜
  결국 공멸의 길로 나아가게 된다.
2) 소득 불평등을 해소하기 위한 방법 중 노동 소득을 통한 분배는 거의 불가능해졌고, 자본 소득의 분배가 이뤄져야만 균등화가 가능하다.

* 4차 산업혁명은 자본 소득 증가를 더욱 부추기게 된다. 현재와 같은 자본주의 사회가 유지될 경우, 대부분 인간이 빅브라더의 노예로 전락할 수 있다(가장 위험한 경우는 권위주의화한 자본주의 국가들이다).

* 20세기 분배 체계는 노동 임금 소득, 사다리 올라가기, 창업을 통한 신분 상승 등이었다. 이 체계가 지구화와 기술 변화로 빈곤선을 벗어날 수 없는 체계로 변화되고 있다. 20세기 분배 체계가 깨졌기 때문에 새로운 분배 체계가 필요한데, 그것이 무조건적 기본소득이다.

3) 기본소득은 자본 소득분 배율을 높여 인간의 존엄을 유지시키며 자연 환경을 보존하며 궁극적으로 고르게 나눠 다 함께 행복한 삶을 살게 한다.

* 자본이란 땅, 건물, 빅데이터(정보), 기술, 지식, 관광 자원 등 노동을 제외한 거의 모든 것이다.

* 좋은 사람, 이타적 삶에 대한 철학적인 신념과 아울러 촘촘한 법 조항이 필요하다.

2. 왜 국어 교과 모임에서 기본소득을 공부하나?

1) 교사는 늘 미래와 함께 사는 사람이다

* 지금, 여기를 어떻게 사는지가 미래를 결정한다. 지금 기본소득 논의를 교사들이 하지 않으면 우리 아이들의 미래가 위험하다.

2) 아이들과 기본소득을 어떻게 논의하나?

* 기본소득을 신념화할 수 있는 도서 읽기

* 기본소득 관련 경험 또는 상상 글쓰기(아동수당, 무상급식 등)

〈즐거운 상상 글쓰기 예시〉

a. 2016년 스위스. 1인당 월 3백만 원을 지급하는 기본소득 도입을 위한 국민투표 전 설문. 경제 활동을 그만둘 것인가?

  – 2%만이 경제 활동을 그만두겠다고 응답

  – 전체 1/3은 타자는 그만둘 것이라고 예상

  * 나와 타인을 다르게 평가. "타자는 게으를 것이라고 생각한다."

  (가이 스탠딩, 《일과 삶의 새로운 패러다임 기본소득》, 198쪽)

b. 기본소득을 받는 것은 자선에 따른 혜택일까? 당연히 받아야 할 권리일까?

c. 매월 50만 원을 현금으로 꼬박꼬박 받는다면 나에게 어떤 일이 생길까?

d. 무조건적 기본소득 비판

  – 네가 흙으로 돌아갈 때까지 얼굴에 땀을 흘려야 먹을 것을 먹으리니 네가 그것에서 취함을 입었음이라.(《창세기》 3장 19절)

  – 우리가 너희와 함께 있을 때에도 너희에게 명하기를, 누구든지 일하기 싫어하거든 먹지도 말게 하라.(《데살로니가후서》 3장 10절)

* 성 암브로시우스, 《나봇 이야기》

– 부자가 가난한 이를 돕기를 거부한다면 '너는 그 배고픈 이의 빵을 빼앗아 감추고 있는 것이며, 그 헐벗은 사람의 외투를 빼앗아 두르고 있는 것이며, 네가 땅에 묻어 둔 돈은 그 가난한 사람을 볼모로 잡아 자유를 빼앗은 몸값인 것이다.'(필리프 판 파레이스 외 씀, 홍기빈 옮김, 《21세기 기본소득》, 2018)

〔함께 읽을 기본 도서〕

 - 강남훈, 《기본소득의 경제학》, 박종철출판사

〔참고 도서〕

- 가이 스탠딩 씀, 안효상 옮김, 《기본소득 - 일과 삶의 새로운 패러다
   임》, 창비, 2018
- 김교성 외 씀, 《기본소득이 온다》, 사회평론아카데미, 2018
- 장 지글러 씀, 유영미 옮김, 《왜 세계의 절반은 굶주리는가?》,
   갈라파고스, 2016
- 필리프 판 파레이스 외 씀, 홍기빈 옮김, 《21세기 기본소득》,
   흐름출판, 2018

‘교사는 늘 미래와 함께하는 사람’이라는 규정에서 미래란 아이
들을 말한다. 미래 세대가 살아갈 세상에 대하여 늘 고민하는 사람
이 교사라는 뜻이다.

현대 사회는 불공정, 불평등이 중심 주제가 된 지 오래되었다.
특히 경제적인 불평등은 모든 사회 관계를 악화시킨다. 소득과 부가
편중되어 절대다수의 삶이 불행하게 되었다. 인간은 도덕적인 수치
를 이기지 못하여 삶을 부정하기도 하지만, 경제적인 면에서 상대적
인 박탈감 또한 심각한 우울증을 불러온다.

더구나 이 불평등은 고착되려는 모습마저 보인다. 불평등 구조
가 변화하지 않을 때 가장 고통을 받는 세대가 미래를 살아갈 아이
들이다. 따라서 교사는 이 불평등 구조를 깨뜨리기 위해 노력할 수

밖에 없다.

소득 불평등 구조를 해소하려는 방법 중의 하나인 기본소득 공부는 그런 점에서 중요하다. 이런 공부를 통해 교사는 자연스럽게 다양한 교수-학습 방법 내지는 교육 이념을 체화하게 된다.

3) 길 따라 이야기 따라

교사 모임 '밭 한 뙈기'는 '길 따라 이야기 따라'라는 이름으로 인문학 교실도 운영한다. 사람은 수많은 길을 만들고 길을 따라 삶을 이어 왔다. 산길, 물길, 장터길, 시골길, 도시길, 문화 탐방로 등 우리 주변에는 수많은 길이 있다. 길에는 또 이야기가 있다. 어떤 삶의 현장에 이야기가 없으랴.

우리가 누군가의 삶을 이해하기 위해선 그 삶이 빚어낸 이야기를 만나는 것이 가장 쉽고도 좋은 방법이다. 교사들은 길을 걸으며 이야기를 만나러 다녔다. 이야기는 서로 소통하기 위한 방법이기도 하다.

교사 모임 '밭 한 뙈기'의 '길 따라 이야기 따라'는 부정기적으로 진행되지만 반응이 뜨겁다. 삶의 현장인 여주를 중심으로 길을 걷고 이야기를 만나서 더욱 그런 것 같다. 알면 보이고 보이면 이해하게 되고 이해하면 더 정다워지는 것이니까.

결국 '밭 한 뙈기'가 진행해 온 일들은 또 하나의 리터러시라고 할 수 있다. 리터러시가 추구하는 지향이 '소통'이라고 본다. 소통은 문자만으로 이루어지는 것이 아니요, 매우 다양한 방법들이 있기 때문이나.

교사는 소통을 위한 존재라고 할 수도 있다. 교사는 세상과 학생을 이어 주는 매개이기도 하다. 교사들이 얼마나 소통에 대한 역량을 지니고 있는가는 한 사회가 가지고 있는 소통력을 가르는 시금석이기도 하다.

따라서 교사는 끊임없이 소통을 고민해야만 한다. 혼자 교실에 섬으로 떨어져 있어선 안된다. 교사 모임을 갖는 것이 아주 좋은 방법이다. 소통은 혼자 하는 것이 아니기 때문이다. 교사 리터러시는 한 사회의 소통력이고 그 역량은 교사들의 꾸준한 모임 활동에서 키워질 수 있다. '밭 한 뙈기'는 그런 점에서 굉장히 중요한 시사점들을 준다.

2. 여주시민의 민주적인 리터러시를 위한 방향

리터러시가 권력으로 작동하면 많은 사람들이 소외되기 쉽다. 조선시대엔 한자를 아는 사람들이 권력을 독점했다. 현대에 한글이 보편화되면서 전통적인 문자 권력은 줄어들었으나 새로운 소통 부재가 다양하게 발생한다. 폰-인간 사이보그라는 말이 나올 정도로 이제 기계는 언어 이상이 되었다. 기계 언어뿐 아니라 폭넓은 문해력을 요구하는 시대여서 다양한 리터러시가 필요해졌다.

1) 여주시민을 위한 멀티 리터러시

(1) 뉴스 리터러시

어떤 뉴스도 절대적인 중립성과 객관성을 가질 수는 없다. 뉴스를 제작할 때 다양한 목소리를 취재한다고 해도, 기사를 쓰는 기자의 판단과 선택을 거칠 수밖에 없기 때문이다. 그러나 최대한 객관성을 유지하려는 기사는 충분히 값어치가 있다.

문제는 의도를 갖고 편파적으로 작성하는 뉴스다. 일명 '가짜 뉴스'라고 하는 것이다. 진실을 왜곡하거나 아예 가짜로 조작해서 진실처럼 보이게 하는 뉴스가 문제다. 뉴스는 일단 일정 정도 공신력을 갖기 때문에 그 파급 효과가 크다. 미치는 영향도 심각하다.

특히 유튜브는 어떤 심의 절차도 없이 무차별적으로 뿌려지는 속성을 갖는다. 한 개인이 개인의 주관으로 만든 영상이 송출되고 누구나 쉽게 받아 볼 수 있다. 게다가 유튜브는 무한 반복 재생이 가능하고 묘한 연속성을 가진다. 구독자들과 유튜버 사이에 끈끈한 관계가 맺어져서 '그들만의 얘기'를 확대재생산한다. 이런 관계에서는 사실의 진위 여부는 문제조차 되지 않는다. '아군인가? 적군인가?' 하는 이분법만 작동할 뿐이다.

따라서 뉴스의 진위를 가려 보는 눈, 최대한 객관적으로 작성된 것인가 그렇지 않은 것인가를 살펴보는 눈이 매우 필요한 시기가 되었다.

학교나 사회에서 '뉴스 리터러시'를 위한 프로그램을 적극적으로 만들고 운영해야 할 것이다. 여주 사회도 마찬가지다. 여주에서도 수많은 뉴스들이 생산되고 유통되기 때문이다.

(2) 멀티 리터러시의 실제

미디어 간 변환 연습을 많이 해 보는 것이 좋다. 영화, 드라마, 연극, 문학, 라디오, 유튜브, 신문 등 다양한 미디어 간에 변환을 해 보는 연습이다. 각각의 미디어가 가진 특징이 있고 장단점이 있기 때문에, 변환하는 연습을 하면서 각 미디어의 속성을 파악할 수 있다. 속성이 파악되면 그 미디어가 내놓는 진위 여부를 더 잘 살필 수 있을 것이다.

문학을 연극으로 만들거나, 뮤지컬, 판소리로 공연하는 것도 좋은 방법이다. 물론 그 역도 가능하다. 여주시나 문화재단은 이런 일을 하는 사람들을 적극 지원하고 발굴해야 한다. 이들이 만들어 낸 변환 미디어는 자연스럽게 여주시민이 활용하고 누리게 된다.

멀티 리터러시는 매체 간 균형을 잡는 데 도움을 주는 방향으로 진행하는 것이 좋다. 언론에서는 중앙보다 변방에 무게를 두고, 다양한 매체들도 다수자가 아닌 소수자의 목소리에 무게를 두는 미디어를 지향해야 한다.

이미 강력한 힘을 발휘하고 있는 미디어보다는 작지만 진실한 소리를 내는 미디어에 관심을 가져야만 기울어진 균형이 회복될 것이다.

2) 소통하는 리터러시

소통은 타자에 대한 이해를 기반으로 한다. 타자에 대한 이해는 타자의 이야기를 듣는 데서 시작한다. 공감하지는 않더라도 이야기를 들어 주는 일은 매우 중요하다.

많은 지역에서 이루어지는 '구술사 기록 작업'은 바로 타자 이해를 기반에 두는 인류학적인 조사 방법이다. 한 사람이 살아온 생애를 기록하는 일은 한 시대를 이해하는 일과 다르지 않다. 구술하는 사람이 꼭 위대한 역사적인 인물일 필요는 없다. 이미 유명해진 인물은 삶이 각색되었을 가능성이 오히려 크다.

3) 리터러시는 사회적 역량이다

(1) 모르는 것을 발견하는 힘, 동행 사진전

2019년 12월 여주 시민회관에서는 특별한 사진전이 있었다. 시각 장애인들이 찍은 사진전 〈동행〉이었다. 시각 장애인들이 사진이라니, 하고 일반적으로 놀랄 만한 일이지만 전혀 그렇지 않다고 한다. 마음으로도 세상을 볼 수 있기 때문이다. 한 신문에는 이런 기사가 났다.

시각 장애인들을 지도한 이태한 여주대 교수는 "사진은 시각에 의존해서 찍는 경우가 많은데 시각 장애인들은 시각을 제외한 나머지 감각들을 활용해서 마음으로 사진을 촬영했다. 또 전시할 사진을 선정하는 과정 역시 스스로 좋아하는 사진이 아니라 타인을 위해 소통하는 마음으로 선정했다"며 "전시를 통해 다른 차원의 예술을 생각할 수 있는 것을 배울 수 있어 참 좋았다"고 소감을 밝혔다.

-《불교신문》 2019년 12월 10일

꼭 시각이 아니라도 사진을 촬영할 수 있으며, 사진 선정 과정에서 타인을 위해 소통하는 마음으로 선정했다는 지도 교수의 말은 시사하는 바가 크다. 리터러시가 '다리를 놓을 수 있는 새로운 언어를 탄생시키는 힘'이기도 하다면, 이 〈동행〉 사진전이 거기에 딱 맞는 작업이기 때문이다.

이런 일은 사회적인 역량으로서의 리터러시를 잘 보여 준다. 장애인과 비장애인이 어울려 살아가기 위한 역량을 기르는 좋은 방법이기도 하기 때문이다. 이런 시도가 많아졌으면 한다.

(2) 참고 봉사 책상 설치 운영

북미의 도서관에는 '참고 봉사 책상(reference desk)'이란 것이 있다고 한다. 문화인류학자 엄기호 씨는 한 책에서 이런 말을 한다.

"이곳은 안내 데스크와는 별도로 이용자들이 필요로 하는 전문적인 정보를 제공해 준다고 해요. 책이 어디 있는지 알려 주는 것을 넘어 질문을 가진 사람을 환대하고 그 질문의 답을 찾는 길을 안내하는 곳입니다. 이를 통해 도서관이란, 질문에 답을 찾으면서 계속해서 질문을 만들어 낼 수 있도록 격려하고 환대하는 곳이란 점을 깨닫게 되죠."

−김성우·엄기호, 《유튜브는 책을 집어삼킬 것인가》, 202−203쪽

그러면서 〈로렌조 오일〉이란 영화를 예로 든다. 희귀병에 걸린 아들을 살리기 위해서 아버지가 약을 찾아가는 과정을 그린 영화다. 아버지가 연구하고 탐구하는 곳이 도서관이며, 도서관에서는 아버지가 참조할 수 있도록 계속 조언을 해준다. 우리 여주에도 많은 도서관이 있는데 이 '참고 봉사 책상' 운영을 한번 고려해 볼 만하다.

4) 시민사회의 리터러시

(1) 민간단체 '여주사람들'의 민주시민교육

토닥토닥도서관을 운영하는 민간단체 '여주사람들'은 다양한 활동을 한다. 특히 청소년들을 중심으로 동아리를 만들어 '책읽는 경강선'과 민주시민교육을 꾸준히 진행해 오고 있다. 민주주의는 말로만 외친다고 실현되지 않는다. 민주적인 활동을 꾸준히 체험할 때 민주시민으로서의 역량이 길러질 수 있다.

(2) 시민 모임 '책배여강'의 그림책으로 소통하기

리터러시를 논의하는 학자들은 "중요한 것은 반드시 책을 읽어야 하느냐, 영상을 봐도 되느냐가 아니라 그 무엇을 하든 이것들을

통해서 타자의 세계에 대한 이해에 도달해야 한다는 것"(엄기호)이라고 주장한다. 그리고 이것이 곧 삶의 리터러시이며 말귀를 여는 일이라고 한다.

책배여강은 문자를 모르는 시골 할머니들의 이야기를 구술로 듣고 기록하고 함께 그림을 그려 그림책 작업을 했다. 할머니들과 꼭 문자가 아니라도 얼마든지 소통할 수 있으며, 소통한 결과물을 다른 사람들과 공유도 할 수 있게 되었다.

이 밖에도 찾아보면 리터러시의 방향은 무한정 열려 있다. 다만 어떤 리터러시가 시급하고 어떤 방식이 효과적인지는 꾸준히 논의해 나가야 할 것이다.